本书是北京市教育科学"十三五"规划2017年度优先关注课题结题成果

项目号:CEJA17071

张　婧◎著

中小学生态文明教育路径研究

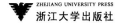

浙江大学出版社

前言　生态文明教育：
新时代教育发展的历史使命

文明是社会发展的产物，是一切物质文明和精神文明的总和。生态文明则是人类遵循人、自然、社会和谐发展这一客观规律而取得的物质与精神成果的总和，其核心问题是可持续发展系统的功能调整，人类社会的可持续发展是建设生态文明的关键问题。因此，生态文明是以人与自然、人与人、人与社会和谐共生，以良性、稳健、全面与可持续发展为基本特征的社会发展阶段和社会形态，是人类社会可持续发展的最高境界。正如马克思所说："这种共产主义，作为完成了的自然主义，等于人道主义，而作为完成了的人道主义，等于自然主义。它是人和自然界之间、人和人之间的矛盾的真正解决，是存在和本质、对象化和自我确证、自由和必然、个体和类之间的斗争的真正解决。"①

党的十九大报告指出，从 2020 年到 2035 年，基本实现社会主义现代化。从 2035 年到本世纪中叶，把我国建成富强民主文明和谐美丽的社会主义现代化强国。坚定走生产发展、生活富裕、生态良好的文明发展道路，建设美丽中国，为人民创造良好生产生活环境，为全球生态安全做出贡献。随着国家生态文明建设进程的稳步推进，中国社会加快完成由工业文明时代向生态文明时代的转变。生态文明与可持续发展教育是基石，教育系统理应承担起帮助所有学习者"学会可持续发展"的时代重任。以此为导向，明确新时代人才培养目标、充实新的教育内容、创新教学与学习方式，是新时代教育面临的新挑战，是教育系统乃至全社会应思考、践行的新课题，也是新时代教育工作者应追求的教育的美好境界。

---

① 马克思：《1844 年经济学哲学手稿》，人民出版社 1985 年版，第 77 页。

联合国教科文组织（UNESCO）自 2014 年起相继颁布了一系列关于可持续发展的文件，可持续发展教育与可持续发展目标越来越受到国际社会的关注。可持续发展教育是根据可持续发展需要而推行的、以培养可持续发展价值观为核心的教育，其目标是帮助受教育者形成可持续发展需要的价值观念、科学知识、学习能力与生活方式，进而促进社会、经济、环境与文化的可持续发展。其含义一是教育为促进经济、社会、环境与文化可持续发展服务，二是教育为促进人的可持续发展服务。

《全球可持续发展教育行动计划》（*Global Action Programme on ESD*，GAP），其总体任务是"在教育和学习的所有层面和领域，强化旨在促进可持续发展的行动"。2015—2019 年可持续发展教育主要关注四个方面的工作。第一，学习内容方面：要注重将气候变化、生物多样性、减少灾害风险、可持续消费和生产等可持续发展教育专题整合进课程。第二，教学方式和学习方式方面：要按照以学习者为中心的原则设计教学和学习，采用自主探究、实践探索等学习方式，注重实体和在线学习，以鼓励学习者为推进可持续发展而有所作为。第三，学习效果方面：要激励学生形成核心学习能力，如批判性和系统性思维、合作决策能力、对当代人和后代人负起责任的能力。第四，促进社会转变方面：要使任何年龄的学习者都能参与促进所生活的社会向更加绿色的社会转变，激励人们采取可持续的生活方式，使其最终成为积极的奉献者，以创建一个更加公正、和平、宽容、包容、安全和可持续发展的世界。2015 年 9 月，联合国发布的《变革我们的世界——2030 年可持续发展议程》（*Transforming Our World：The 2030 Agenda for Sustainable Development*）提出："到 2030 年，确保所有学习者获得促进可持续发展所需的知识和能力。"同年，联合国教科文组织第 38 届大会通过了《教育 2030 行动框架》，提出了可持续发展教育的 7 个指导策略；《反思教育：向"全球共同利益"的理念转变？》的发布，使可持续发展成为全球议程的核心关切，同时面向可持续发展对教育做出了长远的思考。2017 年，UNESCO 渥太华会议发布《可持续发展教育目标：学习目标》。报告明确指出，《2030 年可持续发展议程》中的 17 个可持续发展目标都包含着学习目标，并且突出强调，以实现可持续发展目标为导向，需要关注的关键性学习目标是培养学习者形成 8 项可持续发展素养：系统思维素养、预见性素养、价值观导向素养、战略素养、合作素养、批判思维素养、自我意识素养、解决问题素养等。

我国是全球第一个提出生态文明理念的国家。2013 年,联合国环境规划署第 27 次理事会通过决议,以联合国文件形式认可并支持中国提出的生态文明理念,具有中国特色的绿色发展、生态文明之路得到了国际社会的广泛赞誉。习近平主席在联合国可持续发展峰会上代表中国政府对参与国际社会 2030 年可持续发展议程作出郑重承诺:我国将主动参与 2030 年可持续发展议程。2015 年 4 月 25 日,中共中央、国务院印发《关于加快推进生态文明建设的意见》,该文件是今后一个时期推动我国生态文明建设的纲领性文件,其中明确提出了提高全民生态文明意识、培育绿色生活方式等具体要求,而这正是教育价值观的变革,体现了学校教育在整个社会生态文明建设中的独特价值,即通过对全民的生态教育,弘扬生态文明主流价值观,为生态文明建设提供思想保证、精神动力和智力支持,形成崇尚生态文明的社会新风尚,推进生态文明不断走向深处。

教育是生态文明建设的基石。建设生态文明与可持续发展不仅是节约资源或者环境治理,而且是涉及整个社会文明形态的深刻变革。要实现这一变革,需要发挥教育的引领和推动作用,从意识、知识、行为等层面着手,努力在全社会形成生态文明价值取向和正确的生产、生活与消费行为。《国家"十三五"教育规划》提出:"加强生态文明教育,广泛开展可持续发展教育,深化节水、节电、节粮教育,引导学生厉行节约、反对浪费,树立尊重自然、顺应自然和保护自然的生态文明意识。"《北京市"十三五"教育规划》提出了"加强可持续发展教育,推进可持续发展教育示范区建设,建设可持续发展学校和可持续发展教育基地,培育学生可持续发展素养"。学校是生态文明与可持续发展教育的重要场所,应该把理念的培育放在人才培养的重要位置,探索生态文明与可持续发展教育的有效实施途径,切实增强中小学生态文明与可持续发展教育的针对性、实效性是当务之急。党的十九大描绘了建设生态文明,打造美丽中国的伟大蓝图,《中国教育现代化 2035》与《加快推进教育现代化实施方案(2018—2022)》的出台,为我国积极参与全球教育治理、认真履行我国对联合国 2030 年可持续发展议程的承诺、推进生态文明建设提供了目标与方向。近年来,北京教育领域日益重视生态文明与可持续发展教育,在各级教育部门的推动与倡导下,深入挖掘生态文明教育的丰富内涵,构建生态文明教育的育人环境,建设绿色、环保、人文、和谐的绿色校园和生态人文课堂,呈现出更多推进模式与路径,促进了人与社会的可持续发展。

本书是北京市教育科学"十三五"规划 2017 年度优先关注课题"中小学生态文明与可持续发展教育的实施路径研究"(CEJA17071)的结题成果。全书共分为七章。

第一章导论部分提出以学校为依托,整合多方资源,对师生开展全方位生态文明和可持续发展教育的设想,并围绕这一主题对国内外研究现状进行了简要概述,进而结合我国实际,提出了较为系统的研究思路、研究内容与方法,介绍了研究的创新点,并对研究中可能遇到的相关问题进行预测和分析。

第二章重点介绍了生态文明与可持续发展教育基本概念与理论。阐述了国内外学术界相继提出的通过开展敬畏自然的教育、意义教育、热土教育、绿色教育、全人教育等来发展生态文明教育。本章重点分析了联合国教科文组织在全世界开展的可持续发展教育的发展历程,总结了生态文明与可持续发展教育的关联,认为可持续发展教育的内涵和外延与生态文明高度契合,可持续发展教育是生态文明的重要组成部分和开展生态文明建设的有效路径。

第三章重点介绍了中小学校生态文明与可持续发展教育现状。主要包括北京中小学生态文明与可持续发展素养现状调查,北京中小学教师生态文明与可持续发展素养调查、北京生态文明与可持续发展教育现状分析,围绕生态文明与可持续发展素养,从知识、能力、价值观、生活方式、实施方式等指标进行调研分析。

第四章重点介绍了中小学生态文明与可持续发展教育的特征与推进策略。重点阐述了系统性、衔接性、体验性和渗透性是生态文明和可持续教育的主要特征。课程融合、课堂渗透、资源整合、实践跟进是生态文明和可持续发展教育的主要路径,加强国际交流与合作则是新的趋势。

第五章介绍了中小学生态文明与可持续发展教育实施模式与成效,重点对近年来基础教育领域可持续发展教育实验学校在推进生态文明教育过程中的主要实施模式与成效进行总结与分析,旨在为进一步推动生态文明与可持续发展提供教育视角上的借鉴。

第六章是基于案例的青少年生态文明与可持续发展教育的实施路径研究,重点分析了生态文明教育的实施路径,分享了中国石油大学附属小学、首都师范大学附属苹果园中学、日本可持续发展教育案例,展示了生态文明与可持续发展教育的实施路径与成效,并提出了面向未来的路径思考。

第七章介绍了生态文明与可持续发展教育发展趋势与未来展望,指出培养生态公民是生态文明与可持续发展教育的必然选择。重点阐述了生态公民的特征以及培养路径,全球生态文明与可持续发展教育展望,进而得出结论:生态文明与可持续发展教育的新发展以可持续发展教育促进教育改革和创新为基本路径逻辑,培育未来"生态"公民,提升全民生态文明与可持续发展素养,共同构建生态文明社会已经成为一种社会共识。未来,以联合国 2030 年可持续发展目标为基础,各级教育应把生态文明与可持续发展理念的培育与行动放在人才培养的重要位置,在已有实践基础上进一步探索生态文明与可持续发展教育的有效实施途径,激发培育我国生态文明建设的内生动力。

本书作为课题研究成果,期待能够起到抛砖引玉的作用,启发教育同仁们更加深入地思考如何更加有效地推进生态文明教育,唯愿同仁们读有所获。

张 婧

2019 年 12 月

目　录

第一章 导 论

党的十九大报告提出,要开展创建节约型机关、绿色家庭、绿色学校、绿色社区和绿色出行等行动。落实党和政府的上述号召是教育系统当仁不让的责任。学校是培养高素质劳动者、拔尖人才和创新人才的主阵地,基于此,本章提出以学校为依托,整合多方资源,对师生开展全方位的生态文明和可持续发展教育的设想,并围绕这一主题对国内外研究现状进行了简要概述,进而结合我国实际,提出了较为系统的研究思路、研究内容与方法,介绍了研究的创新点,并对研究中可能遇到的相关问题进行预测和分析。

第一节 问题的提出

一、研究背景

进入 21 世纪以来,生态文明与可持续发展愈加成为社会发展的主旋律。生态文明作为人类文明的基础,延续了人类社会原始文明、农耕文明、工业文明的历史血脉,贯穿在经济、政治、文化与社会建设的各方面和全过程,建设生态文明是全球所有国家和地区共同的事业。推进生态文明建设,在我国具有特别重大的现实意义和深远的战略意义。党的十八大正式确立了"五位一体"的总布局,生态文明建设正式成为践行科学发展观的具体实践和提高执政能力的重要举措之一。党的十八大的报告进一步凸显了生态文明的地位,首次提出"推进绿色发展、循环发展、低碳发展""建设美丽中国"的发展理念。推进生态文明建设是顺应自然、实现永续发展的必然要求和有效途径。

2015 年 9 月,习近平主席在联合国可持续发展峰会上代表中国政府对参与国际社会 2030 年可持续发展议程作出郑重承诺。同年 10 月,党的十八届五中全会通过关于"十三五"规划的建议,以创新、协调、绿色、开放、共享五大发展理念为统领,对全面建成小康社会提出新的任务要求,深刻指出:"绿色是永续发展的必要条件和人民对美好生活追求的重要体现。必须坚持节约资源和保护环境的基本国策,坚持可持续发展……形成人与自然和谐发展现代化建设新格局,推进美丽中国建设,为全球生态安全作出新贡献。"并明确提出,我国将"主动参与 2030 年可持续发展议程"。生态文明与可持续发展已成为我国社会发展的重要主题。

党的十九大报告明确指出:"建设生态文明是中华民族永续发展的千年大计。必须树立和践行绿水青山就是金山银山的理念,坚持节约资源和保护环境的基本国策,像对待生命一样对待生态环境,统筹山水林田湖草系统治理,实行最严格的生态环境保护制度,形成绿色发展方式和生活方式,坚定走生产发展、生活富裕、生态良好的文明发展道路,建设美丽中国,为人民创造良好生产生活环境,为全球生态安全作出贡献。"在加快生态文明体制改革,建设美丽中国的过程中,"倡导简约适度、绿色低碳的生活方式,反对奢侈浪费和不合理消费,开展创建节约型机关、绿色家庭、绿色学校、绿色社区和绿色出行等行动"。

生态文明与可持续发展建设不仅是节约资源或者环境治理,而且涉及整个社会文明形态的深刻变革。要实现这一变革,需要发挥教育的引领和推动作用,从意识、知识、行为等层面着手,努力在全社会形成生态文明价值取向和正确的生产、生活与消费行为。《国家教育事业发展"十三五"规划》提出:"加强生态文明教育……广泛开展可持续发展教育,深化节水、节电、节粮教育,引导学生厉行节约、反对浪费,树立尊重自然、顺应自然和保护自然的生态文明意识。"《北京市"十三五"时期教育改革与发展规划》提出要"加强可持续发展教育,推进可持续发展教育示范区建设,建设可持续发展学校和可持续发展教育基地,培育学生可持续发展素养"。学校是生态文明与可持续发展教育的重要场所,应该把理念的培育放在人才培养的重要位置,积极探索生态文明与可持续发展教育的有效实施途径,切实增强中小学生态文明与可持续发展教育的针对性、实效性是当务之急。

二、研究目的

第一,尝试廓清现有中小学对生态文明与可持续发展教育的模糊认识,调整育人目标,探索优质学校育人的可持续发展之路。

第二,解决教学方式传统和课程内容单一的教学局面,积极开展生态文明与可持续发展教育课程群建设研究,将可持续发展要素融入教与学过程之中。

第三,从学校整体出发,改变原有的较为单一化的实践模式,包括教师培训与学生培养方式,将生态文明与可持续发展教育的实施融入学校发展的全过程,探索出行之有效的实施路径。

三、研究意义

开展中小学生态文明与可持续发展教育路径研究具有极为重要的理论与实践意义。

理论层面上,加强中小学生态文明与可持续发展教育路径研究,以马克思主义生态文明观和马克思主义关于人的全面发展学说为理论基础,以科学发展观为指导思想,运用多学科研究视角和研究方法,在提炼整合当今学术界最新研究成果的基础上,重点对中小学生态文明与可持续发展教育的特点、实施路径等进行探讨,有助于更好地丰富和充实基础教育理论体系,拓展研究视野,促进理论研究工作的深化。

实践层面上,加强中小学生态文明与可持续发展教育路径研究,可以助力中小学生态文明与可持续发展教育的发展,更好地培养学生的可持续学习能力,从而建立更加和谐的教育生态系统,使学生成为具有良好的可持续发展素养的全面发展的生态文明建设后备军,使得社会实现可持续发展。

第二节　国内外研究现状概述

一、核心概念及其界定

文明是一个反映人类社会发展程度的概念,表征着一个国家或民族的经济、社会和文化的发展水平与整体面貌。[①] 生态文明是人类文明的一种形态，是指人类遵循人、自然、社会和谐发展这一客观规律而取得的物质与精神成果的总和，是指以人与自然、人与人、人与社会和谐共生、良性循环、全面发展、持续繁荣为基本宗旨的文化伦理形态。[②] 它以尊重和维护自然为前提，以和谐共生为宗旨，以建立可持续的生产方式和消费方式为内涵，以引导人们走上可持续、和谐的发展道路为着眼点。生态文明教育是近年来顺应人类文明发展趋势和国内外教育改革发展潮流而产生的一种重要的教育理念与实践，是随着我国逐步确立生态文明理念并开始建设生态文明社会而逐渐提上日程的一种教育理念。

可持续发展教育（Education for Sustainable Development，ESD）是根据可持续发展时代需要而推行的教育，是以可持续发展价值观为核心的教育，其目标是帮助受教育者形成可持续发展需要的科学知识、学习能力、价值观念与生活方式，进而促进社会、经济、环境与文化的可持续发展。[③] 其内涵是"一个核心"和"三个基本点"。"一个核心"是以培养可持续发展价值观为核心，是联合国教科文组织（UNESCO）提出的"四个尊重"核心价值观，即尊重当代人和后代人、尊重差异和多样性、尊重环境、尊重地球资源；"三个基本点"是帮助受教育者形成可持续发展需要的科学知识、学习能力、生活方式。

生态文明的第一主题与本质要求是可持续发展。抓住可持续发展这个主题与本质开展教育，定会精准把握生态文明教育的方向与完整系统，进而有效实现为生态文明提供高质量高品位人才支持与智力支持的预期目标。可持续发展教育是联合国近 20 年全力倡导的全球性高端教育理念，我国政府高度认同并多次承诺实施。大力开展可持续发展教育，有利于借助国际优秀研究成果、文献资料、专家等资源，同世界生态文明教育的主导性教育潮流实现对接，更利于发挥中国可持续发展教育在国际社会业已存在的广泛影响力。生态文明是国家发展与社会进步的方向，既是可持续发展的基础，也是可持续发展的

---

① 尹伟伦.生态文明与可持续发展[J].科技导报,2009(7):3.
② 潘岳.生态文明是社会文明体系的基础[J].中国国情国力,2006(10):1.
③ 张婧.可持续发展教育理念下的 CDA 探究学习模式[J].今日教育,2016(2):46-48.

重要标志。① 可持续发展是生态文明的愿景与目标,可持续发展教育是生态文明教育的最佳实现形式,是适应生态文明建设需要的有效育人模式。生态文明与可持续发展教育既是当代中小学教育发展的指导理念,又是创新的实战模式。以可持续发展为导向重建教育理论是当代教育研究者的共同使命。

二、国外相关研究

国际上没有明确的生态文明这一概念,更多的是可持续发展与可持续发展教育、环境教育等概念以及相关政策的研究。近 15 年来,联合国教科文组织陆续发布了一系列可持续发展教育的纲领性文件。2005 年,联合国教科文组织颁布了《可持续发展教育十年(2005—2014)国际实施计划》,标志着可持续发展教育进入了新的发展时期。2014 年 11 月,联合国教科文组织在日本召开世界可持续发展教育大会,发布了《塑造我们期望的未来》(*Shaping the Future We Want*)和《全球可持续发展教育行动计划》。2015 年 5 月,韩国仁川世界教育论坛通过的《仁川宣言》为之后 15 年的全球教育确立了新目标。2015 年 9 月,联合国发布的《变革我们的世界:2030 年可持续发展议程》中关于"可持续发展教育"的具体内容是:"到 2030 年,确保所有学习者都掌握可持续发展所需的知识和技能,具体做法包括开展可持续发展、可持续生活方式、人权和性别平等方面的教育,弘扬和平和非暴力文化,提升全球公民意识,以及肯定文化多样性和文化对可持续发展的贡献。"2015 年 11 月,为了落实和具体化 2030 年可持续发展教育目标,联合国教科文组织第 38 届大会通过了《教育 2030 行动框架》,明确提出 2030 年要在全球实现"确保包容和公平的优质教育,让全民终身享有学习机会"的目标。从以上 UNESCO 文件可以看出,可持续发展教育已成为适应全球社会经济可持续发展的新教育理念和育人模式。

2017 年 3 月,《全球可持续发展教育行动计划》回顾论坛暨第三次联合国教科文组织全球公民教育论坛在加拿大渥太华举办,会议讨论内容包括可持

---

① 刘卫星.生态文明建设的伦理解读——基于可持续发展的视角[J].贵州师范大学学报(社会科学版),2009(6):27-32.

续发展教育和全球公民教育，这是 UNESCO 的两个教育方向的关键项目，目标是努力为每个人提供获得形成公正、和平和可持续未来所需的知识、技能、态度和价值的机会。本次会议发布了《可持续发展教育目标：学习目标》，基于《变革我们的世界：2030 年可持续发展议程》提出的 17 个可持续发展目标，报告共提出 250 多项特定能力要求，为进一步深化可持续发展教育奠定了基础。①

2018 年 4 月在哥斯达黎加召开的 UNESCO GAP 第三次关键合作伙伴会议研究确定了 2020 年起实施新一轮全球可持续发展教育文件的主题，即面向可持续发展目标的可持续发展教育。

三、国内相关研究

在中国知网数据库中，输入关键词"可持续发展教育"，选择时间跨度为 2001—2019 年，共检索出有关可持续发展教育论文 1205 篇，我们对文献（2001—2019 年）进行初步分析。

（一）可持续发展教育研究（2005—2019 年）

自 2005 年至今，中国知网每年收录的可持续发展教育相关文献均在 100 篇以上，可持续发展教育逐渐成为研究的热点问题之一。北京教育科学研究院、北京师范大学以及首都师范大学、华中师范大学等高校是可持续发展教育理论研究的主要力量。北京教育科学研究院史根东博士、华中师范大学岳伟教授、北京师范大学王民教授、山东师范大学田道勇教授等是可持续发展教育领域的重要理论引领者。

以史根东博士、谢春风博士为代表的北京教育科学研究院可持续发展教育研究团队在此做出了大量的国内外开创性研究。该研究团队建立了可持续发展教育理论体系，包括可持续发展教育的育人目标、可持续发展教育的主要内容、可持续发展教育特色课程、教学和学习方式、校园建设等多个方面。可持续发展教育研究团队的王巧玲、张婧、徐新容、王鹏、王咸娟、马莉等在国际可持续发展教育研究方面取得了突出成绩。关注日本、加拿大、美国、德国的

---

① UNESCO 发布《可持续发展教育学习目标》[J].职业技术教育,2017(13):6.

可持续发展教育政策推进、实施模式与实践成效，为国际可持续发展教育提供了丰富的文献支撑。张婧、马强著的《区域可持续发展教育研究与实践——基于北京市石景山区的实践研究》一书，从区域研究的视角，对可持续发展教育理念指导下的区域课程整合设计、教与学方式转变、教师专业发展等方面做了深入研究。

（二）生态文明教育研究（2001—2019 年）

在中国知网数据库中，输入关键词"生态文明教育"，选择时间跨度为2001—2019 年，共检索出有关生态文明教育论文 1796 篇，笔者对文献进行初步分析。

学者张乐天于 1995 年在《九江师专学报（哲学社会科学版）》上发表了《生态文明与教育》，在我国较早提出了生态文明教育问题。2000 年以来，国内学术界关于生态文明教育的研究成果呈逐步递增趋势。专家学者大都围绕生态文明教育的含义、思想理论基础、重要意义、主要内容及目标、方法和实施路径等方面，展开了积极而有益的探讨。总体来看，关于生态文明教育的论文多于专著，其中陈丽鸿、孙大勇主编的《中国生态文明教育理论与实践》较有代表性。该书分理论篇和实践篇两部分，理论篇从中国生态文明教育的背景、历史渊源、理论内核、教育模式四个方面进行了理论概括，实践篇则对生态文明教育在校园、社区等方面的实践情况进行详尽论述。杜昌建、杨彩菊著的《中国生态文明教育研究》一书，深入阐述了中国生态文明教育的发展历程与现状、思想基础、指导思想、途径与方法，丰富了生态文明教育的理论研究。但是关于"生态文明与可持续发展教育"的研究尚存在较大空白，把二者结合起来进行研究的很少。

第三节 研究目标、内容与方法

一、研究目标

深化生态文明与可持续发展教育的学习与实践，依托已在中国开展了近20 年、取得丰硕成果的可持续发展教育，把国际理念与中国实际有机结合，认真践行可持续发展教育路线图,以专家引领、整体推进、示范领航、梯次跟进为推进策略,实现生态文明与可持续发展教育内涵式发展,从而探索出新的途径。具体包括:

第一,深入推进生态文明与可持续发展教育在中小学的实施,以课程为依托,开展教学与社会实践,提升学生生态文明与可持续发展素养,探索出有效的路径;

第二,扩大生态文明与可持续发展教育项目在各区县教育改革进程中的影响力,精心培育素质教育生长点,推动教育综合改革实践,提升教育研究的深度与广度,从而总结归纳探索出适合中小学实施生态文明与可持续发展教育的路径;

第三,深化学校生态文明与可持续发展教育实践研究,推进学校内涵式发展,创建一批优质品牌学校和特色学校,同时积累一批优秀案例。

二、研究内容

(一)生态文明与可持续发展教育基本概念与理论

该部分通过文献综述,系统梳理生态文明与生态文明教育的内涵、可持续发展与可持续发展教育的内涵、生态文明与可持续发展教育的关系、生态文明与可持续发展教育的路径内涵。

(二)中小学校生态文明与可持续发展教育现状分析

该部分以中小学师生为研究对象,采取问卷、访谈等多种形式,围绕生态文明与可持续发展素养,从价值观、知识、能力、生活方式等方面进行调研分析,了解和掌握当前中小学师生对生态文明与可持续发展的理解与掌握情况,为进一步研究奠定基础。

(三)中小学生态文明与可持续发展教育的特征与推进策略

该部分对生态文明与可持续发展教育的主要特征,包括系统性、衔接性、层次性、体验性和渗透性等基本特征进行分析,提出在教育教学实践中,可以采取三级课程适时融入、课堂教学全面渗透、社会资源有机整合、实践活动有效跟进与国际交流持续助力等多种方式,高效开展生态文明与可持续发展教育。

（四）中小学生态文明与可持续发展教育实施的主要路径与模式

依据我国中小学生态文明教育的现状，探索生态文明与可持续发展教育的路径与模式。从路径而言，研究通过专题培训更新学校领导层的办学理念，开展中小学骨干教师教育培训，培养实施主体，通过课程体系建设、专题研究、校园建设等建设教育平台，探索通过全机构参与打造全程教育平台。在具体模式上，探索可持续学校模式、项目带动模式、组织驱动模式、全机构模式的可行性和实效性。

（五）国内外中小学生态文明与可持续发展教育的优秀案例研究

以参与生态文明与可持续发展教育的典型中小学为案例，通过实际案例论证生态文明与可持续发展教育的必要性和可行性，介绍具体实施路径与模式，并对效果进行评价，为其他学校提供参考与借鉴。同时介绍国外开展生态文明与可持续发展教育的相关国家的成功经验与存在的问题，为相关机构和研究人员提供更广阔的国际视野。

三、研究方法

（一）文献资料法

以国内外生态文明与可持续发展教育政策、理论和有关文献作为课题研究的理论依据，研习国内外可持续发展教育的成功经验，为本研究寻找有价值的理论依据和实践经验。

（二）案例研究法

加强对课题实验资料的收集、记录和整理，吸取专家和实验学校意见，及时反馈信息，调整实施方案，记录阶段性成果。

（三）质性与量性研究法

以实验学校为主体，在自然情境下采取问卷调查、体验、访谈、观察、实物搜索等方式收集资料，并运用归纳法进行分析，形成理论，通过与研究对象互动理解其行为和意义构建。

（四）行动研究法

在课题推进过程中，基于实际问题解决的需要，与相关领域专家合作，对研究主题进行系统研究，探索学校切实可行的实施路径。

第四节　研究重点、难点与创新点

一、研究的重点和难点

深化生态文明与可持续发展教育的学习与实践，把国际理念与中国实际有机结合，认真探索有效实施路径，以专家引领、整体推进、示范领航、梯次跟进为基本策略，实现生态文明与可持续发展教育内涵式发展，从而探索出新的途径，是本研究的重点与难点，主要表现在以下方面：

一是调整传统教学方式和单一课程内容的教学局面，积极开展生态文明与可持续发展教育课程群建设研究，将可持续发展要素融入教与学过程之中。

二是从学校整体出发，改变原有的较为单一化的实践模式，包括教师培训与学生培养方式，将生态文明与可持续发展教育的实施融入学校发展的全过程，探索出行之有效的实施路径。

二、研究的创新点

在研究方法方面，本研究基于团队研究成果，设计中小学生生态文明与可持续发展素养调查问卷，进行认真的调查研究，积累数据，分析数据，以求能把握当代中小学生生态文明与可持续发展素养现状，从而探索有效的实施路径。创新点表现在理论、实践和方法等方面。

（一）理论创新

当下学术界关于中小学生态文明与可持续发展教育二者的结合的研究成果较少。本研究对可持续发展教育理念及教育生态学理论两方面开展深入分析，指引中小学校发展，旨在一定程度上弥补相关研究成果的不足，在研究角度、理论完善上有一定的创新。

（二）实践创新

在研究内容方面，本研究尝试通过调查问卷与实地访谈等方法对中小学生在生态文明与可持续发展教育方面的实践进行调查研究分析，得出有效数据，指导学校在一系列的实践之后再进行数据的采集与访谈，从而对中小学生态文明与可持续发展教育的有效实施路径进行归纳总结,并分析其理论与现实依据。

(三)方法创新

在研究方法上,本研究立足生态文明与可持续发展教育价值观培养,采用质性研究法和行动研究法,积累大量有效案例,借助多维数据分析,更为客观地反映中小学校校长—学生—教师—学校的发展与成长历程。

第二章　生态文明与可持续发展
教育基本概念与理论

　　"五位一体"总体布局中的生态文明建设是在汲取马克思主义生态文明观、中国传统文化和国际生态建设的优秀成果基础上，全党和全国人民通过长期探索形成的智慧结晶。当前，我国的生态文明从内涵到外延都在逐步丰富，生态文明建设蓬勃发展，举世瞩目。国内外研究成果表明，生态文明是人类进入文明社会以来，为实现可持续发展追求的目标，也是不懈探索可持续发展路径的结果，而教育能够为生态文明建设提供智力支撑。为此，国内外学术界相继通过开展敬畏自然的教育、意义教育、热土教育、绿色教育、全人教育等来发展生态文明教育。在诸多理念中，以联合国教科文组织在全世界开展的可持续发展教育最为引人注目。通过几十年的发展，世界的可持续发展教育从单一的环境教育扩展到注重人的可持续发展和社会的可持续发展，最终实现人与自然的和谐共生、人类社会的可持续发展。因此，可持续发展教育的内涵和外延与生态文明高度契合，可持续发展教育是生态文明的重要组成部分和开展生态文明建设的有效路径。

　　中国的可持续发展教育借鉴国际成果并加以改进，有着自身独特的概念和内涵、完善的结构框架、精干的实施队伍，在国家相关部门和社会各界的支持下，通过十余年的发展，取得了较为丰硕的成果。今后需要进一步加强在生态文明理念下对可持续发展教育的理论研讨，完善基本框架、技术路线、发展路径。通过理论发展与实践推进，从实际出发，整合资源、突出特色、快速发展，为中国特色的生态文明和可持续发展教育提供智力和智慧支持，进而为中国乃至世界的生态文明建设做出应有贡献。

第一节　生态文明与生态文明教育的内涵

一、生态文明的内涵

"生态"一词源于古希腊文字,意思是家或我们的环境。1866年,德国学者海克尔把"研究有机体与环境相互关系"的科学命名为生态学,这是生态学的起源。在生态学研究范畴内,生态指生物之间、生物与环境之间的存在状态及相互关系,有着竞争、共生、自生和再生的演化规律,有着保持时间、空间、数量、结构和秩序的持续与和谐功能(周宏春,2013)。狭义的"生态",讲的是生物与生存环境之间的相互关系。广义的"生态",不仅包括有机物和无机物,也包括人与社会的关系,即人类社会。社会学意义上的生态,包括人类社会自身存在、发展、变化之状态,如社会阶层、群体、组织结构、制度、机制、文化和精神世界等。生态系统应当是和谐的,遵从整体协调、循环自生、物质不灭、能量守恒原则;生态也是进取的,物竞天择,和而不同,优胜劣汰;生态还是遵循自然法则进化的,总的趋势是协调演进、相辅相成、生生不息、永葆青春(许冬梅,2010)。

文明是社会发展的产物,是一切物质文明和精神文明的总和。英国著名历史学家汤因比在《历史研究》中提出,文明包含政治、经济、文化三个方面,其中文化构成一个文明社会的精髓。生态文明则是人类遵循人、自然、社会和谐发展客观规律而取得的物质与精神成果的总和。

方精云等(2013)认为,"生态文明"是人类遵循人与自然和谐发展规律,推进经济、政治、社会和文化发展所取得的物质与精神成果的总和;是一种以人与自然、人与人和谐共生、永续发展、全面繁荣为基本宗旨的文化伦理形态。

姜春云(2010)认为,就本质与含义而论,生态文明是当代知识经济、生态经济和人力资本经济相互融通构成的整体性文明。生态文明不仅是遵循自然规律、经济规律和社会发展规律的文明,还是一种遵循特殊规律的文明,即遵循科学技术由"单一到整合、一维到多维"综合应用的文明。在理论和实践的结合上,生态文明正是符合科学发展观"以人为本、全面协调可持续"要求的文明,即人与自然和谐、发展与环境双赢、经济社会发展成果人人共享、公众幸福指数升高的文明。概言之,生态文明是科学发展、可持续发展的灵魂。

王玉庆(2012)认为,生态文明是人与自然和谐的一种文明形态。从广义上讲,生态文明是指人类遵循人、自然、社会和谐发展的客观规律,利用自然、改造社会而取得的物质与精神成果的总和。从狭义上讲,生态文明则是人类文明的一个方面,即人类在处理与自然的关系时所达到的文明程度,其目的是使人类社会与自然界处于一种和谐共生、良性互动的状态。

张高丽(2013)在《求是》杂志撰文指出,生态文明是人类文明发展到一定阶段的产物,是反映人与自然和谐程度的新型文明形态,体现了人类文明发展理念的重大进步。建设生态文明,不是要放弃工业文明,回到原始的生产生活方式,而是要以资源环境承载能力为基础,以自然规律为准则,以可持续发展、人与自然和谐为目标,建设生产发展、生活富裕、生态良好的文明社会。

众多研究文献表明,人是生态文明的主体,生态文明是人与自然界相互作用的综合结果;人的活动作用于自然界,自然活动也反作用于人类。人在利用自然、改造自然的同时也使自然发生改变,自然活动会影响人类,也会反作用于人类。这就需要人类在了解自然、尊重自然、顺应自然的前提下,学会利用自然造福人类(周宏春,2017)。

二、生态文明理念是中华传统生态文明中的继承

中华文明绵延5000年而不断,其背后的生态智慧功不可没。中国古代有着系统完整的生态文明理念。以儒释道为中心的中华文明,蕴含着深刻的"天人调谐"思想和生态伦理智慧。中国传统文化的主流是儒释道三家"合一";中华民族在历史发展进程中形成了自己独特的文化体系:"中""和""容",即中庸之中、和谐之和、包容之容。《周易》中"见龙在田,天下文明"是对文明的最早表述;"自强不息""厚德载物"是对中华文明精神的高度概括。唐代孔颖达注疏《尚书》时将"文明"解释为:"经天纬地曰文,照临四方曰明。""经天纬地"意为改造自然,属于物质文明范畴;"照临四方"意为驱走愚昧,属于精神文明范畴(周宏春,2017)。

在中国古代儒家思想中,存在着丰富和宝贵的生态智慧,具体表现为:

（1）机体主义思想；（2）万物一体思想；（3）天人感通思想；（4）人与人以及人自身、人与社会、人与自然、人与神之间具有内在和谐、同一、感通与平衡的思想；（5）敬畏生命与生命伦理思想；（6）社会生生不息发展（可持续生成与发展）思想；（7）宇宙生命内动力的思想。儒家关于生态环境的认识精髓是德性，主张以仁爱之心对待自然，主张"天人合一"，肯定人与自然界的有机联系和有机统一。所谓"天地变化，圣人效之"，"与天地相似，故不违"，"知周乎万物，而道济天下，故不过"，体现了人本价值取向。《中庸》里说："能尽人之性，则能尽物之性；能尽物之性，则可以赞天地之化育；可以赞天地之化育，则可以与天地参矣。"这是儒家德政的具体主张（樊美筠，2014）。

中国道家关于生态环境的认识精髓是顺应自然，并通过敬畏自然来完善自我。道家强调人以尊重自然为最高准则，要达到"天地与我并生，而万物与我为一"的境界。"自然无为"是道家生态伦理的基本原则，其基本要求有二：一是顺应自然，二是勿强行妄为。以此为根据，道家提出了一些具体的生态伦理规范，其主要内容可概括为：慈爱利物、俭啬有度、知和不争。《道德经》是中国古代关于道和美德的经典，其中也的确有对自然的朴素理解，包括人类和非人类的相互作用，这些都与当代科学的原理有着惊人的相似。老子提倡遵从自然，"道生一，一生二，二生三，三生万物"，"人法地，地法天，天法万物"。反对出于无限的欲望而去无限地获取，要"甘其食、美其服、安其居、乐其俗"。"祸莫大于不知足；咎莫大于欲得。"提倡要去实践："上士闻道，勤而行之；中士闻道，若存若亡；下士闻道，大笑之。不笑不足以为道。"不要过分追求物质欲望。庄子把物中有我、我中有物、物我合一的境界称为"物化"，即主客体的融合。这种追求超越物欲，肯定物我融合的自觉意识，在中国传统文化中具有不可替代的作用（王玉庆，2012）。

中国佛教关于生态环境的认识精髓是慈爱，认为世间万物皆有生存的权利。《涅槃经》中说："一切众生悉有佛性，如来常住无有变异。"一切生命既是自身，又包含他物，善待他物即是善待自身。从善待万物角度出发，佛教把"勿杀生"奉为"五戒"之首。在人与自然的关系上表现出慈悲为怀的生态伦理精神，并通过利他主义实现自身价值（周宏春，2017）。

我国古人很早就通过实施制度来保护环境。《逸周书》上说："禹之禁，春三月,山林不登斧斤。"不登斧斤是因为春天的树木刚发芽,不能砍。《周礼》上则说:"草木零落,然后入山林。"又如"殷之法,弃灰于公道者,断其手",即通过立法对不爱护公共卫生者处以重罚。

三、生态文明理念同样是对世界生态文化的吸纳

在 2014 年美国克莱蒙第八届生态文明国际论坛上,与会专家一致认为,马克思主义的生态理念和人类一切生态文明成果都值得中国生态文明建设借鉴。马克思主义生态理念的核心是对人与自然关系的看法,具体来说,主要表现为三个方面:一是强调自然界在人类社会发展中的地位和作用;二是认为自然生产力是构成社会生产力的基础;三是强调人与自然界的和谐一致。这些宝贵的生态理念,对于我们改变现代竭泽而渔式的发展模式,走可持续发展的生态文明之路具有重大的理论指导意义。美国克莱蒙研究大学和培泽学院政治学教授沙伦·施诺伊思在题为《马克思、老子与自然:改变中的意识》一文中,充分肯定了马克思对资本主义的批判,对工业文明的批判,对人类"无止境的欲望"的批判。他认为,这些批判对于唤醒人们的生态意识至关重要。

恩格斯的名言"我们不要过分陶醉于我们人类对自然界的胜利。对于每一次这样的胜利,自然界都对我们进行报复"实际上提出了一种敬畏自然的哲学。当我们无度地向大自然索取的时候,我们不要忘记了大自然迟早要对我们进行报复。历史上美索不达米亚、希腊、小亚细亚以及其他各地的居民,为了获得耕地,毁灭了森林,导致今天这些地方成为不毛之地,到 2013 年中国遭遇了史上最严重的雾霾天气,我们见证了恩格斯说的这种大自然对人类进行报复的情况。

西方哲学思想中的生态理念同样可以成为中国生态文明建设的有机组成部分。建立在过程哲学基础上的建设性后现代主义因其强调有机联系,在根底上是生态的,因此它不仅为生态文明提供了坚实的哲学基础,而且成为当代西方生态运动和生态道德建设的重要生力军。建设性后现代主义所倡导的事件实在论、机体思想与和谐思想组成的新存在论,以共同体主义、生态禁欲主义为基本特征的新价值论,有助于我们彻底反思和超越现代主流哲学,包括存在论上的主观主义、原子主义和等级制教条,价值论上的人类中心主义、个体

主义和消费主义信念,为我们建设生态文明提供了宝贵的思想资源。

中美后现代发展研究院副院长、美国克莱蒙林肯大学前常务副校长菲利普·克莱顿教授从有机马克思主义的立场出发,认为资本主义对于当代日益严峻的生态危机具有不可推卸的责任,因为虽然它口头喊的是自由、公正,但实际上这是一种不公正的、不自由的制度。而生态危机的最大受害者则是穷人。"穷人将为全球气候遭到破坏付出最为沉重的代价。"因此,"是依据生态和社会主义原则来重组人类文明的时候了"。美国阿帕拉契州立大学可持续发展项目主任珊卓·卢巴斯基(Sandra Lubarsky)教授认为,建设性后现代主义有助于我们挑战人类对自我中心的理性行为者的描述,后者将我们限定为"自我本位、竞争和种族的生物"。建设性后现代主义者推崇责任感,他们心目中的英雄是大屠杀中的营救者,他们有爱心、有担当,即使在非常严峻的情况下也赴汤蹈火、在所不惜。面对生态灾难,人类迫切需要这种有担当的营救者。

正如在美国克莱蒙第八届生态文明国际论坛中,中美专家所呼吁的一样,生态文明建设是一项前无古人的巨大工程,它要求社会各行各业有识之士的投入,需要整合古今中外各种有价值的思想资源。要建设生态文明,首先,马克思主义的思想装备是必不可少的。因为马克思的思想中蕴含着丰富的生态思想和浓厚的社会担当意识。其次,当代西方日益勃兴的建设性后现代主义和中国传统智慧也是生态文明建设所急需的宝贵资源。最后,现行教育观念和教育制度的变革也是生态文明建设所急需的,生态文明迫切呼唤一种热土教育。

四、生态文明理念是全党努力探索的智慧结晶

中国共产党在成立初期就对生态环境保护做了一定程度的摸索,这是我党生态文明火花的萌芽。早在第二次国内革命战争时期,中华苏维埃共和国发布的《中华苏维埃共和国土地法令》第十三条就规定:"地方苏维埃如在该地环境应许条件之下,创办下列事业:一、开垦荒地;二、创办移民事业;三、改良现有的及建立新的灌溉(工程);四、培植森林;五、加紧建设道路,创办工业,促进农村经济的发展。"在抗战时期,陕甘宁边区政府发布了一系列保护环境的

政策。如在 1941 年 1 月就先后颁布《陕甘宁边区森林保护条例》《陕甘宁边区植树造林条例》《陕甘宁边区砍伐树木暂行规则》等,这些法令都对防风、防水、防塌、护岸等生态林的保护作了具体规定,对为调节气候、保持水土、改善生产等植树造林作了规定。特别是在 1942 年 4 月 15 日,陕甘宁边区政府、十八集团军司令部的布告《禁止拆毁庙宇和砍伐树木》中就明确指出:"植树造林,也是边区今天的一个要政,调节雨量,改变气候,都要靠它。"同时,"为了改变边区童山太多现象,应号召人民植树,在五年至十年内每户至少植活一百株树"。这些都反映了在战争不断的特殊环境下,边区政府仍然十分强调对生态环境的保护。边区政府还展开了一系列水利建设,防止了大面积水土被破坏。据统计,边区 1943 年共修有水地 13647 亩,大大增加了作物的产量,抵御了洪涝灾害的侵袭,在一定程度上遏制了水土流失(胡国胜,2012)。

新中国成立后,以毛泽东同志为核心的党的第一代中央领导集体提出了"全面规划、合理布局,综合利用、化害为利,依靠群众、大家动手,保护环境、造福人民"的 32 字环保方针。从新中国成立到改革开放以前,我们党形成了诸如节约资源、节俭消费、植树造林、兴修水利以及有计划地生育等生态文明思想,这可以看作是我们党早期探索和初步总结马克思主义生态文明思想在中国的实践。然而,这一早期探索和初步总结存在着诸多的局限性,有些思想如向自然界开战等与马克思主义生态文明思想的要义不太相符,对生态文明思想的理解和认识仅仅停留在经济建设层面,没有认识到自然生态环境问题是关乎我国经济、政治、社会与文化发展的重大现实问题等。这一时期的"大跃进"和"文化大革命"给我国的自然生态环境带来了巨大的破坏和压力。

改革开放以后,以邓小平同志为核心的党的第二代中央领导集体,在探索我国社会主义现代化建设的过程中,形成了协调人口、自然生态环境与经济发展的关系,依靠科技进步、制度建设、法制建设以及发挥军队和人民群众的积极性来保护自然生态环境等生态文明思想。以江泽民同志为核心的党的第三代中央领导集体,将环境与发展统筹考虑,把可持续发展确定为国家发展战略,提出推动整个社会走上生产发展、生活富裕、生态良好的文明发展道路。以胡锦涛同志为总书记的党中央,把节约资源作为基本国策,把建设生态文明确定为国家发展战略和全面建成小康社会的重要目标,强调发展的可持续性,把生态文明建设纳入中国特色社会主义事业"五位一体"总体布局。

党的十八大以来,习近平在马克思主义生态文明思想以及系统反思与认真总结新中国成立以来发展经验教训的基础上,进一步创新和发展了马克思主义生态文明思想。首先,习近平认为,在中国,生态文明建设是一项关系到国计民生的系统工程,我们不能把生态文明建设仅仅作为一个经济问题来对待,应该把生态文明建设融入政治、经济、社会以及文化建设的所有方面和全部过程。其次,在马克思主义生态文明关于自然生产力构成社会生产力之基础的论断上,习近平发展出了保护自然生态环境就是保护生产力、改善自然生态环境就是发展生产力的生态文明思想,得出了"环境生产力"这一科学论断。再次,习近平非常善于汲取中国优秀传统文化中的生态智慧和生态思想,并在马克思主义生态文明关于人与自然和谐一致之思想的基础上,提出在中国要实现人与自然的和谐共处,共同建设和实现属于我们中华民族的生态文明(张金俊,2017)。

从党的十二大到十五大,党中央一直强调建设社会主义物质文明和精神文明。党的十六大提出社会主义政治文明,提出了"推动整个社会走上生产发展、生活富裕、生态良好的文明发展道路"的小康社会目标。党的十七大报告指出:建设生态文明,基本形成节约能源资源和保护生态环境的产业结构、增长方式、消费模式,体现了生态文明对中华民族生存和发展的重大意义。2012年11月召开的党的十八大把生态文明建设纳入中国特色社会主义事业"五位一体"的总体布局,首次把"美丽中国"作为生态文明建设的宏伟目标。党的十八大审议通过《中国共产党章程(修正案)》,将"中国共产党领导人民建设社会主义生态文明"写入党章,作为行动纲领;党的十八届三中全会提出加快建立系统完整的生态文明制度体系;党的十八届四中全会要求用严格的法律制度保护生态环境;2015年10月召开的党的十八届五中全会提出"五大发展理念",将绿色发展作为"十三五"乃至之后更长时期经济社会发展的一个重要理念,成为党关于生态文明建设、社会主义现代化建设规律性认识的最新成果。党的十九大报告指出,"建设生态文明是中华民族永续发展的千年大计"。"坚持人与自然和谐共生"成为新时代坚持和发展中国特色社会主义的基本方略之一。

五、生态文明理念指导下的生态文明教育

马克思认为,教育不仅是提高社会生产力的一种方法,而且是造就全面发展的人的唯一方法。[①] 党的十八大报告指出,要加强生态文明建设,其首要工作是要"加强生态文明宣传教育,增强全民节约意识、环保意识、生态意识,形成合理消费的社会风尚,营造爱护生态环境的良好风气"。为此,国务院于2015 年印发的《中共中央、国务院关于加快推进生态文明建设的意见》也要求提高全民生态文明意识,强调要"把生态文明教育作为素质教育的重要内容,纳入国民教育体系和干部教育培训体系"。这些都表明,推进生态文明建设必须加强生态文明教育,生态文明教育在建设中国生态文明社会中具有基础性作用。[②]

"生态文明教育"是由中国率先提出的一个概念,国外没有明确提出这个概念,因此,当前国外关于这方面的研究很少。但是,国外的一些生态教育者已经意识到生态危机问题的顽固性以及传统的环境教育在解决生态危机问题上的乏力,并开始从过程哲学、马克思主义哲学以及建设性后现代主义哲学等理论流派中汲取营养,从文化预设、人生存的价值以及自然固有的价值等多个角度探讨生态危机的教育出路,以便为变革传统的文明形态与社会发展方式提供人才基础与思想保障。被誉为"美国乡村的先知"的温德尔·拜瑞认为,美国当前的乡村教育所培养出的是一些生产者与消费者,这种"为挥霍而教育"的结果就是当地的自然和文化遭到巨大破坏。也就是说,这种教育是反生态的。韩国公州大学环境教育系教授、韩国环境教育学会秘书长李在永指出,一个人如果没有对生态合理性形成完整的思想体系认识,那么他在实际生活中就很难自行形成科学的生态伦理价值观。当前的生态伦理教育的挑战在于如何引导学生认识真实的自然世界,并且自觉地尽量慎重地、小心翼翼地行使自己对环境和生命的影响力。日本学者诹访哲郎认为,现代人的生活正在失去"对各种联系的感觉",如山、川、海、水的联系,空气的联系,人与人、人与生

---

① 王虎学,万资姿.论教育与人的全面发展——从马克思的一个科学论断谈起[J].甘肃理论学刊,2011(2):39-42.

② 徐洁.生态文明教育的内涵、特征与实施[J].现代教育科学,2017(8):8-12.

命、生物与生物的联系等。为此,他主张学校教育只有重视学生与自然的接触,重建学生与自然的联系,才能培养出学生珍爱其他生物的情操(徐洁,2016)。

刘经纬和赵晓丹(2006)较早开始关注生态文明教育。他们认为,生态文明教育是指在提高人们生态意识和文明素质的基础上,使之自觉遵守自然生态系统和社会生态系统原理,积极改善人与自然的关系、人与社会的关系以及代际关系,根据发展的要求对受教育者进行有目的、有计划、有组织、有系统的社会活动,以促进受教育者自身的全面发展,为社会发展服务。生态文明教育的核心内容是关于生态伦理、生态道德、生态安全、生态政治、循环经济与清洁生产等方面的理论教育与实践体验。广义的生态文明教育是指对社会全体公众的教育,狭义的生态文明教育是指学校的专门教育。从总体上看,生态文明教育主要涉及知识、技能、态度、意识等方面的素质培养。生态文明教育的目的在于全面提高未来一代的综合素质,这是实现可持续发展战略的必由之路,其具体目标落实在教育过程中的知识、技能和价值观领域之中,所以,在实践中,对不同年龄段的学生应有不同的要求。

2014 年,在美国克莱蒙第八届生态文明国际论坛中,与会的中美专家一致认为,生态文明急需教育变革,并为生态文明教育开出"药方"。他们认为,作为现代工业文明的重要组成部分,以升学为手段、求职为目的的现代教育是一种城市导向的齐一化教育。在根底上,它是一种离土教育,是反生态的,因此注定是无根的,因为它是一种疏离自然、远离生活的"书呆子教育"。对于今日的生态危机,现代教育负有不可推卸的责任。随着现代工业文明的式微,必然会出现为工业文明所培养的人才过剩的问题。作为现代文明超越者,后现代生态文明需要新型人才,因此它呼唤一种与生态文明相匹配的新型教育。美国著名后现代哲学家、美国国家人文科学院院士小约翰·柯布博士在题为"为什么需要学校?"的主旨演讲中说:"全世界许多国家包括中国或许把我们美国的学校视为楷模。事实上,今天我们美国的学校走在一条十分荒唐的道路上。因为我们的学校仅仅是为了服务于经济而存在的。而对于我们建设性后现代主义者来说,经济的秩序应该是服务于社会而不是主宰社会。这就要求我们学习如何与他人和自然界和谐相处。这与教人学习谋利,如何竞争更有限的资源与机会的现代教育大相径庭。"他强调,生态文明所需要的后现代学校应该是为社会服务的,为人与自然的共同福祉服务的。这种学校"应该是学习集体合作解决真实的问题的地方"。中央编译局李惠斌研究员从孔子的"君子有三畏"出发,提出生态文明应该大力发展一种敬畏自然的教育。美国密歇根伟谷州立大学哲学系系主任斯蒂芬·劳尔教授强调教育不是信息的灌输,而是为了人的转变。著名过程教育家、波士顿大学神学院院长伊丽莎白·莫尔(Elizabeth Moore)教授强调生态文明需要"意义教育"。美国中美后现代发展研究院常务副院长、哈尔滨工业大学建设性后现代研究中心主任王治河教授提出:生态文明呼唤一种"热土教育",这是一种以家乡、家园和地方共同体的共同福祉为旨归的有根教育,它注重增强学生与世界的联系感,它把培养学生厚重的责任感和深邃的归属感作为教育的目的。他强调,这种后现代的热土教育在中国文化深处有它自己的根,从源远流长的耕读传统到"修齐治平"的"大学之道"无不对热土教育提供强有力的理论支持和道德支撑,对中国的生态文明建设热土教育也具有格外重要的现实意义。中国经济从外向型经济向内向型经济的转型,为这种热土教育提供极好的发展机遇,反过来,这种后现代的热土教育将为生态文明建设提供强大的教育支撑(樊美筠,2014)。

徐岩(2016)认为,生态文明教育是"针对全社会展开的向生态文明社会发展的教育活动,是以人与自然和谐为出发点,以科学发展观为指导思想,培养全体公民生态文明意识,使受教育者能正确认识和处理人—自然—生产力之间的关系,形成健康的生产生活消费行为,同时培养一批具有综合决策能力、领导管理能力和掌握各种先进科学技术促进可持续发展的专业人才"的有目的、有计划、有组织、系统性的教育活动。生态文明教育具有显著的特征:第一,整体性。生态文明要求人在认识自然、改造自然过程中必须尊重生态系统规律的整体性理念,为生态文明教育奠定了理论基础,生态文明教育的实施既需要宏观的整体统筹规划,更有赖于所有社会成员的共同参与。第二,实践性。实践是推进生态文明教育不断发展的动力。只有通过人与自然、社会的反复实践,才能逐步唤起公众的生态保护意识和环境忧患意识,才能主动反思人在处理与自然关系方面的失误,才能树立人与自然和谐相处的生态价值观和以人为本的生态发展观。第三,全面性。生态文明教育的全面性既指教育领域的全面性,即通过生态文明教育把生态文明理念融入政治、经济、社会、文化等各个领域,也指教育内容更加全面和广泛,包括生态环境现状及知识教育、生态道德教育、生态法制教育和生态技能教育等。

在徐洁(2016)看来,生态文明教育应是一项以科学发展观为指导思想,以变革人类文明发展方式为方向,旨在培育受教育者形成生态认知素养与生态行为能力的教育活动。与工业文明教育所培育的占有式人格相区别,生态文明教育需要培育出能够促进人与自我、人与人、人与自然和谐共生的新型人格样态——生态人格。生态人格是摈弃了一切异化之后的自觉自为的人的存在形态,它寄托了生态文明建设的社会理想与价值追求。为了培育生态人格,生态文明教育需要着重阐释生态文明社会所倡导的价值理念,需要通过坚守和谐共生的立场来审视人与人、人与自然之间的内在联系。具体而言,生态文明教育在内容上主要包括生态认知与伦理教育、生态审美教育以及生态法制教育等内容。生态文明教育的实施既需要有教育政策与制度层面的宏观支持,也需要有教学方式与教学理念层面的微观变革。为了使生态文明教育实践顺利进行,建议采取加强生态文明教育基地建设、推进生态文明教育立法、构建一套完整的生态文明教育体系、倡导生态体验式的教学方式等多项措施。

南开大学前校长龚克(2017)指出,当前我国生态文明教育不足、不深,缺总体规划、缺教师、缺教材的问题还很突出。生态文明教育固然要宣传、讲解有关文件,固然要普及相关的生态文明与环保知识,固然要宣讲有关的法规要求,但更重要的是把"顺应自然、尊重自然"的观念渗入国民教育和社会教育的各个方面和全部过程。生态文明教育的目的,恰恰在于培养能与自然和谐共生的一代新人。对教育者而言,我们要把尊重和顺应自然、保护生态环境的观念作为立德树人特别是品德教育的重要内容,纳入小学、中学、大学的各个学段并与实践相结合。同时,学校还要把相应行为纳入各个学段学生的成长评价。有关部门还应抓紧推出各个学段的生态文明教育示范课程和教材。除此之外,还要重视开发"渗入式"的专业课程和教材。在师资方面,学校和社会要开展各个学段的教师培训,不仅培训专门讲授生态文明课程的教师,还要培训通识教师和各专业教师,以便将生态文明更好地融入教学。未来,政府可以主导并制定将生态文明融入贯通于国民教育各个阶段、各个方面的总体规划,推进"知行合一"的生态文明教育。从根本上讲,中国要实现绿色发展,必然要进行绿色教育,这是教育改革发展的重要方向。

此外,廖志平(2016)认为,以"养成教育"为切入口的生态文明教育模式具有时代必然性。学校应建立和完善生态文明养成教育的领导和保障制度;应加强校园生态基础建设,提供生态文明养成教育的硬件支撑;应建立"教学—实践—服务"体系,不断打造养成教育升级版。罗贤宇、俞白桦(2017)主张通过绿色教育,重塑生态价值观,使学生把生态意识内化为自觉保护生态环境的行为,进而不断影响和提高全体公民的生态文明的意识和实践行为能力,形成整个社会的生态自觉,将生态意识融入生产生活全过程。

上述研究表明,我国关于生态文明的定义、内涵与外延都逐步清晰,从实际情况来看,生态文明是我党和我国人民在马克思主义生态学理念、中国传统文化和国外生态研究的基础上长期探索的智慧结晶。国内外学者对生态文明教育从不同角度提出了自己的理解,但对于生态文明教育的探索显然还处于起步阶段。

第二节　可持续发展与可持续发展教育的内涵

一、可持续发展

第二次世界大战以来,全球的发展观经历了几次重大变革,从"增长理论"到"发展理论"再到"可持续发展理论",人类对发展的认识逐渐深化。尤其在20世纪后半叶人类连续遭受到世界性的环境问题,如资源短缺、全球变暖、生态退化、荒漠化严重、人口剧增、失业、贫困、疾病、社会公平以及石油危机、金融海啸、经济波动等,有关"增长的极限""濒临失衡的地球"等言论也在此时出现。[①]

1962 年,美国作家蕾切尔·卡森女士出版了《寂静的春天》。1972,在瑞典

---

① 牛文元.可持续发展理论的内涵认知——纪念联合国里约环发大会 20 周年[J].中国人口·资源与环境,2012(5):9-14.

首都斯德哥尔摩举行了"世界人类环境大会",共同提出"只有一个地球",在人类历史上首次发布了《人类环境宣言》。1980 年 3 月,由联合国环境规划署(UNEP)、世界自然保护联盟(IUCN)和世界自然基金会(WWF)共同组织发起,多国政府官员和科学家参与制定的《世界自然保护大纲》,初步提出了可持续发展的思想,强调"人类利用对生物圈的管理,使得生物圈既能满足当代人的最大需求,又能保持其拥有满足后代人的需求的能力"。1983 年,联合国第 38 届大会通过第 38/161 号决议,批准成立世界环境与发展委员会(WCED),其后经过近 3 年的紧张工作,于 1987 年 2 月在日本东京召开的世界环境与发展委员第八次会议上正式公布了世称《布伦特兰报告》的《我们共同的未来》,同时发表了《东京宣言》,呼吁全球各国将可持续发展纳入其发展目标,并提出八大原则作为行动指南。1989 年 12 月 22 日,联合国大会通过了 44/228 号决议,决定召开环境与发展全球首脑会议。1990 年,联合国组织起草会议主要文件《21 世纪议程》。1992 年 6 月 3 日至 14 日,在《布伦特兰报告》发表 5 年之后,联合国环境与发展大会(地球高峰会议)在巴西里约热内卢召开,大会通过《里约宣言》,102 个国家首脑共同签署《21 世纪议程》,普遍接受了可持续发展的理念与行动指南。①

牛文元(2012)认为,可持续发展理论的"外部响应",应当是处理好"人与自然"之间的关系。可以认为这是可持续能力的"硬支撑"。人的生产和生活,须臾不离自然界所提供的基础环境,包括空间环境、气候环境、水环境、生物环境等,离不开各类物质与能量的资源保证,离不开环境容量和生态服务的供给,离不开自然演化进程所带来的挑战和压力,甚至也必须承认人本身也是自然进化的产物。如果没有人与自然的和谐,没有人与自然的协同进化,没有一个环境友好型的社会,就不可能有人的生存和发展,当然就更谈不上可持续发展。

可持续发展战略的"内部响应",应当是处理好"人与人"之间的关系。可以认为这是可持续能力的"软支撑"。可持续发展作为人类文明进程的一个新

① 牛文元.可持续发展理论的内涵认知——纪念联合国里约环发大会 20 周年[J].中国人口资源与环境,2012(5):9-14.

阶段,所体现的一个核心内容是社会的有序程度、组织水平、理性认知和生产效益的推进能力。一个和谐社会的建立,从人自身对各类关系的处理来看,诸如利益集团之间的关系、民族和国家之间的关系、不同阶层不同收入人群之间的关系、当代人与后代人之间的关系、本地区和其他地区乃至全球之间的关系等,必须在和衷共济、和平发展的氛围中,求得整个社会的可持续进步。一个不和谐、不稳定的社会,也就失去了可持续发展的存在根本。①

可持续发展的内涵必须基于以下三点:一是人类向自然的索取能够与人类向自然的回馈相平衡;二是人类对于当代的努力能够与对后代的贡献相平衡;三是人类在思考本区域发展的同时能够考虑到其他区域乃至全球利益。基于此,可持续发展的内涵可以归纳成四个主要的方面。②

第一,可持续发展揭示了"发展、协调、持续"的系统本质。国家或地区发展战略的整体构想,既从经济增长、社会进步和环境安全的功利性目标出发,也从哲学观念更新和人类文明进步的理性化目标出发,几乎是全方位地涵盖了"自然、经济、社会"复杂巨系统的运行规则和"人口、资源、环境、发展"四位一体的辩证关系,并将此类规则与关系在不同时段或不同区域的差异表达,包含在整个时代演化的共性趋势之中。

第二,可持续发展反映了"动力、质量、公平"的有机统一。可持续发展集中解决了"发展"的三个基本组成元素:第一元素是寻求"发展动力",通过解放思想、改革开放、制度创新去调适生产关系,通过教育优先和科技创新去促进生产力,由此二者共同完成我国新时期对于发展动力的要求。第二元素是寻求"发展质量",通过制定低碳经济战略,达到节能减排,实现资源节约与环境友好。第三元素是寻求"发展公平",即使发展成果惠及全体社会成员,坚持统筹城乡发展,坚持将改善民生问题作为出发点和落脚点。

第三,可持续发展创建了"和谐、稳定、安全"的人文环境。一个和谐、稳定、安全的人文环境是经济发展和社会进步的前提,也是对于执政合理性的最

---

① 牛文元.可持续发展理论的内涵认知——纪念联合国里约环发大会20周年[J].中国人口·资源与环境,2012(5):9-14.

② 牛文元.可持续发展理论的内涵认知——纪念联合国里约环发大会20周年[J].中国人口·资源与环境,2012(5):9-14.

高认同。根据世界发展进程的规律,一个国家或地区的人均 GDP 处于 5000 美元以下的发展阶段,一般对应着人口、资源、环境、经济发展、社会公平等各种矛盾和瓶颈约束最为严重的阶段,基本上处于"经济容易失调、社会容易失序、心理容易失衡、社会伦理需要重建、效率与公平应当不断调整"的关键时期。

第四,可持续发展体现了"速度、数量、质量"的绿色运行。从绿色发展的理念出发,国民财富的积累不仅仅在于 GDP 的规模和增速高低,关键更在于是用何种方式、何种途径、多少成本生成的 GDP。可持续发展希望一个国家或地区不断创造出理性高效、均衡持续、少用资源、少用能源、少牺牲生态环境的方式,在综合降低自然成本、社会成本、制度成本、管理成本的前提下,最终获取"品质好的 GDP"。为此,首先要求破除粗放式生产和非理性生产的弊端;其次要求避免以资源投入的过度消耗和环境容量的过度透支为代价去攫取财富;再次要求避免以削弱可持续发展能力为代价的畸形增长;最后要求避免以社会系统劣质化与民生心理异化为代价所片面追求的国民财富的增加。

傅晓华(2005)认为,可持续发展作为人类社会的一种发展模式,实际上贯穿于人类社会历史的全过程。可持续发展存在许多有差异的因子,它们彼此吸引、排斥、交往、互动,出现整合过程而形成可持续发展巨系统。任何系统的存续能力都是有限的,可持续发展系统不可能永远保持其基本结构、特征、行为不变,而是在不断地演化。

马世骏(1981)指出,可持续发展问题的实质是以人为主体的生命与其环境间相互关系的协调发展。这里的环境包括人的栖息劳作环境(包括地理环境、生物环境、建筑设施环境)、区域生态环境(包括原材料供给的源、产品和废弃物消纳的汇及缓冲调节的库)及文化环境(包括体制、组织、文化、技术等)。它们与作为主体的人一起构成"社会—经济—自然"复合生态系统,具有生产、生活、供给、接纳、控制和缓冲功能,构成错综复杂的人类生态关系。

二、国际可持续发展教育

可持续发展教育基本上与可持续发展理念同步发展。其概念源于 20 世纪 80 年代的可持续发展运动,经历了环境教育(EE)、环境人口与可持续发展教育(EPD)与可持续发展教育三个阶段。① 1987 年 4 月,世界环境与发展委员会在向联合国提交的《我们共同的未来》报告中,正式提出了"可持续发展"这一概念,并给出了被世界普遍认可的"可持续发展"的定义,即"既能满足当代人的发展需求,又不牺牲后代人满足其需求能力的发展"。报告还指出:"为达成可持续发展所需要的转变,教师扮演着决定性的角色。"该报告引起了国际社会对可持续发展的关注。此后,联合国及其下属联合国教科文组织、联合国环境规划署等开始正式探索一条通过教育来支持可持续发展的路线。

1987 年 8 月,在苏联莫斯科召开了"联合国教科文组织—联合国环境规划署关于国际环境教育和培训会议",首次提出了环境教育和培训在可持续发展中的重要性。

1992 年,联合国环境与发展大会(UNCED,又称"地球会议")在巴西里约热内卢召开,会议通过了关于环境与发展的《里约宣言》和《21 世纪行动议程》。在《21 世纪行动议程》的第 36 章,明确提出"教育是促进可持续发展和提高人们解决环境与发展问题的能力的关键"。1994 年,联合国教科文组织提出了可持续发展教育的国际创意——"环境人口与可持续发展教育",指出:全部目的是教育目的,即促成行动变化和培育青年的态度。

2002 年,世界可持续发展峰会(WSSD)在南非约翰内斯堡举行。大会再一次肯定了教育促进可持续发展的重要性,并同时提请联合国大会考虑从 2005 年开始实施"可持续发展教育十年"(DESD)。同年 12 月,联合国第 57 次大会通过了第 254 号决议,将 2005 年至 2014 年确定为"可持续发展教育十年",将联合国教科文组织确定为实行"可持续发展教育十年"的牵头机构,并委托其起草一份《可持续发展教育十年(2005—2014)国际实施计划》。2005 年,联合国教科文组织正式颁布了该计划,并明确指出:"'可持续发展教育十年'的总体目标是,把可持续发展的原则、价值观、具体实践贯穿到学习的各个方面,以改变人们的行动方式,创造出以环境保全、经济可行性以及社会公平为基础的更加可持续发展的未来。"

---

① 史根东.中国可持续发展教育实验工作手册[M].北京:外文出版社,2013:1.

2009 年 3 月 31 日—4 月 2 日,世界可持续发展教育大会——迈入"联合国可持续发展教育十年"的第二阶段在德国波恩召开。这次会议共有 4 个目标:强调可持续发展教育与所有类型教育的适切性;推动可持续发展教育的国际交流,特别是南北半球之间的交流;对"可持续发展教育十年"的实施情况作出评估,并为未来制定发展战略。会议结束时,与会人员共同通过了《波恩宣言》。

2014 年 11 月 10 日至 18 日,联合国教科文组织世界可持续发展教育大会在日本的名古屋和冈山召开。这次大会的主要任务是发布《联合国可持续发展教育十年(2005—2014)计划总结报告》以及《全球可持续发展教育行动计划》,研讨制定 2014 年之后的世界可持续发展教育日程,明确全球进一步开展可持续发展教育所面临各种挑战的策略与任务。大会发表的一个重要文件是《塑造我们期望的未来》,该报告是在收集世界 100 多个国家和地区提交的有效案例与对部分可持续发展教育专家进行调查的基础上,历经 1 年左右时间编写完成的。以总结、评估各国与相关社会组织实施可持续发展教育进程与经验为依据,该份报告总结并论证了 10 年来全球开展可持续发展教育的十大研究结论与发展趋势。

大会的另外一个重要文件是联合国教科文组织发布的《全球可持续发展教育行动计划》,是关于 2015—2019 年推进世界可持续发展教育的总体设计和实施部署。按照这一文件的部署,国际社会将在以下 5 个重点领域推进可持续发展教育:政策推进;更新学习与培训方式;提升教育者和培训者的能力;动员青年人广泛参与;参与制定促进地区可持续发展的解决方案。

同时,报告中给出了未来我们所面临的挑战:一是许多国家和利益共同体都已经意识到了我们今后的潜在挑战;二是包括教育与可持续发展领域更深的联合,需要做更多的工作推动可持续发展教育各个水平与层面的行政支持;三是我们需要更多的研究、创新、评估评价,更加有效地开展可持续发展教育实践。

三、可持续发展教育在中国

20 世纪 90 年代,世界自然基金会与教育部合作开展中小学绿色学校行动,国家环保总局在全国范围内开展绿色学校项目,这些项目在校园文化建设、生态保护以及有效开展中小学环境教育专题活动方面取得了较大成效,这些都可以视为可持续发展教育的前身。

1998 年,中国联合国教科文组织全国委员会委托北京教育科学研究院主持实施联合国教科文组织环境人口与可持续发展项目,这可以视为大规模开展可持续发展教育的开始。2005 年 12 月,在全球推进《可持续发展教育十年(2005—2014)国际实施计划》的新形势下,中国联合国教科文组织全国委员会正式批准将中国 EPD 教育项目(UNESCO Project on Education for Environment Population and Sustainable Development)更名为中国可持续发展教育项目(Education for Sustainable Development)。

中国的可持续发展教育大致经历了以下 5 个阶段[①]:第一阶段,宣传理念、组建队伍阶段(1998—2000 年);第二阶段,构建机制、快速发展阶段(2001—2003 年);第三阶段,扩展研究、全面拓展阶段(2004—2005 年);第四阶段,内涵推进、形成模式阶段(2006—2009 年);第五阶段,进入《国家中长期教育改革和发展规划纲要(2010—2020 年)》、举国推进阶段(2010 年以后)。

截至 2018 年,在中国联合国教科文组织全国委员会和教育部的领导下,以北京教育科学研究院作为主要组织协调单位,先后在北京、上海、广东、香港等地召开了 13 次可持续发展教育国家讲习班,举办了 7 届可持续发展教育国际论坛,对传播可持续发展教育理念、交流可持续发展教育经验、展示可持续发展教育成果、明确可持续发展教育方向,产生了有效而长远的影响。

目前,由于 1000 多所实验学校校长和教师的积极参与,本项教育在各地区学校中产生了更新教育观念、创新学校课程与教育教学模式、普及可持续发展价值观、逐步践行可持续生活方式、建设节能减排校园、促进教师专业发展的显著效果,受到各地教育行政部门与社会各界的良好评价。

与世界各国的可持续发展教育相比,中国形成了自己的鲜明特色。表现如下。

---

① 王桂英. 2010 年的中国可持续发展教育实验学校[EB/OL].(2019-04-18)[2019-06-07]. https://www.docin.com/p-2193582420.html.

第一，中国的可持续发展教育有自己的内涵和模式。

中国可持续发展教育专家组对可持续发展教育作出如下基本定义：可持续发展教育是根据可持续发展需要而推行的、以培养可持续发展价值观为核心的教育，其目标是帮助受教育者形成可持续发展需要的价值观念、科学知识、学习能力与生活方式，进而促进社会、经济、环境与文化的可持续发展。①概括起来，该定义强调可持续发展教育的内涵是"一个核心""三个基本点"。"一个核心"是：以培养可持续发展价值观为核心；"三个基本点"是：帮助受教育者形成可持续发展需要的科学知识、学习能力、生活方式。中国的可持续发展教育不是单纯的环境教育、资源教育或多元文化等专项教育，而是帮助受教育者掌握可持续发展需要的价值观念、科学知识、学习能力与生活方式的教育理念与育人模式，是适应国家与全球可持续发展需要的新教育。②

第二，可持续发展教育已经上升到国家层面。

可持续发展教育受到党和政府的高度重视，并被纳入国家教育政策法规中。2003年8月，温家宝总理对全国126名EPD教育项目学校校长的来信做出重要批示："对广大公民特别是青少年进行环境、健康与可持续发展教育很有必要，要把这项教育同公民道德教育和学生素质教育结合起来，使之经常化、制度化。"陈至立国务委员也做出批示："请教育部结合基础教育课程改革落实家宝总理批示精神，对现有课程中有关环境、健康和可持续发展教育的内容要进一步强化。请文明办将这项教育作为公民道德教育的重要内容，纳入议事日程，采取措施抓实抓好。"

2009年底，部分省市开展可持续发展教育的成效与经验受到教育部有关领导的进一步关注。为此，2010年，国务院《国家中长期教育改革和发展规划纲要（2010—2020年）》（以下简称《教育规划纲要》）编写小组在北京多次召开区教委主任、校长座谈会，出席相关会议，深入了解可持续发展教育在深化与扩展学校素质教育方面产生的实际效果。经过多方面专家反复研讨，又经过

---

① 史根东.中国可持续发展教育实验工作手册[M].北京：外文出版社，2013：5-6.
② 史根东.落实战略主题，推进可持续发展教育——中国可持续发展教育（ESD）项目第十次国家讲习班工作报告[R].（2019-05-03）[2019-06-15].https://wenku.baidu.comview136bbaecc950ad02de80d4d8d15abe23492f0321.html.

征求社会各界意见与建议,可持续发展教育终于被写入了《教育规划纲要》。《教育规划纲要》在分述学前教育、义务教育、高中教育、高等教育、职业教育、特殊教育等教育任务之前,在"战略主题"部分明确写道:"重视可持续发展教育。"这是中国可持续发展教育历史进程中发生的一个大事件。以此为起点,我国可持续发展教育必将进入一个举国推进的新的发展阶段。

第三,中国可持续发展教育得到世界认可。

2003年,中国教育部部长周济和联合国教科文组织总干事松浦晃一郎在巴黎所签署的备忘录中,将中国可持续发展教育评价为"旗舰"项目。联合国教科文组织教育局刊物《今日教育(英文版)》2006年第16期发表题目为《调整现有计划》的文章,对中国实施可持续发展教育的成功经验给予了高度评价。文章说,许多国家正在借鉴中国选择的方式,推广环境教育计划,开展可持续发展教育试点项目。2014年11月在日本的名古屋和冈山召开了联合国教科文组织世界可持续发展教育大会,在大会发布的有关可持续发展教育经验、成果的文件中,有10处以上内容采用了来自中国的数据、事例、文件等,体现了联合国教科文组织官员与专家对中国可持续发展教育成功经验的较多关注。

在2014年的联合国教科文组织世界可持续发展教育大会上,教育部刘利民副部长对中国可持续发展教育进行了总结,概括了6方面成功经验[1]:第一,坚持理念先行。注重将可持续发展教育的理念融入中国正在实施的素质教育中。第二,注重政策保障。2010年,中国政府将可持续发展教育写入国家教育改革发展的总体规划中,从政策上保障可持续发展教育的有效实施。第三,从课程开发与教学环节入手。中国建立了国家课程、地方课程和校本课程三级课程体系,探索出"资源—环境"和"社会—文化"两大专题途径,积极开展校园文化建设和世界文化遗产教育。教学过程注重激发学生主动性,努力达到更新教育功能定位、学校办学理念,提升教师专业水平和学生素质的目标。第四,注重教师培训。在学校开展可持续发展教育的关键在教师。中国举办了12次国家级专题讲习班,不断提高校长和教师对可持续发展教育的认识和实

---

① 张婧,史根东,王鹏.可持续发展的教育才有未来[N].中国教育报,2015-01-02(7).

践能力。同时在大规模开展教师培养的过程中,注重了对教师可持续发展理念和与之相应的教育教学能力的培训。第五,通过标准与示范引导。通过研究制定国家、地区与学校可持续发展教育质量评价指标,开展实验学校的监测年检,促进学校与地区教育实践创新,在推动可持续发展教育中有效发挥了引领作用。第六,形成合力,鼓励探索。中国成立了可持续发展教育委员会,汇聚政府、学校、家庭和社会力量共同推进可持续发展教育,与联合国教科文组织合作,长期支持北京等地连续开展可持续教育的实验探索。目前,中国已建成 ESD 学校 1000 余所,其中包括 300 所示范学校和 700 所实验学校,为在全国实施可持续发展教育积累了大量有益经验,发挥了重要作用。

综上所述,最迟在 20 世纪 60 年代人类社会就开始意识到工业革命以后建立起来的模式具有不可持续性,开始了对可持续发展的探索,并开始构建人类社会的可持续发展体系。到 80 年代可持续发展进入教育领域,迅速从环境教育发展到可持续发展教育,甚至可持续发展的教育理念和行动走在了社会经济可持续发展的前列。90 年代可持续发展教育理念进入中国,得到迅速发展,并根据中国的国情与生态文明,在有机磨合、对接过程中,逐步形成了具有自身特色的概念及内涵、发展框架、模式及路径,得到政府相关部门的支持和社会公众认可,成为中国教育的重要组成部分。

第三节　生态文明与可持续发展教育的关系

一、生态文明的本质就是可持续发展

傅晓华(2005)认为,从原始文明到生态文明就是可持续发展系统演化的必然结果,因此,在某种意义上生态文明的本质就是可持续发展。

原始文明是完全接受自然控制的发展系统。原始人学习和追求的目标就是怎样去顺应自然,"天人合一"思想体现着人与自然(在崇拜自然基础上)的和谐,也是可持续发展的思想渊源。农业文明是人类对自然进行探索的发展系统。农业文明的可持续发展活动主要表现为向大自然索取的物质活动,社会活动也成为可持续发展系统的一个重要部分。工业文明是人类对自然进行征服的发展系统,也是人类运用科学技术的武器控制和改造自然取得空前胜利的时代。但从农业文明转向工业文明,人类开始以自然的"征服者"自居,对自然的超限度开发又造成深刻的环境危机。此时,生态、资源、人口等问题也出现了前所未有的危机。①

生态文明是建立在知识、教育和科技高度发达基础上的文明,强调自然界是人类生存与发展的基石,明确人类社会必须在生态基础上与自然界发生相互作用、共同发展,人类的经济社会才能持续发展。因而,人类与生存环境的共同进化就是生态文明,生态文明不再是纯粹的发展系统,而是一个和谐发展的社会系统。由于可持续发展系统是一个普遍的复杂复合系统,而且是进化的开放系统,其进化的基础是继承先前文明的一切积极因素,所以生态文明也就涵括人类以前一切文明成果,其理论与实践基础直接建立在工业文明之上,是对工业文明以牺牲环境为代价获取经济效益进行反思的结果,是传统工业文明发展观向现代生态文明发展观的深刻变革。②

生态文明的核心问题是可持续发展系统的功能调整。人类社会的可持续发展是建设生态文明的关键核心问题。可持续发展的基础是生态系统,同时包括有人口、资源、环境等,从本质上讲,这些因子在系统中的关系是一种共生关系。科学分析可持续发展系统演化进程中的共生关系,是推进生态文明建设的前提和基础。首先,人口猛增导致资源短缺、环境恶化,并对人类自身生存构成威胁,从而使控制人口增长成为社会经济发展和保护生态环境的基本的首要问题。其次,能源是人类生存的首要问题。地球上有两种有效能量:不可再生能源(地球在过去漫长年代中储藏的能量,如石油、煤、天然气等)和可再生的能源(太阳提供的能量,包括太阳能、风能、水能、畜力等)。工业化以前人类所消耗的主要是后者,相对于地球来说,它是来自于外部环境的负熵流。工业化以后,能耗急剧上升,而且主要集中于消耗地球形成以来所储备的不可再生能源,这一不可逆过程所产生的熵增,是目前人类对太阳能的利用水平远

---

① 傅晓华.论可持续发展系统的演化——从原始文明到生态文明的系统学思考[J].系统科学学报,2005(3):96-99.

② 傅晓华.论可持续发展系统的演化——从原始文明到生态文明的系统学思考[J].系统科学学报,2005(3):96-99.

远不足以弥补的。所以,可持续发展势必要求改变传统能源使用方式:从主要使用不可再生资源转变为主要使用可再生资源;从主要使用化学能源转变为主要使用生态能源。最后,环境污染的直接原因是传统生产技术的不完善。循环经济是生态经济效益的理念和实践的体现,应按照生态系统的物质循环和能量流动的总规律来改善现存的生产技术和生产工艺,走"清洁生产"和"绿色技术"的道路,调整企业发展战略,把环境、资源价值纳入生产核算体系,在生产和流通过程中消除污染,实现绿色增长。①

生态文明的直接动因是工业文明对可持续发展系统的"异化"。工业文明的成就使人们产生了过分的自信,认为只要拥有科学技术手段,地球上可供开发的资源将是无限的,这是工业文明被"异化"的思想根源。依当前的现实情况来看,人类对地球资源和环境的破坏,如不能得到有效的控制,地球就会很快变得不适合人类生存。工业文明的人类高扬主体性和能动性,而忽视了自己还有受动性的一面,忽视了自然界对人类的根源性、独立性和制约性。这种对自然的开发观念和行为准则违背了人和自然关系的辩证法,生态文明的社会发展观是对工业文明"异化"自然直接反思的结果,是可持续发展观演化的高度体现。

生态文明的催化剂则是科学技术。科学技术是一把"双刃剑",在可持续发展系统的功能演化中起着加速"变异"的作用。变异有好有坏,这看人类如何把握科学技术对可持续发展系统的"变异"作用。科学技术虽是生态文明的催化剂,但它并不是万能的,科学技术的社会作用具有局限性和两重性,它经常被人们有意或无意地误用而产生危害。在现代社会,科学技术更是被严重地"异化",从而造成了灾难性的后果。当然,把资源危机和环境污染归罪于科学技术的高度发达,反对发展科学技术,这种看法也是极其错误的,推进生态文明,要依靠科技进步。特别是对发展中国家而言,许多环境问题正是科技和经济不发达所造成的,只有积极致力于科技、经济和社会的发展,才有可能更好地解决环境问题。我们应大力强调发展绿色科技,只有用绿色科技体系武

---

① 傅晓华.论可持续发展系统的演化——从原始文明到生态文明的系统学思考[J].系统科学学报,2005(3):96-99.

装起来的生产力,才能使人与自然和谐相处,推动经济社会的永续发展。同时,我们必须认识到,社会全面发展需要的科学技术已经不再是传统意义上的自然科学技术,它是与社会科学和社会技术(如社会管理技术)密切结合、融为一体的科学技术。①

此外,可持续发展观的培养和教育能够给生态文明提供智力支持。对可持续发展意识的培养,要注重生态道德的培养和教育,又要融入电视报纸等大众宣传媒介,以引起全体社会成员对生态环境的经常关注。② 要使人们清楚地意识到人类生存的自然环境正在急剧恶化,甚至有可能使人类文明毁于一旦。要纠正把人类视为自然的主人、把自然视为人类奴仆的错误观念,树立尊重自然、爱护自然的伦理观念和行为规范;要使维护和改善人类环境、造福人类,成为人们普遍具有的道德自觉,即加强可持续发展观的教育,在自然观和社会发展观上实现根本性变革。③

二、教育是生态文明建设的基石

刘贵华和岳伟(2013)认为:"从人与自然关系的角度看,教育是以人类的本体自然为对象,改造体外自然的实践活动。"教育实践关涉到人与自然的复杂关系,因此,要解决人与自然灾难性对抗的生态危机就需要诉诸教育实践。另外,由于和生态文明有着天然的联系,再加上特有的基础性、全局性和先导性功能,教育在生态文明建设中的作用是不可替代的。所以,探求生态文明建设的教育之路便成为一种时代的必然。

在国外,已有很多组织展开过用教育解决环境危机的探索与努力。1996年,联合国教科文组织出版的《学会生存》一书论述了威胁人类命运的环境危机及教育的任务。这种关于教育的地位和时代使命的论述在联合国教科文组织出版的《从现在到 2000 年教育内容发展的全球展望》《教育的使命》《教

---

① 郝欣,秦书生.复合生态系统的复杂性与可持续发展[J].系统辩证学学报,2003(4):23-26.

② 欧祝平,傅晓华.生态文明发展路径的哲学考量[J].中南林业科技大学学报(社会科学版),2009(5):1-4.

③ 傅晓华.论可持续发展系统的演化——从原始文明到生态文明的系统学思考[J].系统科学学报,2005(3):96-99.

育——财富蕴藏其中》等系列丛书中皆有体现。1992 年,联合国环境与发展大会在巴西里约热内卢召开,大会通过了旨在促进世界范围内可持续发展的行动计划——《21 世纪议程》。该议程明确指出:"教育是促进可持续发展和提高人们解决环境与发展问题水平的关键。基础教育是环境与发展教育的支柱,但应当把后者列为学习的重要组成部分。正规和非正规教育对于改变人民态度都是不可缺少的,可使人民具有评估和处理他们关心的可持续发展问题的能力。同时,对培养环境和道德意识、对培养符合可持续发展和公众有效参与决策的价值观与态度、技术和行为也是必不可少的。"这些关于教育地位和独特作用的论述对于我们今天的生态文明建设来说仍然具有重要的启发意义。

在国内,1982 年,党的十二大报告把教育提到了现代化建设战略重点之一的地位。1987 年,党的十三大报告把教育放到了突出的战略位置。1992 年,党的十四大报告把教育摆在了优先发展的战略地位。1995 年,党中央和国务院提出了"科教兴国战略"。2003 年,党中央和国务院在实施科教兴国战略的基础上提出了"人才强国战略"。2010 年,党中央和国务院颁发的《教育规划纲要》提出了"强国必先强教"的思想。2012 年,党的十八大报告再次重申"教育是民族振兴和社会进步的基石"的战略地位,并把"努力办好人民满意的教育"作为推动社会主义和谐社会建设的重要内容和举措。

无论是从国际社会的探索还是从中国的发展经验来看,教育在推动社会进步尤其在促进人与社会的可持续发展方面起着至关重要的作用。党的十八大报告提出"加强生态文明宣传教育,增强全民节约意识、环保意识、生态意识,形成合理消费的社会风尚,营造爱护生态环境的良好风气"。2015 年《中共中央、国务院关于加快推进生态文明建设的意见》要求,提高全民生态文明意识。积极培育生态文化、生态道德,使生态文明成为社会主流价值观,成为社会主义核心价值观的重要内容。从娃娃和青少年抓起,从家庭、学校教育抓起,引导全社会树立生态文明意识。把生态文明教育作为素质教育的重要内容,纳入国民教育体系和干部教育培训体系。这些表述已经涉及了生态文明建设的教育责任问题。事实上,无论是生态文明理念的树立、经济结构的调整,还是生活方式的变革,抑或是生态文明的制度建设,都离不开教育的参与和贡献。[①]

　　林媛红(2015)认为,教育是生态文明建设的基础。具体表现在:第一,教育对生态价值观具有引导作用。在生态建设过程中,思想观念的转变是一个急需解决的问题。而教育促进了思想观念的转变,并且为人们树立正确的生态价值观提供了很多帮助。第二,教育对于生态人格具有决定作用。生态人格是人格范式中与生态文明社会相适应的一种,它在个体身上凝聚和内化了生态伦理和生态内容。拥有科学认识自然的生态知识、感激和善待自然的生态情怀及顺应和保护自然的生态行为的人大都具备生态人格倾向;具备生态人格倾向的人身心和谐,他们不仅能够做到物质追求和精神追求的平衡统一,而且拥有合理消费的生活方式,了解自己的真实需要,绝对不会做出超出生态环境承载能力的破坏性消费,也不会做出超出社会经济承载能力的过度消费。他们追求的生活方式是健康、适度、科学和绿色的。生态人格对于生态文明建设非常重要,但生态人格只能通过教育来加以培养。第三,教育对于社会公正具有促进作用。教育具有一定的分层及流动功能,可有效帮助社会弱势群体提升其社会地位,进而缩小全社会的贫富差距,促进社会和谐统一。

三、可持续发展教育是推进生态文明建设的有效路径

　　从生态文明的视角来看,生态文明的第一主题与本质要求是可持续发展。抓住可持续发展主题与本质要求开展教育,定会精准把握生态文明教育的方向与完整系统,进而有效实现为生态文明提供高质量高品位人才支持与智力支持的预期目标。从可持续发展和可持续发展教育的理念来看,可持续发展包括两层含义:第一层是指社会的可持续发展;第二层是指人的可持续发展。[②]可持续发展教育也包含两个层次的含义:一是指教育促进社会、经济、环境与文化的可持续发展;二是指教育促进人的可持续发展。正如《我们共同的未来》所指出的:"可持续发展是既满足当代人的需要,又不对后代人满足其需要的能力构成危害的发展。"《教育——财富蕴藏其中》指出:"教育在促进人的可

---

　　①　刘贵华,岳伟.论教育在生态文明建设中的基础作用[J].教育研究,2013(12):10-17.
　　②　史根东.可持续发展促教育应时而变[N].中国教育报,2012-05-07(2).

持续发展方面的意义是指：既能满足当时发展的需要，又能保证其身心和谐、均衡与持久地发展而不受伤害，具有全面、长久与强劲的发展能力。"《联合国首届可持续发展教育会议（波恩会议）宣言》指出："世界正面临严重的金融和经济危机、环境破坏和气候变化，以及各种紧张局势和冲突。全世界越来越意识到，国际社会必须团结起来，为创造一个属于我们共同的更美好的未来而准备。联合国2005年至2014年的可持续发展教育十年计划体现了这样的全球共识，指出了教育在可持续发展中将起到至关重要的促进作用。"

可持续教育的内容与生态文明教育目标完全契合。2002年12月，联合国第57届大会通过了第254号决议，将2005—2014年确定为"可持续发展教育十年"，之后在2005年正式颁布了《可持续发展教育十年（2005—2014）国际实施计划》。这一阶段的可持续发展教育强调"四个尊重"的价值观，即尊重他人、尊重差异与多样性、尊重环境、尊重资源，涉及社会、经济、环境和文化四大领域。①

《可持续发展教育十年（2005—2014）国际实施计划》将"可持续发展的价值观教育"作为可持续发展教育的主要内容，确定了从2005年到2014年的可持续发展教育主题，明确了可持续发展教育的价值取向与价值内容："尊重全世界所有人的尊严与人权，承诺对所有人的社会和经济公正；尊重后代人的人权，承诺代际责任；尊重和关心大社区生活的多样性，包括保护与恢复地球生态系统；尊重文化多样性，承诺在地方和全球建设宽容、非暴力、和平的文化。"《可持续发展教育十年（2005—2014）国际实施计划》重申了社会、环境与经济作为可持续发展教育的核心内容或关键领域，为可持续发展教育的价值分类研究以及可持续发展的价值观教学等提供了依据；主张"学习者坚定的积极价值观念的培养（关于他们自己、学习、周围世界，以及他们的地位等），是教育者要学习者养成的关键部分，包括整个人的全面发展、成为积极和负责任的公民、终身热爱学习、意识到自己的力量和潜力等"。至此，对于可持续发展教育价值的诸多理论问题，如价值内容、价值类型等，已基本达成共识。②

① 王咸娟.国际可持续发展教育涵义与内容述评[J].世界教育信息，2015(5)：54-57.
② 田道勇.可持续发展教育价值探析[J].教育研究，2013(8)：25-29.

2014 年,联合国教科文组织世界可持续发展教育大会制订了《全球可持续发展教育行动计划》,是关于 2015—2019 年推进世界可持续发展教育的总体设计和实施部署。《全球可持续发展教育行动计划》的目的是,继续实现原有可持续发展教育十年计划中提出的愿景:"世界上每个人都有机会受益于教育并能学习可持续未来社会所需要的价值观、行为和生活方式。"《全球可持续发展教育行动计划》的总体任务是"在教育和学习的所有层面和领域,强化旨在促进可持续发展的行动"。其整体思路是,从两个方向强化推进可持续发展教育①:第一,将可持续发展融入教育;第二,将教育融入可持续发展。这一进程又将指向两个目标:"调整教育和学习,让每个人都有机会获得相应的知识、能力、价值观和态度,以使其能对可持续发展做出贡献";"在所有促进可持续发展的日程、课程与行动中加强教育和学习"。

按照这一文件的部署,国际社会将在以下 5 个重点领域推进可持续发展教育②:政策推进;更新学习与培训方式;提升教育者和培训者的能力;动员青年人广泛参与;参与制定促进地区可持续发展的解决方案。

2015—2019 年,国际社会着重从 4 个方面大力开展可持续发展教育。③学习内容方面:要注重将气候变化、生物多样性、减少灾害风险、可持续消费和生产等专题整合进课程。教学方式和学习方式方面:要按照以学习者为中心的原则设计教学和学习,采用自主、实践探索等学习方式,同时注重实体和在线学习,以激发学习者为可持续发展而有所作为。学习效果方面:要激励学生形成核心学习能力,如批判性和系统性思维、合作决策、对当代人和后代人负起责任。促进社会转变方面:要使任何年龄的学习者都能参与促进所生活的社会向更加绿色的社会转变,激励人们采取可持续的生活方式,使其最终成为积极的奉献者,以创建一个更加公正、和平、宽容、包容、安全和可持续发展的世界。

---

① 张婧,史根东,王鹏.可持续发展的教育才有未来[N].中国教育报,2015-01-02(7).

② 史根东,张婧,王鹏.塑造面向可持续发展的教育——联合国教科文组织世界可持续发展教育大会综述[J].世界教育信息,2015(6):17-21.

③ 史根东,张婧,王鹏.塑造面向可持续发展的教育——联合国教科文组织世界可持续发展教育大会综述[J].世界教育信息,2015(6):17-21.

综上所述,可以认为从原始文明到生态文明就是可持续发展系统演化的必然结果,因此,生态文明的本质就是可持续发展。虽然国际社会尚未提出生态文明的理念,但以联合国为首的国际组织开展的可持续发展和可持续发展教育,在本质上就是追求自然和人类社会的可持续发展,就是世界级的生态文明建设。从可持续发展教育的目标和内容来看,可持续发展教育与我国倡导的生态文明理念高度契合。因此,可持续发展教育既是生态文明的重要组成部分,也是推进生态文明建设的有效路径。

第四节　生态文明与可持续发展教育的路径内涵

一、加强理论研讨

当前对生态文明、生态文明教育的研讨和可持续发展、可持续发展教育的研究相对较多,但对生态文明与可持续发展教育的研究基本还有待深入。

周宏春(2017)探讨了生态文明的内涵、理论基础与理论演化,回顾了生态文明理念的提出及其演变过程,结合"绿水青山就是金山银山"分析了生态文明建设的理念抽象和实践探索,从经济发展、人居环境、生态保护等方面提出了生态文明建设的重点,从制定并实施最严格的制度、发挥政府的引导作用、完善法律法规、发挥市场机制的决定性作用、加强部门集成和协调、创建生态社会文化氛围等方面提出了建设生态文明的若干保障措施。

方精云等(2013)从生态学的角度分析了建设生态文明的途径,主要是加强生态学教育,建立一批学科基地,提高公众的生态学意识。方精云等认为,我国生态学学科起步晚、发展慢,与其他学科相比,处于弱势地位。虽然国际上生态学的发展已有150多年的历史,但我国直到"文革"结束后,才开始有"生态系统""生态平衡"等概念的介绍。党的十七大及十八大都对生态文明建设加以强调。我国有着丰富的生态系统多样性、数目可观的特有种,有着从热带到寒温带、从湿润到极端干旱的多样化的气候类型;同时我国正经历着举世瞩目的城镇化发展阶段。这些都为生态学理论的探索和创造提供了不可多得的天然实验室。如果加大对生态学研究与教育的投入,设立相应的生态学研究和教育机构,必将在生态学理论和应用研究方面取得重大创新。此外,我国民众的生态学意识普遍薄弱,应加强生态学的公众教育,向全社会广泛宣传生态文明建设的基本理念,加大科普投入,并将生态学教育作为国情教育之一,在中小学普及,从孩子抓起,逐步提高全民生态学素质。

2014 年,在美国克莱蒙第八届生态文明国际论坛中,来自世界各地的 200 余位参会者,站在全球的视野,从哲学、政治、经济、文化、教育等方面对如何推进生态文明进行了全方位的可贵探索。他们的研究表明:要建设生态文明,首先,马克思主义的思想装备是必不可少的,因为马克思的思想中蕴含着丰富的生态思想和浓厚的社会担当意识;其次,当代西方日益勃兴的建设性后现代思维和中国传统智慧也是生态文明建设所急需的宝贵资源;最后,现行教育观念和教育制度的变革也是生态文明建设所急需的(樊美筠,2014)。

2016 年,在"生态文明与中国道路学术研讨会"中,120 余名生态文明研究专家、学者共聚一堂,就"生态文明的基础理论""中国特色社会主义生态文明建设理论""生态文化与生态教育""中国道路与中国话语"等内容进行了讨论,在学术观点和理念创新方面取得了许多共识。

与会专家普遍认为,只有系统而深入地研究各种与生态文明相关的思想与理论,并对它们进行科学阐释,才能形成中国特色社会主义生态文明理论,建立起我国生态文明建设的理论自信。首先,既要深入挖掘马克思恩格斯的生态思想,又要避免过度或强制阐释。其次,中国优秀的传统文化应该得到弘扬但不要过度解读。最后,要重视并准确阐释中国特色社会主义生态文明理论。在生态文明建设的中国道路方面,专家要认真考察我国生态环境保护和生态文明建设方面的历史,对其经验教训应进行客观分析,对于国外经验可以借鉴但是不能照搬。生态文明建设的关键在主体,生态文明建设的主体包括政府、企业、组织、个人等,核心问题在于如何在上述社会阶层及群体中构建有利于生态文明建设的绿色政治共识或绿色大众文化,造就占据社会绝大多数的生态文明公民或绿色新人。这就必须通过教育培训、文化熏陶和制度规制等方式来培养各类主体的生态意识和生态责任感。

赵卢雷(2017)认为,中国特色社会主义文化是反映先进生产力的文化,是根源于人民群众实践的文化,是人类历史上优秀文化成果的集中体现,从根本上是为人民群众服务的文化。同样,生态文明是当前人类社会发展的最高级文明形态,符合人类文明演化规律,因而也符合人民群众根本利益。两者关系辩证,互相影响。加强生态文明建设不仅需要以国家为主导,更需要社会的支持。只有让生态文明理念在全社会蔚然成风,中国特色社会主义生态文明建设才能向前推进。这就需要在学校和社区两大人群聚集区宣传教育,只有如此生态社会目标才能取得实效。

学校是一个人的思维方式和行为习惯定型的重要场所。学生的意识行为一旦形成便难以改变。所以,学校应充分利用教育资源和各种手段向学生灌输健康科学的生态文明教育,使其掌握处理生态问题的技能和正确的生态文明观,对不同类型的学生应采取不同的方式。中学生所处的青春期正是世界观、人生观和价值观定型的重要阶段,我们必须高度重视。可以采取系统性地讲解环境保护法以及开展相关生态保护实践活动等。大学生作为直接面向社会的群体,应有更高的要求。一方面,可以开展生态专题讲座,并在全校公共课上安排相关生态保护课程;另一方面,积极组织大学生进行下乡调研活动,切实了解实际情况,增强责任感、使命感,培养大学生理性思维和生态道德意识。社区作为公共聚集地,有利于思想文化的传播和活动的开展。良好的社区文化是广大居民日常生活所向往的,这为创建文明社区、生态社区奠定了基础,也为广大居民培养生态环保意识提供了精神动力,必须结合社区具体特点打造特色生态社区。①

对于可持续发展教育的理论研究,不同专家从各自角度进行了探索。

史根东是较早长期深入探索可持续发展教育与生态文明关系的学者和实践者。早在 2003 年,史根东就在生态文明的大背景下,对中国特色的可持续发展教育的基本理论进行了探索。他认为,中国的可持续发展教育理论包括主体教育理论、可持续发展教育理论。

主体教育有狭义和广义之分。狭义主体教育的基本内涵是:培养具有主体精神与相关能力的新一代公民。主体精神的高级表现形式是创新精神。在教育教学实践中,要注重培养学生的主体精神、创新精神及相关能力。科学意

---

① 赵卢雷.从文化建设视野下对生态文明建设的路径探析[J].理论观察,2017(5):121-125.

义上的教学活动是以教师为主体的教的活动,同以学生为主体的学的活动相互关联、相互合作、同步发展的认识—实践活动。以建构学生在学习与发展过程中的主体地位为核心,大力发挥教师、校长、家长、地方政府与社区组织在不同层面的教育与教育管理活动中的主体、主导作用并形成合力,共同致力于全方位培养学生终身学习与发展所需要的主体精神、创新精神及相关能力。①

广义主体教育的基本内涵是:生态文明是一种在发扬个体主体精神基础上,全面建立人与自身、人与人、人与自然、人与社会、当代人与下代人协调平衡关系的文明形态。正在建设社会主义市场经济,大力推进工业化进程的中国,既注重培养人的个体主体精神,又关注培养人的"类主体"精神。在主体精神的完整结构中,学生主体精神与相关能力是基础,学生集体的主体责任意识、主体合作意识与相关能力是必不可少的重要组成部分,学生参与意识与责任意识是主体精神的必要发展,为维护人类"类主体"利益而贡献力量是主体精神的最高体现。②

关于可持续发展教育理论,史根东认为生态文明时代倡导的以可持续发展价值观和人生观为核心进行的教育是可持续发展教育,同样有狭义和广义之分。狭义可持续发展教育是用可持续发展方面的科学知识、科学思想对受教育者进行教育与训练,使他们形成可持续发展思想与相关知识及能力的过程。狭义的可持续发展教育的基本内涵是:从国家与民族可持续发展的现实与长远需要出发,必然要求广大青少年和全体公民具有可持续发展方面的科学思想、科学知识及实际能力。实施专门性可持续发展教育的基础在中小学、职业学校和高校。③

广义可持续发展教育是指,为了可持续发展并且以可持续发展为导向,对现行教育进行重新定位与创新,从而有利于促进经济、社会的可持续发展。教育对可持续发展发挥的功能是双重的。一方面,教育具有继承陈旧传统、复制落后观念与维持现有发展状态的作用;另一方面,教育又具有发扬优良传统、传播现代观念并推动社会创新与发展的功能。从建设生态文明和实现可持续

---

① 史根东.可持续发展教育的理论研究与实践探索[J].教育研究,2003(12):44-50.
② 史根东.可持续发展教育的理论研究与实践探索[J].教育研究,2003(12):44-50.
③ 史根东.可持续发展教育的理论研究与实践探索[J].教育研究,2003(12):44-50.

发展的角度观察,有必要对现行教育进行重新定向,对现行教育的功能进行重新定位。①

2015 年,史根东指出,今后需要进一步加强可持续发展教育理论研究,包括可持续发展和可持续发展教育关系、生态文明建设和可持续发展教育关系、可持续发展教育和全民教育(国际理解教育、全纳教育)关系、可持续发展教育和素质教育关系等,尤其要深入总结前 15 年中国可持续发展教育的成功经验,跟踪借鉴其他国家可持续发展教育的成果,着力挖掘中华优秀传统文化中的可持续发展教育著述,全面构建可持续发展教育理论体系。

对于可持续发展教育价值,田道勇(2013)认为,可持续发展教育价值是可持续发展教育价值理论体系的核心问题,它不仅要回答可持续发展教育为什么存在,而且决定着可持续发展教育实践的方向、目标、课程、方法、评价等诸多侧面。对可持续发展教育价值的认识,其发展大体经历了发微、探索和相对共识三个阶段。用"关系说"范式定义的可持续发展教育价值,突破了传统教育价值论的思维逻辑,需要依据可持续发展理念来思考与界定。必须思考可持续发展教育模式、"关系说"定义范式等方面的问题,才能深刻理解并准确把握可持续发展教育价值的含义。

二、生态文明和可持续发展教育的实践路径

(一)寻求可持续发展教育的政策保证

罗洁(2008)认为,要将目前以科研项目、以民间方式运作为主的可持续发展教育全面纳入政府工作领域,使其成为制度化、经常化的教育工作,并在更大范围、更广层面以及更高水平上得到实施。可持续发展教育应被纳入政府教育工作职责,政府应建立一个能满足可持续发展教育各利益相关者的需求和能协调其行动的整体政策框架,并以学校课程改革与教育教学改革为重点,灵活有序地推进可持续发展教育。

史根东(2015)指出,虽然中国已经将"重视可持续发展教育"写入国家中长期教育规划,但尚未编制与之相配套的、较为具体的可持续发展教育指导实

---

①　史根东.可持续发展教育的理论研究与实践探索[J].教育研究,2003(12):44-50.

施细则文件。有的地方政府虽然提出了开展可持续发展教育的要求,但远没能从促进可持续发展的战略高度明确认识当代教育功能,因而未能做到自觉、系统地将可持续发展教育纳入地方教育政策,致使可持续发展教育在国内各地区、各学校发展极不平衡,制约着教育质量的提高。因此,政策支持力度需要进一步加大。

教育部及相关政府部门有必要研究制定落实"重视可持续发展教育"部署的指导实施文件。各地区需要大力开展有效的实验研究与有力的社会宣传,地方政府负责人要更深入地了解与理解可持续发展教育对促进教育改革与提高教育质量的重要价值。要以立德树人为导向,将可持续发展教育纳入地方教育政策与规划,加大力度开展可持续发展教育实验区建设,并将可持续发展教育纳入国家及各地区教育督导内容。

张婧(2015)对各地支持可持续发展教育的政策进行了梳理。她指出,北京市各区县作为实施北京地区推进可持续发展教育政策的责任主体,在规划本地区可持续发展教育时,充分结合地区实际,分别制定了具有针对性和地区特色的可持续发展教育推进政策。例如,石景山区推出了《全面推进石景山区实验区建设行动计划(2015－2020年)》《石景山区可持续发展教育示范区建设方案》;昌平区教育委员会出台了《关于贯彻落实〈北京市中小学可持续发展教育指导纲要(试行)〉的指导意见》;房山区教育委员会制定了《关于落实〈北京市中小学可持续发展教育指导纲要(试行)〉的实施方案》;门头沟区教育委员会下发了《关于在中小学中进一步加强可持续发展教育工作的通知》和《关于进一步加强可持续发展教育工作的通知》。除此之外,广东省佛山市禅城区也出台了《禅城区中小学可持续发展教育指导纲要》。这些政策文件是当地进行可持续发展教育的权威依据,为各区县结合地区实际与需求,有针对性地推进可持续发展教育提供了良好的政策支持。

（二）建设可持续教育的基本框架及路线图

结合国内外研究和实践,中国可持续发展教育全国工作委员会专家组根据联合国的众多文件,结合中国自己的国情,基本建立起具有中国特色的可持续发展教育基本框架。

中国的可持续发展教育是根据可持续发展需要而推行的、以培养可持续发展价值观为核心的教育,其目标是帮助受教育者形成可持续发展需要的价值观念、科学知识、学习能力与生活方式,进而促进社会、经济、环境与文化的可持续发展。[①] 概括起来,该定义强调可持续发展教育的内涵是"一个核心""三个基本点"。"一个核心"是:以培养可持续发展价值观为核心;"三个基本点"是:帮助受教育者形成可持续发展需要的科学知识、学习能力、生活方式。

根据中国国情,中国可持续发展教育全国工作委员会秘书处专家组制定了中国可持续发展教育路线图,即"2-1-3-3-4-2-3-4"。[②]

"2"指理念的两层含义:教育为社会经济环境文化可持续发展服务;教育为人的可持续发展服务。"1"指一个核心内容:可持续发展价值观教育(四个"尊重")。"3"包括三个基本内容:(1)可持续发展科学知识教育(社会、经济、环境、文化四个领域);(2)可持续学习能力教育(培养可持续学习能力);(3)可持续生活方式教育(践行低碳生活方式)。"3"是三级课程建设,即(1)国家课程:全面实施一个核心与三个基本内容教育;(2)地方课程:开发地方 ESD 课程与编写教材;(3)校本课程:开设校本 ESD 课程与编写教材。"4"则是四项教学原则与方式:四项教—学原则包括主体探究、综合渗透、合作活动、知行并行;而四种教—学方式:(1)引导学生课堂学习过程前移;(2)指导学生做好学习探究作业报告;(3)组织学生参与课堂评价与合作讨论;(4)鼓励学生提出可持续发展实际问题解决方案。"2"是两类专题教育:(1)资源—环境专题教育(节能减排—低碳生活养成/创新教育);(2)社会—文化专题教育(多元文化教育/国际理解教育)。"3"是三级学校建设:实验学校;示范学校和国家实验学校。"4"包括四个预期目标:(1)显著更新地区教育功能定位(教育行政部门);(2)显著更新办学理念(校长与领导班子);(3)显著更新教师专业发展水平(教师);(4)显著更新学生素质(学生)。

在过去的 10 余年,这一基本路线图在推进可持续发展教育中发挥了积极的作用,但从当下和未来发展来看,还需要进一步研究和深化,以使其与生态文明的理念和内涵实现更紧密的结合。

---

① 史根东.中国可持续发展教育实验工作手册[M].北京:外文出版社,2013:5-6.
② 史根东.中国可持续发展教育实验工作手册[M].北京:外文出版社,2013:6-7.

（三）通过宣传和培训建立一支从事可持续发展教育的队伍

从 1999 年开始,在中国联合国教科文组织全国委员会的领导下,中国可持续发展教育全国工作委员会牵头举办了首次国家讲习班,对参加会议的北京及部分省市已经着手开展环境教育的数十位中小学校的校长、教师代表进行了基础理论与操作方法的培训,从而迈出了推进全国可持续发展教育的第一步。[①] 自此,国家讲习班的推进形式一直延续下来,1999 年到 2015 年,以 1 年或 2 年为一周期,可持续发展教育国家讲习班已经举办了 13 次,成为定期总结可持续发展教育工作及动员全国教育工作者开展可持续发展教育的有效平台,也因此建立了一支相对稳定的从事可持续发展教育的队伍。这种经验和模式需要进一步发展。

（四）通过项目推进可持续发展教育

分步骤建设一批批实验学校与示范学校,是中国 15 年以来可持续发展教育得以连续向前推进的一项基础性策略。[②] 至 2015 年底,参与可持续发展教育项目的中小学校、幼儿园及其他类型学校已有 1000 余所。建设的主要方式是:专家组同地方教委共同组织可持续发展教育通识培训;地方教委按自愿报名与领导推荐相结合的方式确定实验学校名单;专家组指导候选学校制定共建特色学校方案,并启动实施;专家组定期赴实验学校对实施过程进行诊断(听课、评课,和校长座谈,同教师研讨,与学生对话)和评估,并提出改进建议;专家组、地方教委和实验学校共同召开可持续发展教育特色学校建设现场会;在当地广泛宣传已取得的阶段性成果。

（五）通过课程建设推进可持续发展教育

罗洁(2008)认为,应该以课程建设为突破口,将可持续发展教育推进策略研究的重心放在可持续发展教育与基础教育阶段的课程建设的关系上,侧重研究可持续发展教育对于基础教育阶段课程建设的作用及其机制,可持续发展教育推进策略与基础教育课程建设的结合点,基础教育课程建设各环节中加强可持续发展教育的途径与方法,基础教育三级课程体系与可持续发展教

---

① 　张婧.可持续发展教育:中国成效与全球展望简[J].教师教育学报,2016(3):7-16.
② 　张婧.可持续发展教育:中国成效与全球展望简[J].教师教育学报,2016(3):7-16.

育推进策略的关系,基础教育阶段课程资源整合与可持续发展教育的关系等。

刘健和黄宇(2013)认为,新课程改革要求教育工作者将可持续发展教育与课程改革紧密结合,将环境教育的理念、内容与方法融入新的课程,并承认可持续发展教育所倡导的参与式、探究式教学方法在基础教育课程改革中的贡献。这也意味着可持续发展教育在推动本次基础教育课程改革方面发挥着独特的作用。与此同时,教育改革中课程层次的多样化为可持续发展教育提供了时间与空间。本次课程改革对课程管理结构做很大的调整,提出了国家课程、地方课程和校本课程的三级体系,为可持续发展教育的实施提供了有力的平台支撑。特别是校本课程的提出,为中小学以可持续发展教育的理念为指导,提高学校对新课程改革的适应能力,开展教育创新,开辟了广阔的天地。

因此,新课程改革实际上也是一项面向可持续发展的教育改革,是中国教育转向可持续发展方向的重大举措,是可持续发展教育得以传播、进步和实现的契机。在这一背景下,一些中小学校以可持续发展教育的理念指导学校的校本课程开发,提高学校对新课程改革的适应能力,获得了有意义的经验和启示。[①]

(六)通过教学改革推进可持续教育发展

可持续发展教育实验学校坚持开展可持续发展教育育人模式实验。这一实验的核心包括[②]:就教师而言,强化教学中可持续发展价值观的渗透;就学生而言,切实培养学生的可持续学习能力。可持续教学坚持"主体探究、综合渗透、合作活动、知行并进"的基本原则,注重引导学生将课堂学习过程前移,做好课前预习、探究,组织学生参与课堂评价与合作讨论,做好课中自主探究与合作探究;鼓励学生关心可持续发展实际问题并提出解决方案,做好课后应用探究。

(七)利用新媒体通过社会化教育推进可持续发展教育

《中共中央、国务院关于加快推进生态文明建设的意见》指出,将生态文化作为现代公共文化服务体系建设的重要内容,挖掘优秀传统生态文化思想和

①　刘健,黄宇.可持续发展教育校本课程开发的案例与启示[J].课程·教材·教法,2013(3):98-102.
②　张婧.可持续发展教育:中国成效与全球展望[J].教师教育学报,2016(3):7-16.

资源,创作一批文化作品,创建一批教育基地,满足广大人民群众对生态文化的需求。通过典型示范、展览展示、岗位创建等形式,广泛动员全民参与生态文明建设。组织好世界地球日、世界环境日、世界森林日、世界水日、世界海洋日和全国节能宣传周等主题宣传活动。充分发挥新闻媒体作用,树立理性、积极的舆论导向,加强资源环境国情宣传,普及生态文明法律法规、科学知识等,报道先进典型,曝光反面事例,提高公众节约意识、环保意识、生态意识,形成人人、事事、时时崇尚生态文明的社会氛围。

可持续发展本身是一个内涵丰富的概念,涉及经济、社会、环境和文化领域。因此,可持续发展教育也应该是一个内容丰富、主题多样的教育形式。同时,日新月异的新媒体不仅改变了信息传播的格局,而且广泛应用到中国社会的金融、教育、医疗等领域,并对社会生活产生了深远的影响。在生态文明和可持续发展教育建设的背景下,新媒体被广泛应用于生态文明宣传教育中,而且通过新媒体途径进行生态文明教育和可持续发展教育已经得到国家层面的认可。新媒体为生态文明和可持续发展教育提供了平台和契机。①

在推进可持续发展教育中,凡是能够培养可持续性社会所需要的价值观、能力和行为的教育都应该被纳入可持续发展教育的范畴,注意充分利用家庭、学校、社区和社会资源,充分利用好新媒体和各种特色资源,建立学校、政府、社会、企业等共同参与的教育合作空间,通过社会化教育推进生态文明和可持续发展教育。

(八)加强国际合作和制度化建设

10 多年来,中国的可持续发展教育与国际社会紧密相连。② 在中国联合国教科文组织全国委员会和教育部的领导下,以北京教育科学研究院作为主要组织协调单位,先后在北京、上海、广东、香港召开了 10 余次可持续发展教育国家讲习班,举办了 6 届可持续发展教育国际论坛,对传播可持续发展教育理念、交流可持续发展教育经验、展示可持续发展教育成果、明确可持续发展教育方向,产生了有效而长远的影响。因此,这种国际合作机制需要得到加强

---

① 王甲旬.生态文明教育的新媒体途径研究[D].武汉:中国地质大学,2016:Ⅰ.
② 张婧.可持续发展教育:中国成效与全球展望[J].教师教育学报,2016(3):7-16.

和深化,建立学校、学区、社区、社会多层合作机制。

与此同时,还需要加强可持续发展教育的制度建设。可持续发展教育制度就是国家为了提高生态文明及可持续发展教育的实效,通过调整生态文明和可持续发展教育活动中各个行动主体之间的关系,根据生态文明和可持续发展教育活动的规律,所制定的具有强制性的规则体系。① 只有重视和发挥法律和制度的引领与规范作用,通过加强生态文明和可持续发展教育,建立完善的法律法规和规章制度,才能规范生态文明和可持续发展教育工作,为生态文明和可持续发展教育建设提供法律保障。

总之,只有通过理论研讨和体系构建,让生态文明和可持续发展教育深度融合,同时借鉴国内外经验,探索多元、多层次的生态文明和可持续发展教育路径,打造立体的教育体系,实现生态文明和可持续发展教育的系统化、规范化和制度化,才能够帮助生态文明和可持续发展教育自身实现可持续发展。

---

① 张雪梅.略论推进我国生态文明教育制度化[J].理论导刊,2015(9):54-57.

第三章　中小学校生态文明与可持续发展教育现状分析

——以北京为例

第一节　北京中小学生生态文明素养现状调查

　　2017年9月,北京市教育科学"十三五"规划优先关注课题"中小学生态文明与可持续发展教育实施路径研究"课题组重点对北京市东城、海淀、石景山、丰台、通州、昌平、延庆等7个区的27所中小学的1503名教师、4267名学生就生态文明与可持续发展教育现状进行了网上问卷调查(问卷星)与部分访谈。根据问卷数据、访谈结果,课题组围绕生态文明与可持续发展素养,从价值观、知识、能力、生活方式等方面进行调研分析。结果表明,学生的价值观可塑性比较强,对于生态文明经济发展知识、文化遗产等知识的了解有待提升,在创新性解决生态文明与可持续发展问题的方面能力比较弱,可持续生活方式还需要进一步强化。教师普遍认为,加强生态文明教育非常重要,自身践行可持续生活方式程度较高,但知识体系不够丰富全面,主动开展生态文明和可持续发展教育的意识需要提高,方法较为单一,还需要完善激励和考核评价体系。针对师生群体的现状,从课程建设、校园建设、教师培训、实践活动、机制建设等方面提出相关政策建议,为基础教育领域进一步深化的生态文明与可持续发展教育提供借鉴。

　　一、价值观方面

　　有64%的学生认为自己可以"尽量不使用一次性餐具",36%的学生会使用一次性餐具;53%的学生认为"看到有垃圾时,应将其捡起并扔到垃圾箱",还有 47%的学生做不到自觉将垃圾投入垃圾箱;47%的学生选择"为了保护环境,即使给个人生活带来不便,也应该参与",说明还有 53%的学生不能做到克服困难去参与环境保护;51%的学生认为"应将废物收集起来进行创意利用",49%的学生对废物利用的理念不认同;38%的学生认为自己"在生活中应买简单实用的,不追求名牌",62%的学生具有追求名牌的意识倾向。

问卷调查数据表明,中小学生在价值观方面还没有定型,有相当部分学生还没有可持续发展的意识,例如有 40%的学生使用一次性餐具,60%以上的学生受所谓"时尚"的影响,追求品牌。但从好的一面可以看到,超过一半的学生能够将垃圾投入垃圾箱,接近一半的学生愿意放弃个人便利参与环境保护。这些数据一方面说明学校、家庭和社会的环境教育、可持续发展教育做得还不够,另一方面也说明学生的价值观还有很大的提升空间。

二、知识方面

有 65%的学生知道"清洁能源",57%的学生了解"有机食品",48%的学生认识"可回收垃圾的专项容器",学生对于清洁能源、有机食品、可回收垃圾专项容器的选择率基本处于 50%～60%,说明对于这些常识的了解还有待提高;学生对于"循环经济必须遵循的原则""认识世界文化遗产标志"的选择率只有22%、36%,说明学生对于生态文明经济发展知识、文化遗产等知识的了解还远远不够,需要进一步加强对于相关知识的学习。

三、能力方面[①]

有 41.6%的学生选择"我能结合资源节约等问题收集信息并进行分类概括",还有 58.4%的学生没有选择此项,说明学生对于资源节约问题的信息收集与分类概括能力需要进一步提高;43.2%的学生选择"我能清晰地表达对雾霾等生态文明与可持续发展环境问题的观点",56.8%的学生还不能对雾霾等

---

① 可持续学习能力是指终身发展所需的学习能力,主要包括收集、分类、概括知识与信息的能力;准确有条理的口头表达能力;对书本结论、他人观点提出自主分析与评价的能力;与他人合作探究的能力;关注可持续发展实际问题并提出创新性解决方案的能力等。

环境问题表达自己的观点,说明还有大部分学生对于身边环境问题的关注程度不够;59.4%的学生认为"在与同学的合作中能尊重每个人的想法,合作进行探究学习",40.6%的学生没有选择在合作中探究学习选项,说明同学之间的合作探究学习模式还需要进一步加强。选择"能结合所学知识对身边的环境、资源保护等可持续发展问题提出解决方案""能针对可持续发展实际问题进行面向未来的思考"两项的学生分别占35.6%、36.3%,还有64.4%与63.7%的学生没有选择在结合身边的环境与资源保护等问题提出解决方案并能够有面向未来的思考,说明学生创新性解决生态文明与可持续发展问题的能力欠缺。

四、生活方式方面

有47.7%的学生选择"我有尽量少坐私家车出行的习惯",还有52.3%的学生没有选择此项,说明低碳绿色出行生活方式还需进一步加强;45.6%的学生选择"我有尽量不使用流水洗东西的习惯",还有54.4%的学生没有选择此项,说明节约资源(水)的习惯需加强;66.9%的学生选择"我有随手关灯的习惯",33.1%的学生没有选择此项,说明节约用电(随手关灯)的习惯大多数学生能够做到;21.2%的学生选择"我喜欢吃油炸的东西,像炸鸡、薯条",78.8%的学生没有选择此项,说明大多数学生能够了解油炸食品,合理选择健康食品;30.8%的学生选择"我有参加社会公益活动的习惯",还有69.2%的学生没有选择此项,说明大部分学生还没有形成参加公益活动的习惯,可持续生活方式还需要进一步改进、强化与提升。

青少年作为未来社会的消费者,将会影响到一个国家未来的消费方式。我国目前的非理性消费问题十分严重,面子消费、炫耀性消费、冲动型消费、一次性消费的现象普遍,这种消费方式只会加重对资源的快速消耗和环境的污染。美国著名的生态经济学家戴利曾经指出,如果发展中国家按照现在这种消费模式进行发展,那么只有在当前技术的环境性能每两年提高一倍的发展的情况下,才能将世界的环境水平维持在不继续恶化的状态。①

---

① 冯瑛.我国青少年生态文明观教育的路径与模式探析[J].科教导刊(中旬刊),2014(6):184-186.

五、对比分析与思考

课题组在 2019 年 5 月第二次对北京市东城、海淀、石景山、丰台、通州、昌平、延庆等 7 区的 14 所中小学的 1600 名学生就生态文明素养进行了网上问卷(问卷星)调查与部分访谈,与 2017 年的数据进行比较,运用 SPSS20.0 统计软件对调查数据进行相关分析(见表 3-1)。

表 3-1　生态文明素养调查对比(2017—2019 年)

项目	问卷年份	人数	均值	选项				
				完全赞同/%	完全不赞同/%	不太赞同/%	不确定/%	比较赞同/%
1.我了解清洁能源	2017	4267	4.15	3.0	7.5	12.5	65.0	12.0
	2019	1600	4.50	2.0	4.5	6.5	59.0	28.0
2.我了解有机食品	2017	4267	4.13	6.0	6.5	8.5	22.0	57.0
	2019	1600	3.64	4.5	6.0	4.0	26.5	59.0
3.我认识垃圾分类专项容器	2017	4267	3.85	4.0	4.5	9.0	34.5	48.0
	2019	1600	3.90	0.5	3.0	4.5	36.0	56.0
4.我认识世界文化遗产标志	2017	4267	3.95	19.0	0.0	7.5	37.5	36.0
	2019	1600	3.28	5.0	0.0	10.5	40.0	44.5
5.我能清晰地表达对雾霾等生态文明与可持续发展问题的观点	2017	4267	4.24	0	0	0	56.8	43.2
	2019	1600	4.40	11.0	4.5	4.5	30.0	50.0
6.我能结合资源节约等问题进行分类概括	2017	4267	4.12	0.0	0.0	0.0	58.4	41.6
	2019	1600	4.26	0.0	1.5	3.5	50.5	44.5
7.我能在与同学合作中尊重每个人的想法,合作进行探究学习	2017	4267	4.20	0.0	0.0	0.0	40.6	59.4
	2019	1600	4.50	0.0	1.5	1.0	36.5	61.0
8.我能针对可持续发展实际问题进行面向未来的思考	2017	4267	4.23	0.0	0.0	0.0	63.7	36.3
	2019	1600	4.48	0.5	0.0	2.5	55.0	42.0
9.能尽量不使用一次性餐具	2017	4267	4.16	0.0	0.0	0.0	36.0	64.0
	2019	1600	4.50	3.0	3.0	5.2	20.5	68.3
10.看到垃圾时应将其捡起扔到垃圾箱	2017	4267	4.18	0.0	0.0	0.0	47.0	53.0
	2019	1600	4.38	2.0	4.5	3.5	29.0	61.0

续表

项目	问卷年份	人数	均值	选项 完全赞同/%	完全不赞同/%	不太赞同/%	不确定/%	比较赞同/%
11.为了保护环境,即使给个人生活带来不便,也应该参与环境保护	2017	4267	4.08	0	0	0	53.0	47.0
	2019	1600	4.16	1.5	2.5	4.5	31.0	60.5
12.应该严格按照法律要求对野生动物进行保护	2017	4267	0	0	0	0	0	0
	2019	1600	4.17	1.5	1.5	3.5	50.0	43.5
13.应将废弃物品收集起来进行再利用	2017	4267	3.95	0.0	0.0	0.0	49.0	51.0
	2019	1600	4.13	2.5	1.5	2.5	31.0	62.5
14.我有尽量少坐私家车出行的习惯	2017	4267	4.22	0.0	0.0	0.0	52.3	47.7
	2019	1600	4.35	3.0	8.0	3.0	34.5	50.5
15.我有尽量不使用流水洗东西的习惯	2017	4267	4.11	0.0	00	0.0	54.4	45.6
	2019	1600	4.35	4.5	4.0	8.0	30.0	54.5
16.我有垃圾分类的习惯	2017	4267	4.10	7.5	6.0	5.5	44.5	36.5
	2019	1600	4.16	5.0	4.0	3.5	47.0	40.5
17.我会定期参与到环境保护行动中并提出相关建议	2017	4267	3.85	0.0	0.0	0.0	64.4	35.6
	2019	1600	3.97	11.5	12.0	1.5	36.0	39.0
18.我有参加社会公益活动的习惯	2017	4267	4.15	0.0	0.0	0.0	69.2	30.8
	2019	1600	4.22	5.0	7.0	2.0	34.5	51.5

（一）讨论与分析

从表 3-1 可知,一是从 2017 年到 2019 年,学生的生态文明整体素养有所提升。在知识、能力、价值观、生态行为、在地行动与建议等方面的生态文明素养均有提高,各维度得分呈上升趋势。通过对比两年的问卷数据可以发现,2019 年较 2017 年,在青少年的生态文明素养有所提升的同时,在生态文明与可持续发展教育相关知识方面(见表 3-1 中第 1—4 项),如清洁能源、有机食品、垃圾分类、文化遗产标志等,都存在不足。青少年虽具有一定的生态文明价值观意识(见表 3-1 第 9—12 项),但从其对一次性餐具使用等问题的回答来看,事实上还存在着价值观与某些生活方式的不一致,这意味着价值观(见表 3-1

第5—8项)与生态文明行动(见表3-1第13—18项)还欠缺真正的有机融合。

二是合作探究的学习模式应用还不太广泛,学生的合作学习、探究能力相对较弱,这与目前多数学校传统教学方式依然占主导地位的教与学方式有关。生态文明教育需要培养学习者具有批判思维,能够参与塑造可持续的未来社会,因而教学方法是以学习者为中心,具有行动导向和变革性,合作探究学习应成为参与式教与学方法的常态模式之一。

三是生态文明生活方式与生态行动还需要进一步改进与提升。当前青少年的生态文明素养教育大多还停留在记忆式学习与形成性学习阶段,认知、情感与存在维度相对较高,赋权维度、实际践行与生态行动欠缺。教育者应尽可能多地为学生创行动学习的机会与环境,让学习者将抽象概念、个人经验与生活联系起来,在行动中促进反思性思维过程。

(二)思考与建议

1.从国内国际双重视角渗透人类命运共同体教育,培育生态素养

联合国教科文组织《变革我们的世界:2030年可持续发展议程》中的17个可持续发展目标为国际社会可持续发展与进步指明了发展方向,将可持续发展目标和国家生态文明建设诸项要点纳入课堂教学与课程是当务之急。通过生态文明教育培养健康生活方式、增进生活福祉、提高卫生水平,让人类赖以生存的环境健康和谐,为国家、国际社会的稳定与繁荣做出自己的贡献,培养中小学生树立人类命运共同体意识。具体思路如下:一是开展生态文化教育,让学生与自然对话。敬畏自然、敬畏生命、保护动物是世界各国可持续发展所需,树立生命共同体意识,从自身做起,从现在做起,保护好人类赖以生存的家园,建设可持续发展的社会是当务之急。二是开展生态环境教育与生态经济教育,让学生与生态行动对话。学校可引导学生在家期间,认真践行节水节电,认真开展垃圾分类与废物回收再利用等活动,开展健康生活方式小课题研究,在学习思考与实践中培育生态素养。如石景山麻峪小学将国家课程与地方课程、校本课程进行融合,教师指导学生与家长一起,利用果皮制作酵素洗手液,净化环境,浇灌绿植、蔬菜,开展了绿色种植活动与小课题研究。同时开展生态安全教育与家庭劳动教育,鼓励学生每日在家帮助父母做一次饭、整理个人与家庭卫生,让学生了解国家安全、人身安全、有机食品与卫生,了解世界各

地的粮食与食品安全。三是引导学生与世界对话,树立人类命运共同体意识。事实上,在全球化时代任何一个国家的生态问题与社会经济发展等都不会独立存在于世外,生产发展、生活富裕、生态良好的绿色发展是全球所追求的生态体系,全世界都需要持续推进 2030 年可持续发展议程,共同守护地球的健康、人类的福祉与繁荣。

2.学校与家庭合力培育中小学生生态文明素养

一是让学生与家庭对话。倡导学生与家庭成员认真学习垃圾分类知识并时刻践行。2019 年上海在全国率先进入垃圾分类的时代;2020 年 5 月 1 日,北京也正式开始实施垃圾分类新规。生活垃圾分类的过程,就是将理念落实到行动中,这是中小学生必上的一堂环保教育课。学校、家庭、社区、学生等各个层面可以通过新媒体开展系列活动宣传与实施,让学生读环境保护相关书籍、写书评与读后感、设计与实践相关垃圾分类的主要环节与回收再利用的措施,潜移默化地提升生态文明素养。

二是让学生与科技对话。人工智能在教育领域的广泛应用,促进了教育教学方式、教学环境与学生学习方式的转变。因此,学校应该顺势而为,积极培养青少年批判思维能力、协作沟通能力、创新思维能力等关键学习能力,引导学生思考在人工智能时代如何参与生态文明社会行动,如何开展对生态环境破坏行为的监督,如何让更多的人意识到生态文明建设的重要性等一系列问题。学校可以借助智能公司等平台,与家庭、社区、企业之间开展多形式的合作,实现泛在学习,共同培育学生的生态文明素养,让学生学习与思考生态文明知识、科技创新、绿色生活、美丽家园的数字化与智能化,在中国乃至全球生态文明与可持续发展教育实践中贡献力量。

第二节　北京中小学教师生态文明素养调查

一、研究样本基本信息

(一)基本信息

共有 2139 名教师参与 2017 年"生态文明教育现状调查",其中北京地区受访教师 1503 名,约占受访教师总数的 70%。

如图 3-1 所示,在所有受访教师中,约有 70% 分布于北京地区,占比最高。其次是河北,占比近 25%。再次是天津,占比将近 5%。个别上海和广东的教师也参与了调查。

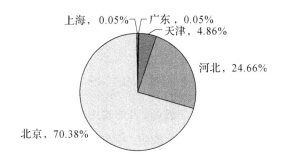

图 3-1　受访教师所在地区分布情况

北京地区参与调查的教师东城、石景山、密云、昌平、丰台等区域的占比较高,如图 3-2 所示。

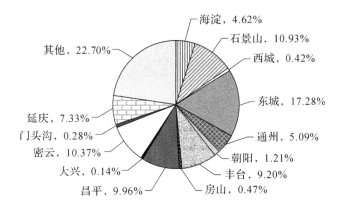

图 3-2　北京市被调查教师区域分布情况

在受访教师中,本科学历占比最高,将近 85%,硕士及更高学历的教师占比将近 10%,另外有 5% 是大专学历的教师。

(二)从教信息

有 65% 受访教师的教学年限在 10 年以上,另外分别有约 10% 的教师的教学年限在 4～6 年和 7～10 年,剩余约 15% 的教师工作年限为 1～3 年。可以看出，受访教师的教学经验比较丰富，如图 3-3 所示。

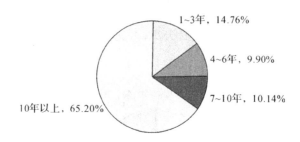

图 3-3　受访教师从教年限分布情况

超过一半的受访教师是小学教师，另外初中和高中教师数量相当，分别占比为 22.56% 和 20.83%，大学老师较少，另外有 1.91% 左右的幼儿园教师，如图 3-4 所示。

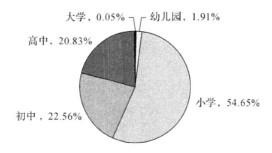

图 3-4　受访教师所在学校类型分布情况

受访老师所授学科最主要的是语数英三科，占比分别为 29%、23%、13%，其次是体育、美术、音乐、物理、历史等，如图 3-5 所示。

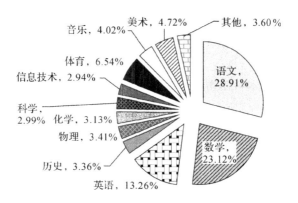

图 3-5　受访教师所授学科分布情况

二、生态文明教育基本认知情况

就对世界环保日的了解情况,多数教师知道世界环保日的具体时间(6月5日),占比约为73%,如图3-6所示。概述而言,绝大多数教师了解生态文明、可持续发展教育的理念,其中10%是非常了解,这说明生态文明、可持续发展教育的理念深入教师内心。另外有7%左右的教师对此理念完全不了解,可以通过一定举措促进这部分教师的了解。

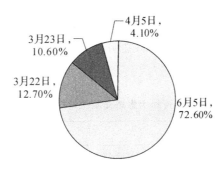

图 3-6　教师对世界环保日的了解情况

三、生态文明教育态度研究

如表3-2所示,"提高人们的生态环境保护意识使之自觉维护"是教师认为最有效的保护生态环节的措施之一,其次是"出台相关政策、法规""执法部门采取积极措施预防和治理""政府加大宣传与资金扶持力度"。可以看出,既有宣传教育提高意识层面的措施,又有配套法律法规的措施。

表 3-2　教师对"最有效的保护生态环境措施"的调查结果

项目	选项				
	完全不符合	不太符合	不确定	比较符合	完全符合
1. 提高人们的生态环境保护意识使之自觉维护	0.4%	1.6%	1.4%	2.8%	93.8%
2. 出台相关政策、法规	1.9%	2.1%	7.0%	13.5%	75.5%
3. 政府加大宣传与资金扶持力度	0.6%	3.9%	3.4%	23.6%	68.5%

续表

项目	选项				
	完全不符合	不太符合	不确定	比较符合	完全符合
4.执法部门采取积极措施预防和治理	1.8%	2.4%	11.8%	12.8%	71.2%
5.法律惩治	2.3%	4.2%	3.5%	34.1%	55.9%
6.加大经济惩罚力度	2.0%	3.1%	10.8%	26.4%	57.7%

表 3-3 显示,"使用可再生资源""加强生态文明教育""发展低碳经济"是三大被调查教师认为的有利于生态文明建设的措施,涉及资源、教育和经济多个方面。

表 3-3　教师对"有利于生态文明建设的措施"的调查结果

项目	选项				
	完全不符合	不太符合	不确定	比较符合	完全符合
1.退耕还林	0.3%	1.2%	9.1%	23.5%	65.9%
2.使用可再生资源	0.6%	0.9%	1.4%	7.3%	89.8%
3.加强生态文明教育	0.6%	1.2%	1.8%	6.8%	89.6%
4.发展低碳经济	0.9%	1.7%	2.3%	6.5%	88.6%
5.大肆使用杀虫剂	4.7%	52.0%	30.8%	10.5%	2.0%

表 3-4 表明,将近 90% 的教师认为发展经济和保护生态环境应该协同发展,而不应该有先后顺序。

表 3-4　教师对"发展经济和保护生态环境之间的关系"的调查结果

项目	选项				
	完全不符合	不太符合	不确定	比较符合	完全符合
1.先发展经济,后保护生态环境	12.4%	32.8%	28.2%	16.5%	10.1%
2.先保护生态环境,后发展经济	2.3%	12.4%	16.7%	28.6%	40.0%
3.协同发展	0.7%	1.2%	2.1%	6.2%	89.8%
4.任其自然发展	43.3%	28.4%	17.3%	9.0%	2.0%

和"最有效的保护生态环境的措施"调查结果类似,教育、法律是教师认为保护环境两大最有效的手段,其次是罚款,如表 3-5 所示。

表 3-5 教师对"保护环境的最有效手段"的调查结果

项目	选项				
	完全不符合	不太符合	不确定	比较符合	完全符合
1.教育	0.4%	0.6%	1.7%	8.9%	88.4%
2.罚款	0.4%	2.7%	9.4%	18.6%	68.9%
3.法律	1.3%	1.5%	3.6%	7.9%	85.7%
4.个人自觉	0.8%	3.7%	16.8%	36.3%	42.4%
5.其他	11.9%	26.7%	24.8%	31.4%	5.2%

学科教学渗透是教师认为开展生态文明与可持续发展教育的最有效的途径,其次是社会综合实践,通过教学＋实践,实现生态文明和可持续发展的教育,如表 3-6 所示。

表 3-6 教师对"开展生态文明与可持续发展教育的主要途径"的调查结果

项目	选项				
	完全不符合	不太符合	不确定	比较符合	完全符合
1.学科教学渗透	0.8%	1.2%	2.8%	7.2%	88.0%
2.跨学科教学	1.2%	2.5%	9.3%	29.5%	57.5%
3.社团活动	1.7%	2.9%	8.7%	18.7%	68.0%
4.专题活动	2.8%	6.8%	7.4%	15.9%	67.1%
5.社会综合实践	1.9%	3.6%	5.9%	6.8%	81.8%
6.学校与社区、相关行政职能单位的合作活动	2.6%	4.7%	9.4%	17.8%	65.5%
7.新媒体	2.6%	8.1%	14.8%	31.4%	43.1%

被调查教师认为,电视专题环保公益节目、学校微信公众号、社区微信平台是学校开展生态文明与可持续发展教育采用的三大新媒体形式,如表 3-7 所示。

表 3-7　教师对"学校开展生态文明与可持续发展教育经常使用的新媒体形式"的调查结果

项目	选项				
	完全不符合	不太符合	不确定	比较符合	完全符合
1.电视专题环保公益节目	1.3%	3.6%	5.2%	8.6%	81.3%
2.社区微信平台	1.5%	3.9%	8.7%	23.5%	62.4%
3.电子政务	6.0%	12.5%	18.1%	38.6%	24.8%
4.学校微信公众号	1.3%	2.4%	9.8%	17.6%	68.9%
5.MOOC(慕课)	6.5%	17.4%	20.9%	34.6%	20.6%
6.微博	5.8%	13.5%	26.4%	19.8%	34.5%
7.班级微信群	2.1%	2.9%	9.7%	26.8%	58.5%
8.客户端	3.7%	14.7%	26.4%	37.9%	17.3%
9.其他	9.4%	26.5%	24.8%	31.4%	7.9%

四、生态文明教育行为研究

调查显示,有接近三分之一的被调查教师参与过"地球一小时"活动,另外有超过一半,接近 56% 的被调查教师知道但是没有参与,有将近 12% 的教师从来没有听说过"地球一小时"。

被调查教师认为"节约水电,空调温度合理""不破坏绿化""出行时尽可能搭乘公共交通工具"是非常容易做到的日常环保行为,如表 3-8 所示。

表 3-8　教师对"日常环保行为"的调查结果

项目	选项				
	完全不符合	不太符合	不确定	比较符合	完全符合
1.出行时尽可能搭乘公共交通工具	1.6%	2.1%	6.8%	7.3%	82.2%
2.资源循环利用	3.4%	4.9%	5.3%	5.9%	80.5%
3.节约水电,空调温度合理	0.4%	1.2%	2.6%	3.7%	92.1%
4.积极参加环保活动	0.4%	3.6%	9.5%	18.2%	68.3%
5.光盘行动	1.3%	2.8%	7.8%	10.4%	77.7%
6.不破坏绿化	1.1%	3.6%	4.8%	7.2%	83.3%

如表 3-9 所示，"乱扔生活垃圾""污水排放""工业废气排放"是 3 种最常见的生活区域内破坏生态的行为。

表 3-9 教师对"生活区域内破坏生态的行为"的调查结果

项目	选项				
	完全不符合	不太符合	不确定	比较符合	完全符合
1.乱扔生活垃圾	0.4%	0.8%	1.2%	5.7%	91.9%
2.污水排放	0.6%	2.2%	16.7%	19.5%	61.0%
3.花草树木被破坏	1.0%	11.9%	18.1%	42.8%	26.2%
4.工业废气排放	0.4%	1.4%	6.8%	36.3%	55.1%
5.其他	9.2%	25.1%	24.8%	31.4%	9.5%

如表 3-10 所示，"环境保护专题讲座""环保专题宣传片""节能减排知识竞赛"是目前学校开展过的培养学生生态文明的活动形式。

表 3-10 教师对"学校开展过的培养学生生态文明的活动"的调查结果

项目	选项				
	完全不符合	不太符合	不确定	比较符合	完全符合
1.参观生态基地	2.2%	7.6%	13.6%	17.8%	58.8%
2.节能减排知识竞赛	1.6%	3.9%	12.7%	19.5%	62.3%
3.环境保护专题讲座	2.0%	3.9%	8.1%	12.8%	73.2%
4.社团活动	0.4%	2.4%	10.8%	26.3%	60.1%
5.环保专题宣传片	3.9%	7.2%	5.5%	14.1%	69.3%
6.社会实践活动	3.3%	5.9%	8.6%	9.2%	73.0%
7.其他	11.5%	25.1%	24.8%	31.4%	7.2%

另外，有接近 30% 的教师知道学校与国外学校在生态文明与可持续发展教育方面有交流与合作，有 34% 的教师不知道有几次合作，另外 36% 不清楚有没有合作。未来可以适当考虑加强学校与国外学校间的交流与合作。

五、生态文明建议研究

表 3-11 表明，"在校内外节约资源、能源的意识""关注身边环保等社会问

题并提出自己的建议""合作学习开展环境、社会、文化等专题调查研究"是近年来学生在生态文明与可持续发展教育中取得的主要进步。

表 3-11　教师对"近年来学生在生态文明与可持续发展教育中取得的进步"的调查结果

项目	选项				
	完全不符合	不太符合	不确定	比较符合	完全符合
1. 关注身边环保等社会问题并提出自己的建议	4.4%	3.6%	17.6%	37.8%	36.6%
2. 校内外节约资源、能源的意识	3.9%	2.9%	16.7%	39.5%	37.0%
3. 合作学习开展环境、社会、文化等专题调查研究	3.6%	3.9%	18.1%	42.8%	31.6%
4. 关注文化多样性	3.7%	5.4%	19.8%	36.3%	34.8%
5. 批判思维能力	3.7%	7.2%	25.5%	34.1%	29.5%
6. 其他	4.1%	5.1%	24.8%	31.4%	34.6%

　　调查研究发现,"学校的资金支持不足""对教师、学生的生态文明专题培训不足"是学校在生态文明与可持续发展教育实施中主要存在的两个不足,未来可以适当在这两个方面加强,如表 3-12 所示。

表 3-12　教师对"学校在生态文明与可持续发展教育实施中存在的不足"的调查结果

项目	选项				
	完全不符合	不太符合	不确定	比较符合	完全符合
1. 学校制度不够健全	5.5%	3.6%	17.6%	37.8%	35.5%
2. 教师的积极性不高	6.8%	12.9%	16.7%	39.5%	24.1%
3. 学校的资金支持不足	1.0%	3.9%	7.1%	32.8%	55.2%
4. 学校领导不够重视	2.7%	25.4%	19.8%	36.3%	15.8%
5. 对教师、学生的生态文明专题培训不足	2.2%	4.2%	15.5%	24.1%	54.0%
6. 与考试内容关联不大	1.7%	8.5%	20.9%	31.2%	37.7%
7. 其他	5.8%	25.1%	24.8%	31.4%	12.9%

六、生态文明教育基本认知与个体关联性研究

(一)生态文明教育基本认知与地区差异性

研究发现,北京地区教师对"生态文明""可持续发展教育"非常了解的比例高于其他地区,但是有一定了解的比例又低于其他地区。整体而言,天津地区对"生态文明""可持续发展教育"了解的比例最高,其次是河北,再次是北京。天津地区教师正确回答世界环保日日期的占比最高,其次是北京,再次是河北。上海、广东共 9 人,占受访人数 0.1%,这里忽略不计。如表 3-13 所示。

表 3-13 不同地区教师对生态文明、可持续发展教育、世界环保日的了解程度

项目	省(市)	人数	均值	标准差	选项				
					完全 不了解 /%	不太 了解 /%	不 确定 /%	比较 了解 /%	完全 了解 /%
1.我了解生态文明与 可持续发展教育	北京	1503	4.16	0.83	1.5	4.0	1.6	81.6	11.3
	天津	102	4.25	0.80	0.0	1.0	0.9	92.3	5.8
	河北	525	4.01	0.78	1.5	2.5	2.4	84.0	9.6
2.我了解世界环保日	北京	1503	4.13	0.86	2.0	6.5	1.3	12.0	78.2
	天津	102	3.64	1.20	1.0	2.3	6.4	6.5	83.8
	河北	525	4.22	0.76	5.0	2.8	12.0	14.5	65.7

(二)生态文明教育基本认知与区域差异性

研究发现,北京市受访人数较多的 7 个区的教师都对生态文明教育、可持续发展教育有所了解,石景山、海淀、昌平相对得分较高。石景山、通州、延庆、东城对于世界环保日的了解程度较高(见表 3-14)。

表 3-14　北京市 7 个区教师对生态文明教育、可持续发展教育、世界环保日的了解程度

调查项目	区域	人数	均值	标准差	选项				
					完全不了解/%	不太了解/%	不确定/%	比较了解/%	完全了解/%
1.我了解生态文明教育、可持续发展教育	东城	257	4.16	0.83	0.5	2.3	9.8	71.6	15.8
	海淀	69	4.25	0.80	0.0	4.6	1.9	73.5	20.0
	石景山	149	4.31	0.78	0.5	3.0	1.0	73.5	22.0
	丰台	137	4.11	0.87	1.4	5.5	11.9	64.7	16.5
	通州	75	4.02	0.79	0.0	3.6	10.4	67.5	18.5
	昌平	148	4.23	0.75	1.5	6.0	10.5	65.5	16.5
	延庆	109	4.18	0.82	2.0	3.5	4.4	70.5	19.6
2.我了解世界环保日	东城	257	4.16	0.83	2.0	4.0	0.5	62.0	31.5
	海淀	69	3.94	0.91	1.0	4.3	5.7	65.5	23.5
	石景山	149	4.23	0.75	2.0	1.8	0.0	65.2	31.0
	丰台	137	4.02	0.79	2.0	2.1	1.7	63.7	30.5
	通州	75	4.12	0.85	2.5	5.5	8.6	60.9	22.5
	昌平	148	3.97	0.90	3.2	4.8	7.2	61.0	23.8
	延庆	109	4.23	0.75	1.5	0.5	0.0	67.5	30.5

（三）生态文明教育基本认知与学校类型差异性

初中教师是了解"生态文明""可持续发展教育"占比最高的，其次是小学教师，最后是幼儿园和高中教师。但高中教师中，非常了解的占比又最高，如图 3-7 所示。

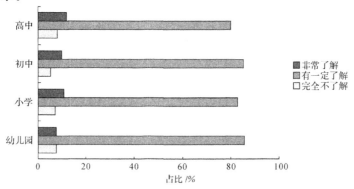

图 3-7　K12 阶段不同类型的学校教师对生态文明、可持续发展教育的了解程度

小学教师知道世界环保日是哪一天的占比最高,其次是初中和幼儿园教师,最后是高中教师,如图 3-8 所示。

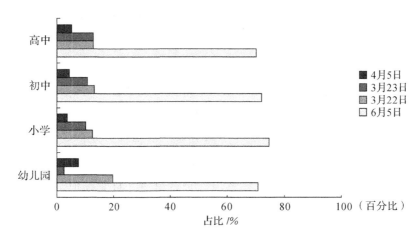

图 3-8　K12 阶段不同类型学校的教师对世界环保日的了解程度

七、生态文明教育态度与个体关联性研究

(一)生态文明教育态度与地区差异性

北京、河北、天津三个地区的教师都认为"提高人们的生态环境环节保护意识使之自觉维护""出台相关政策、法规"是两大最有效的保护环境的措施。其次,天津地区的教师认为的最有效措施是"执法部门采取积极措施预防和治理",而北京和河北地区教师认为是"政府加大宣传与资金扶持力度"。

北京、天津、河北三个地区的教师都认为使用可再生资源、加强生态文明教育、发展低碳经济、退耕还林是生态文明建设的四大有力措施。

关于发展经济和保护生态环境之间的关系的看法,北京、天津、河北三个地区的教师之间无明显差异,均认为两者之间最主要的关系应该是"共同发展",其次应该是"先保护生态环境,后发展经济"。

关于日常环保行为,北京、天津、河北三个地区的教师态度较为一致。选择"节约水电,空调温度合理"的教师在三个地区中均占比最高。此外,"出行时尽可能搭乘公共交通工具""资源循环利用""积极参加环保活动""光盘行动""不破坏绿化"等行为在三个地区中均有接近或超过 70% 的教师选择。

北京、天津、河北三个地区的教师对保护生态环境的手段的看法比较一致，均认为"教育""罚款""法律"是保护生态环境的主要手段。

北京、天津、河北三个地区的教师所在学校在开展生态文明与可持续发展教育时在采取的新媒体形式上不存在明显差异。三个地区的教师均认为"电视专题环保公益节目""社区微信平台""学校微信公众号""班级微信群"是开展生态文明与可持续发展教育的四种主要新媒体形式。

（二）生态文明教育态度与区域差异性

对北京各区教师认为的保护环境最有效的措施进行分析，发现北京市各区教师关于保护环境最有效措施的看法较为一致，各区选择人数占比排在前四位的措施均为"提高人们的生态环境保护意识使之自觉维护""出台相关政策、法规""政府加大宣传与资金扶持力度""执法部门采取积极措施预防和治理"，如图 3-9 所示。

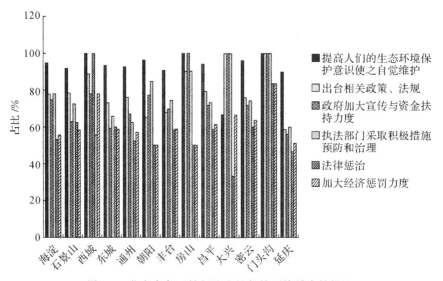

图 3-9   北京市各区教师认为的保护环境最有效措施

图 3-10 显示，对于发展经济与保护生态环境之间关系的态度，房山区的教师与其他区教师之间存在异同点。相同点体现在各区都是选择"共同发展"的人数占比最高，这说明在"共同发展"上各区教师态度较为一致。不同点体现在仅有房山区教师中选择"先发展经济，后保护生态环境"的人数占比超过

了"先保护生态环境,后发展经济"的人数占比。

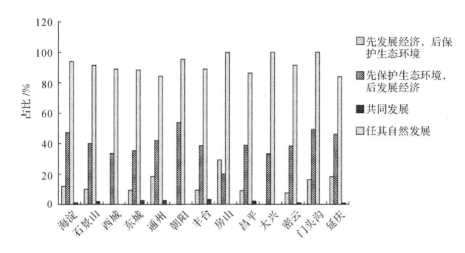

图 3-10 北京市各区教师认为发展经济与保护生态环境之间的关系

北京市各区教师关于日常环保行为的态度较为一致。"出行时尽可能搭乘公共交通工具""资源循环再利用""节约水电,空调温度合理""积极参加环保活动""光盘行动""不破坏绿化"均是各区教师普遍认为的日常环保行为。

"教育""罚款""法律"是北京市各区教师认为的保护生态环境的主要手段。朝阳、密云、延庆三个区的教师比其他区的教师更看重"靠个人自觉"保护生态环境。

"学科教学渗透""跨学科教学""社团活动""专题活动""社会综合实践""学校与社区街道、相关行政职能单位的合作活动"被北京市各区教师认为是开展生态文明与可持续发展教育的主要途径。

对于开展生态文明与可持续发展教育的新媒体形式,北京市各区教师的看法存在异同点。相同点体现在"电视专题环保公益节目""社区微信平台""学校微信公众号""班级微信群"被各区教师公认为是开展生态文明与可持续发展教育的新媒体形式。不同点体现在各区教师对"电子政务""微博"的看法存在差异,门头沟、大兴、西城三个区的教师比其他区的教师更重视"电子政务",且门头沟、大兴两个区的教师比其他区教师更重视利用"微博"这种新媒体形式开展生态文明与可持续发展教育。

（三）生态文明教育态度与学校类型差异性

从幼儿园教师到高中教师对保护生态环境最有效的措施的看法较为一致，"提高人们的生态环境保护意识使之自觉维护"在各类型学校的教师中选择人数占比均最高。此外，"出台相关政策、法规""政府加大宣传与资金扶持力度""执法部门采取积极措施预防和治理""法律惩治""加大经济惩罚力度"被各类型学校的教师选择的人数占比也相差不大。同时，不同类型学校的教师对生态文明建设有力措施的看法也较为一致，"使用可再生资源""加强生态文明教育""发展低碳经济"是各类型学校的教师均认为的生态文明建设的有力措施。

从幼儿园到高中阶段的教师均认为发展经验与保护环境之间的首要关系是"共同发展"。无论是幼儿园教师还是中小学教师均比较认可的日常环保行为包括"出行时尽可能搭乘公共交通工具""节约水电，空调温度合理""不破坏绿化"，这些行为在各类型学校教师中的选择人数占比均排在前三位。此外，"资源循环再利用""积极参加环保活动""光盘行动"在四种类型学校的教师中的选择人数占比也不低。K12学校的教师均非常重视通过"教育"来保护生态环境。此外，中小学阶段的教师比幼儿园教师更强调通过"法律"来保护生态环境。

幼儿园、小学、初中、高中四种类型学校的教师对开展生态文明建设与可持续发展教育的途径的看法较为一致。"学科教学渗透""社会综合实践"在四种类型学校的教师中呼声都最高。

关于开展生态文明与可持续发展教育的新媒体形式，幼儿园、小学、初中、高中四种类型学校的教师给出的答案较为一致。"电视专题环保公益节目""社区微信平台""学校微信公众号""班级微信群"是幼儿园及中小学教师普遍认可的开展生态文明与可持续发展教育的新媒体形式。

八、生态文明教育行为与个体关联性研究

（一）生态文明教育行为与地区差异性

北京地区的教师对"地球一小时"活动的参与程度最高，人数占比接近50％。河北地区对"地球一小时"活动的参与度最低，超过70％的教师没有参

加过"地球一小时"活动,其中 12.31％的教师表示没有听说过"地球一小时"活动。

"乱扔生活垃圾"在北京、天津、河北三个地区的教师中被选人数占比均最高。三地相比,河北地区教师选择"污水排放""工业废气排放""森林被破坏"的人数占比高于北京、天津地区,尤其是"污水排放""工业废气排放"这两项行为。

不同地区学校在开展的培养学生生态文明与可持续发展意识的活动上相同点与不同点并存。相同点体现在"节能减排知识竞赛""环境保护专题讲座""社团活动""环保专题宣传片""社会实践活动"这些活动类型在三个地区的教师中被选的比例均较高。不同点体现在河北地区教师选择"参观生态基地"的教师占比明显低于北京、天津两地。

天津地区学校在开展生态文明与可持续发展教育方面的国际交流活动上表现略高于北京地区,天津和北京地区明显高于河北地区。河北地区教师选择学校没有生态文明与可持续发展教育方面的国际交流活动的人数占比明显高于北京、天津两地。

(二)生态文明教育行为与区域差异性

北京地区密云、大兴、昌平、房山、丰台、朝阳、通州、东城、石景山这九个区的教师中选择参加过"地球一小时"活动的人数占比高于延庆、门头沟、西城、海淀这四个区,门头沟的教师中选择没有听过"地球一小时"活动的人数占比最高,比例达到 33.33％。

关于生活区域内破坏生态的行为,北京地区各区选择人数占比排在前三位均是"乱扔生活垃圾""污水排放""工业废气排放",其中大兴、房山这两个区在"污水排放""工业废气排放"这两项上的人数占比明显高于其他区。此外,大兴区教师中选择"森林被破坏"的人数占比明显高于其他区。

除了大兴、房山两个区,其他各区教师在"参观生态基地""节能减排知识竞赛""环境保护专题讲座""社团活动""环保专题宣传片""社会实践活动"上的人数占比相差不大,这说明这些区的学校开展的培养学生生态文明与可持续发展意识的活动比较多元。大兴区的教师中选择"参观生态基地""节能减排知识竞赛""环保专题宣传片"的人数占比明显高于"环境保护专题讲座"和

"社团活动"。房山区教师中选择"节能减排知识竞赛""环境保护专题讲座""环保专题宣传片""社会实践活动"的人数比例明显高于"参观生态基地""社团活动"。

通州区学校在生态文明与可持续发展教育方面的国际交流合作程度明显高于北京市其他区。大兴、房山、丰台三个区的学校在生态文明与可持续发展教育国际交流合作程度上明显低于北京市其他区。

（三）生态文明教育行为与学校类型差异性

幼儿园教师对"地球一小时"活动的参与程度最低，仅为 21.95%，小学教师对"地球一小时"活动的参与程度最高，如图 3-11 所示。

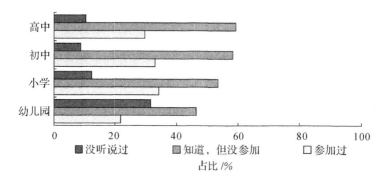

图 3-11　不同类型学校的教师对"地球一小时"活动的参与情况

"乱扔生活垃圾""污水排放""工业废气排放"是 K12 阶段所有类型学校的教师普遍公认的生活区域内破坏生态环境的行为。

各类型学校开展的培养学生生态文明与可持续发展意识的活动均比较多元。所调查的六种活动类型在 K12 阶段四种类型学校的教师中被选择的人数占比分布比较均衡。

幼儿园在生态文明与可持续发展教育方面的国际交流合作程度最低，小学、初中、高中三种类型的学校在生态文明与可持续发展教育方面的国际交流合作程度较相似。

九、生态文明教育建议与个体关联性研究

（一）生态文明教育建议与地区差异性

北京、天津、河北三个地区的学生在生态文明与可持续发展教育方面取得的进步相似，均主要表现在"关注身边环保等社会问题并提出自己的建议""校内外节约资源、能源意识""合作学习开展环境、社会、文化等专题调查研究"三个方面。

北京、天津、河北三个地区的学校在生态文明与可持续发展教育实施中存在的不足也比较相似，均主要表现在"学校的资金支持不足""对教师、学生的生态文明专题培训不足"两个方面。

（二）生态文明教育建议与区域差异性

北京市各区学生在生态文明与可持续发展教育方面取得的进步较为一致，主要体现在"关注身边环保等社会问题并提出自己的建议""校内外节约资源、能源意识""合作开展环境、社会、文化等专题调查研究"三个方面。

调查研究发现，除大兴区外，北京市其他各区学校在生态文明与可持续发展教育实施中存在的不足均主要体现在"学校的资金支持不足""对教师、学生的生态文明专题培训不足""与考试内容关联不大"三个方面。在"教师、学生的生态文明专题培训不足"和"与考试内容关联不大"上，大兴区学校与北京市其他区学校较为一致，此外，大兴区还存在"学校制度不够健全"的问题。

（三）生态文明教育建议与学校类型差异性

K12阶段幼儿园、小学、初中、高中四种类型的学校的学生在生态文明与可持续发展教育方面取得的进步较为相似，均主要体现在"关注身边环保等社会问题并提出自己的建议""校内外节约资源、能源意识""合作学习开展环境、社会、文化等专题调查研究"三个方面。

K12阶段的幼儿园、小学、初中、高中学校在生态文明与可持续发展教育实施中存在的不足上表现相似，主要表现在"对教师、学生的生态文明专题培训不足""学校的资金支持不足""与考试内容关联不大"三个方面。

十、讨论分析与思考

(一)关于教师的生态文明素养

教师的生态文明素养在整体上需要进一步提高。教师对于生态文明相关知识如生态文明、可持续发展教育、"地球一小时"、世界环境日等的了解比较欠缺,需要进一步学习提升。在态度与意识方面,绝大多数教师认为通过教育提高生态环保意识,加大政策支持、法律惩治、政府宣传与资金扶持力度等都很重要。对于哪些措施有利于生态文明建设这一问题,教师的选择依次是使用可再生资源、加强生态文明教育、发展低碳经济、退耕还林,也有极个别教师选择大肆使用杀虫剂。这说明教师对于生态文明的认识比较到位,大多数教师已经认识到加强生态文明教育是建设生态文明社会的基础。在生活方式方面,80%以上的教师都有节水节电、光盘行动、不破坏绿化等行为,60%以上的教师能够积极参加环保活动、尽量乘公共交通工具出行、资源循环再利用,说明教师的可持续生活方式践行程度较高,在环保行动与资源再利用方面还有进一步提升的空间。

(二)关于生态文明与可持续发展教育实施途径

对于目前学校开展生态文明与可持续发展教育主要途径的选择,有88%的教师选择学科教学渗透,说明生态文明与可持续发展教育融入学科教学依然是当前最普遍的实施途径。其他途径依次是社会综合实践,社团活动,专题活动,学校与社区、相关行政职能单位的合作活动,跨学科教学、新媒体等。在未来的生态文明教育途径中,新媒体、跨学科教学这两种形式还有较大的提升空间。

对于"学校开展生态文明与可持续发展教育经常使用的新媒体形式"问题,有超过80%的教师经常通过"电视专题环保公益节目"开展生态文明与可持续发展教育,其他依次是学校微信公众号、社区微信平台、班级微信群、微博、MOOC、客户端等新媒体宣传方式。微博、慕课、客户端的使用率较低,在使用新媒体开展生态文明与可持续发展教育方面还有很大提升空间。

教师对于"学校在生态文明与可持续发展教育实施中存在的不足"的问题选择如下:有55%以上的教师认为学校的专项资金支持不足,其次是教师、学生的生态文明专题培训不足,与考试内容的关联不大、学校制度不够健全、教师的积极性不高、学校领导不够重视,说明生态文明与可持续发展教育专题培训欠缺是一个突出问题,有待在培训、考试、制度等层面进一步完善。

（三）思考建议

一是教师是影响学生成长最重要和最关键的人物之一。教师的生态价值观与生态文明素养对于培育学生的生态文明素养具有重要的意义。学生作为未来世界的主人,其决策过程将直接影响自然生态的发展方向。在学生价值观形成的青少年时代,有必要以教师生态价值观转变作为构建学生价值观形成的前提条件。区域内推进生态文明与可持续发展教育,其终极目标是塑造具有可持续发展视野和可持续发展能力的建设者和接班人。在这个过程中,教师扮演着重要的角色,既是学生学科专业技能发展的指引者,也是学生价值观成长的引路人。因此,在推进区域可持续发展教育的进程中,需要不断探索教师生态文明素养的培育策略,以自然和人类和谐共处为愿景来推进区域可持续发展教育的发展。山水林田湖草是生命共同体,北京各区域的生态文明教育亦是学习发展共同体,各区充分利用资源优势进行资源整合,做到资源共享,开展教师生态文明教育培训,关注、积累中小学生态文明素养大数据,引导青少年生态文明行为养成。培育青少年生态文明素养是教师在生态文明教育过程中的重要使命。

二是教师在教学过程中对学生价值观的影响是潜移默化的。教师对自然界所持的态度、观念和行为对正在形成价值观的学生发挥作用。在生态文明与可持续发展教育的培训过程中,注重教师亲生态价值观的塑造,将当前地球面临的困境和发展难题呈现在教师面前,帮助教师思考人类在自然界的地位和作用,引发教师对环境、资源、文化和社会问题的积极思考,摒弃人类中心主义的价值观,使得教师真正在教育教学活动中实践亲生态的行为和态度,以尊重自然、尊重地球的生态价值观来解决问题,帮助学生形成生态文明价值观,培育生态文明素养。

例如,延庆区的教师以世界园艺博览会为学习资源和核心学习场域,带领学生了解生态文明知识、科技创新与绿色生活家园,开展课题研究,逐步树立生态文明价值观与意识,在北京乃至全球生态文明与可持续发展教育实践中贡献力量。

第三节　北京中小学生生态文明素养培育路径

联合国教科文组织在 2014 年发布的《全球可持续发展教育行动计划》中号召国际社会在政策推进、更新学习与培训方式、提升教育者和培训者的能力、动员青年人广泛参与和参与制定促进地区可持续发展的解决方案等五个重点领域推进可持续发展教育，指引人们采取可持续的生活方式，创建可持续发展的世界。党的十九大报告指出，建设人与人和谐、人与社会和谐、人与自然和谐的生态文明社会；进入生产发展、生活富裕、生态良好的生态文明时代。加强生态文明与可持续发展教育，推进生态文明建设，是环境自身发展和实现经济、社会、生态协调发展的需要。生态文明与可持续发展教育是推进生态文明建设的主要途径，也是落实科学发展观，贯彻执行习近平总书记提出的北京"四个中心"的战略定位与建设"国际一流的和谐宜居之都"的战略目标，全面实现"五位一体"布局的必经之路。

一、将生态文明与可持续发展教育理念融入课程

生态文明与可持续发展教育理念融入课程是生态文明建设的重要基础环节。为此，应从以下方面进行[①]：一是着手编制北京生态文明与可持续发展教育教材，并将其纳入必修课程，同时与各科课程标准相对接，构建生态文明理念指导下的 E-STEAM 课程，注重本土化、民族化和国际化相结合，注重学习与传播中华优秀传统文化，培养学生参与绿色社会建设与解决问题的能力与可持续发展素养[②]，更好地增强青少年权能，体现跨学科实施生态文明与可持续发展教育，培养学生的创新思维。二是组织专人编写生态文明区本课程与STEAM 等线上、线下课程，根据区域生态与文化发展情况设计课程内容，作为中小学生课堂教学的有力补充，开阔学生视野，逐渐渗透生态文明与可持续

---

① 张婧.生态文明与可持续发展教育的学校路径[N].中国教育报,2018-11-22(6).

② 联合国教科文组织在 2017 年发布了《可持续发展教育目标:学习目标》,将可持续发展教育的关键素养界定为:系统思维素养、预见性素养、价值观导向素养、行动素养、合作素养、批判思维素养、自我意识素养、解决问题素养等八大素养。

发展理念。如石景山区可利用位于京西的独特地理位置，以天泰山、八大处、法海寺、永定河等区域自然资源为基础开发地方课程与校本课程。三是学校应组织学科教师准确把握可持续发展教育的渗透点、结合点与生长点，根据本校发展特点与人文自然状况，利用各种校内外学习资源，将生态文明与可持续发展教育理念逐步融入三级课程，以主题化方式思考（关注社会问题、文化多样性、环境与资源问题）设计实现理念与跨学科的融合、与三级课程的有机融合。开展校外实践活动，不仅有利于提升学生生态文明素养和生态环境保护技能，而且有利于将校园生态文明教育的成果向社会辐射，促进区域生态文明建设。

二、将生态文明与可持续发展教育理念融入绿色校园建设

苏霍姆林斯基指出，一所学校应该是"一幅立体多彩的画，一本有吸引力的教科书"。学校是培养人的地方，创建和谐校园，首先就是要把学校建设成最适宜学生成长发展的生态园。优美的校园环境、浓郁的环保氛围有着春风化雨，润物无声的作用，规范促进学生全面发展。《全球可持续发展教育行动计划》对可持续发展教育的四个方面含义即更新学习内容、创新教学方法与学习环境、培养学习能力、学生参与绿色社会建设等做了具体阐述。《北京教育与改革发展规划纲要 2010—2020》提出了"建设可持续发展学校"的目标。在绿色校园建设中渗透生态文明与可持续发展教育理念，主要有两种途径①：

一是通过校园空间设计营造良好的生态环境。学校须制定和实施绿色生态校园规划方案，对学校生态绿化进行规划，充分反映学校办学、人文、时代等特色；在校园绿化建设中注重自然与人文景观相结合，如在校园中开辟百草园、农事园、传统文化角等专题研究空间，让学生随时随地感受身边生态环境的和谐美好，逐渐树立环保意识，以生态文明与可持续发展教育为统领，以质量核心，坚持立德树人，坚持社会主义核心价值观教育，着力打造"生态文明与可持续发展教育校园文化"特色，促进学生全面而有个性地成长，促进学校工作健康而稳定地发展。

---

① 张婧.生态文明与可持续发展教育的学校路径[N].中国教育报，2018-11-22(6).

二是注重校园生态设施建设，在校园设施的设计上体现生态文明与可持续发展教育理念，充分利用学校的区位优势和现有的资源进行规划设计，拿出既符合教育现代化办学标准化要求又体现生态文明与可持续发展教育理念的建设方案，如设置雨水回收、新能源与清洁能源的使用、垃圾分类装置、厨余垃圾转化设施等，让更多的学生在校园内切身获得低碳环保、资源回收利用的真实体验。真正使校园里每一个角落、每一处景观、每一种造型、每一面墙壁、每一块石头都会说话、都能育人、都能传情，都蕴含着人文、生态的文化底蕴，给学生以春风化雨，润物细无声般的浸染与启迪。

三、将生态文明教育与学校德育紧密结合培育生态公民

《中国教育现代化2035》指出，要更加注重以德为先，更加注重全面发展，更加注重知行合一。在这一理念的指导下，应将生态文明教育与学校德育紧密结合，培养新时代生态公民，使其明大德、守公德、严私德。具体路径为：一是开展形式丰富的班会活动与主题教育演讲，可以此次疫情中涌现出来的一批科学家、医生以及无数爱国人士为教育案例，让中小学生以钟南山院士、李兰娟院士以及无数医务工作者、社区工作者等人为榜样，学习他们无私奉献的爱国主义精神、担当精神、社会责任感，大力弘扬社会主义核心价值观，使其更加热爱祖国、热爱社会与家庭。二是学校引导学生独立思考未来在学习与生活中如何更好地弘扬社会主义核心价值观。教师可以将尊重生命、保护环境、节约资源、绿色生活方式、生态社区、弘扬中华传统文化等既具现实意义又具长远意义的专题内容渗透到专题性主题活动与班会中，指导学生以适当形式互动互助、知行并进，在学习中更新行为习惯与生活方式，关注实际问题并努力提出解决方案。如北京市石景山区的麻峪小学、北京教科院附属实验学校多次组织学生参与生态校园和绿色社区建设，结合自身条件建立了生态种植园，开展校园垃圾分类、餐厨垃圾处理、保护永定河、制作酵素走进社区、服务社区居民等专题学习活动，用健康生活科学知识与行动服务社会与他人，为培养生态公民提供了丰富的平台，也体现了《中国教育现代化2035》目标中要求的新型育人范式。三是开展生态安全教育，培养中小学生树立人类命运共同体意识。通过生态文明与可持续发展教育培养健康生活方式，增进福祉，提高

卫生水平,让人类赖以生存的环境更加健康和谐,为国家、国际社会的稳定与繁荣做出自己的贡献。

四、将生态文明法治教育融入综合实践活动

生态环境法治教育是当代生态文明教育必不可少的内容。学生必须掌握与生态环境相关的法律、法规,在生态文明建设中做到知法、懂法、守法、护法。一是通过各种教育实践活动,让学生从国际、国内层面了解相关法律法规,如国际的《联合国人类环境会议宣言》《世界自然保护大纲》《21 世纪议程》等;国内的《中华人民共和国环境保护法》《中华人民共和国循环经济促进法》《中华人民共和国水污染防治法》《中华人民共和国自然保护区条例》《关于推进节约型社会建设的若干政策措施》等主要法律法规和政策性文件,并将其融入综合实践活动与其他教育教学活动中,如模拟法庭活动。二是参观学习,有效利用自然保护区、森林公园、自然博物馆、动物园、植物园、鸟类观测站和青少年教育活动基地、文化场馆等学习资源,让学生在实践中感受生态文明与可持续发展教育行动的重要性以及了解相关的法律法规。三是教师设计实践活动学习单,渗透法治教育,让青年一代逐步树立法治意识,知法懂法,爱护环境,关注身边的可持续发展问题,通过调查研究等合作探究过程,提出具有可行性的建议,营造和谐的环境友好型社会,培养学生的社会责任感,促进社会可持续发展。[①]

五、建立长效保障机制

一是建立制度保障机制。制度是生态文明教育有效实施的载体。教育行政部门应出台中小学校相关制度,如中小学生生态文明行为规范、中小学生低碳生活行为守则等,用一系列制度的具体条目规范青少年的行为,进而使其养成绿色生活方式,培养其正确的价值观。

二是建立全机构协同发展机制。基础教育领域内结合学校的具体情况,完善协同发展机制,如师生互助机制、家校互动机制、学校—社区合作机制、全

---

① 张婧.生态文明与可持续发展教育的学校路径[N].中国教育报,2018-11-22(6).

机构合作机制,充分利用社会、社区、家庭等多方面的线上、线下有效资源,构建全机构教育模式,形成多方合力,助力生态文明与可持续发展教育。

三是建立考察与评价机制。逐步将生态文明与可持续发展教育内容纳入中高考的考查范围,纳入北京市中小学生综合实践课程、开放性科学实践课程与综合素质评价的考核,重点考察与评价学生对社会环境、资源、文化等方面的了解,参与绿色社会建设与分析解决相关问题的能力,以此推动各级教育行政部门的高度重视,达到更佳的实施效果。

六、加强宣传与舆论引导

学校不仅需要将生态文明与可持续发展教育理念融入课堂教学,还需要营造积极的生态文明与可持续发展教育的文化氛围。充分发挥媒体的积极作用,传播先进教育理念,总结和推广生态文明与可持续发展教育的先进经验。通过学校公众号、广播、电视、网络和报刊等多种途径宣传生态文明与可持续发展教育理念、成果等,让社会各界了解、认可、支持生态文明与可持续发展教育,让学生由被动学习转变为积极主动学习、自主探索,进而养成可持续发展的价值观。

建设生态文明社会,构建人类命运共同体,是人类社会的共同追求。"道阻且长,行则将至",生态文明建设需要教育工作者持之以恒的坚守,需要中小学生用生态文明素养去践行。让每一个人都能积极践行低碳、环保、绿色的生活方式,养成尊重自然、保护自然的文明自觉,遵守并践行人与自然和谐共生的绿色发展方式,积极参与美丽家园建设,实现"知情意行"的共同提升,助力生态文明社会建设,是北京生态文明教育的前瞻与责任使命,也是新时代教育的目标与使命。

第四章 中小学生态文明与可持续发展教育的特征与推进策略

2015 年《中共中央、国务院关于加快推进生态文明建设的意见》提出:"把生态文明教育作为素质教育的重要内容,纳入国民教育体系和干部教育培训体系。"党的十九大报告提出:开展创建绿色家庭、绿色学校、绿色社区和绿色出行等行动。生态文明与可持续发展教育是指在提高人们生态意识和文明素质的基础上,使之自觉遵守自然生态系统和社会生态系统原理,积极改善人与自然的关系、人与社会的关系以及代际关系,根据发展的要求对受教育者进行的有目的、有计划、有组织、有系统的社会活动,以促进受教育者自身全面发展,为社会发展服务,实现自然、人类和社会可持续发展。系统性、衔接性、体验性和渗透性是生态文明和可持续发展教育的主要特征。课程融合、课堂渗透、资源整合、实践跟进是生态文明和可持续发展教育的主要路径,加强国际交流与合作则是新的趋势。

第一节　生态文明与可持续发展教育的主要特征

广义的生态文明教育是指对社会全体公众的教育,狭义的生态文明教育是指学校的专门教育。从总体上看,生态文明教育主要涉及知识、技能、态度、意识等方面的素质培养。生态文明教育的目的在于全面提高未来一代的综合素质,这是实现可持续发展战略的必由之路,其具体目标落实在教育过程中的知识、技能和价值观领域之中,所以,在实践中,对不同年龄段的学生应有不同的要求[①]，生态文明与可持续发展本身也有自己的特征。

一、系统性

由于中小学生态文明教育缺乏系统性、全面性、科学性、准确性的论述，公众极易将中小学生态文明教育与环境教育、资源节约等概念相混淆，从而很难提高中小学生的生态文明意识和综合素质。[②]

传统的生态文明教育重理论，轻实践。其课程内容设置单一，缺乏层次性、系统性，课程衔接错位，并且中小学生态文明课程内容存在重复等诸多问题，致使生态文明教育效果明显减弱。当前，我国生态文明教育的实效性困境不断凸显，影响了生态文明课程教学的顺利开展。随着中小学生态文明课程内容一体化建设的不断深入，在教育内容的选择上应根据学科的逻辑体系和学生的身心发展阶段由浅入深、由简到繁组织起来，保证课程内容的顺序性和连续性。[③]

系统论认为，任何事物，无论是自然还是人类社会，物质或是精神，无不以系统的方式存在着，都是有着复杂结构与组织特征的系统，是有机的统一整体。中小学生态文明课程内容一体化，要求我们根据系统论的原则与方法，整体构建中小学生态文明课程内容体系，以保证整个生态文明课程内容衔接的完整性。然而，目前我国小学阶段开设的"语文""自然""社会"课程，中学阶段开设的"语文""政治""地理"课程等，其教材中渗透着的生态文明教育的内容有很多，但是这些内容非常零散，没有专门章节介绍生态文明知识，缺乏系统性。例如我国义务教育小学阶段《语文》课本中所涉及的生态文明知识与中学阶段《语文》课本中所出现的相关知识衔接不连贯，课程内容普遍存在脱节、简单重复与越位等问题，缺少整体性的科学意识。[④]

因此，加强中小学生态文明课程内容一体化构建研究，深入和系统地研究

---

① 刘经纬，赵晓丹.对学生进行生态文明教育的模式与途径研究[J].教育探索，2006(12)：97-98.
② 林敏.中小学生态文明教育研究[D].湘潭：湘潭大学，2015：3.
③ 刘经纬，张丹丹.大中小学生态文明课程内容一体化构建研究[J].重庆第二师范学院学报，2017(3)：114-117.
④ 刘经纬，张丹丹.大中小学生态文明课程内容一体化构建研究[J].重庆第二师范学院学报，2017(3)：114-117.

生态文明课程内容的学段衔接、优化、整合，无论是对生态文明教学体系的建设，还是对提高生态文明课程教学资源及生态文明教育的实效性都具有重大意义。①

二、衔接性

人的发展是持续的，但又分为不同的阶段，每个阶段都有着各自不同的发展任务，且各阶段之间又都是相互联系、相互影响的。同样，人的认知能力随年龄的增长有一个从低水平向高水平发展的过程。在发展过程中，新的阶段从前一阶段中发展出来，成为旧与新的综合体。这里内含着新旧阶段的衔接问题。这说明个体的培养是一个阶段性与连续性相统一的辩证过程，它客观上要求各阶段教育自身要有稳定性，又要求各阶段教育要相互交融、循序渐进、前后衔接、形成合力。各教育阶段教育目标的高低、教育内容的深浅和侧重点、教育途径和方法的选择以及教育管理和评价方式的运用应该依据不同年龄阶段学生的身心特点和理解接受能力，由浅入深、由感性到理性、由具体到抽象，逐步地提高，这就对中小学校教育衔接提出了客观要求。

由于从小学到中学，从中学到大学要完成从儿童到青少年，再到青年的跨越，对人的一生影响极为重大，因此在生态文明与可持续发展教育的过程中，根据受教者身心发展规律来展开教育极为重要，各个学段一定要注重衔接性，这里的衔接既包括了教材等教育载体的衔接，也包括了教育方式方法的衔接。

教材是中小学生态文明课程内容的主要载体，也是生态文明课程内容的重要依托。生态文明课程教材的编写是否符合学生心理发展规律，直接关系到生态文明课程内容衔接的优劣，也关系到生态文明课程学习效果的好坏。然而，当前中小学生态文明课程教材尚未实现统一规划，中小学从各自的学段教育目标编写教材，对前后学段教育目标研究较少，导致在编写生态文明课程教材时对不同学段生态文明课程内容的相互衔接不够，生态文明课程内容缺

---

① 刘经纬，张丹丹.大中小学生态文明课程内容一体化构建研究[J].重庆第二师范学院学报，2017(3):114-117.

乏层次性和完整性。因此,根据《中共中央、国务院关于加快推进生态文明建设的意见》等相关指导性文件和大中小学各学段的课程标准,教育者在编写教材时要充分关注各个阶段课程内容的相关性、整体性。具体来说,小学阶段(1—6年级)教材编写主要以感知为主,目的在于让学生掌握简单的环境保护行为规范。初中阶段(1—3年级)教材编写以体验为主,教材编写主要引领学生在整个教育过程中获得积极、愉快的情感体验,体验到自己是生态系统中的一员,引导学生热爱大自然,关心身边的环境问题。高中阶段(1—3年级)教材以认知理解为主,目的在于让学生能够综合分析和思考资源环境生态问题,积极主动地关注社会可持续发展,自觉参与环境保护。大学阶段教材主要以让学生研究为主,为学生提供参与决策的机会,让学生尝试对生态问题提供解决方案。同时,鼓励学生对环境问题进行调研,培养大学生的生态责任感和使命感。教育主管部门在负责教材编写的同时,应积极吸纳各层次人员参与,不仅包含专业领域的专家,而且也需要基础教育的实践者,共同研究和制定教材编写的标准和内容,尽量避免不同学段生态文明课程内容出现的重复和倒置问题,从而编写一套整体性与层次性和谐统一的生态文明教材。①

教材的衔接是教育的前提,教师的衔接则是关键。相关调查结果显示,七成以上的教师认为,在生态文明与可持续发展教育中,教师衔接"有利于提高教学质量,有利于帮助学生成才"。因此,教师首先应该围绕生态文明与可持续发展教育的总体目标,不断增强衔接意识,即从学生终身发展和自身教学过程的阶段性、层次性与连续性出发,整体把握生态文明与可持续发展教育全过程。其次,建立健全一整套完善的教师衔接机制,才能促使不同学段生态文明与可持续发展教育教师的衔接工作更加科学化和制度化。我们认为,应该从以下几个方面入手建立教师衔接的体制、机制②:加强中小学教师队伍衔接的指导;改革中小学课程教学效果评估方式,不断提高学校和教师对生态文明与可持续发展教育的重视程度;改革中小学教师的评价体系,调动教师参与衔接

---

① 刘经纬,张丹丹.大中小学生态文明课程内容一体化构建研究[J].重庆第二师范学院学报,2017(3):114-117.

② 夏梦颖,陈代波,张智强.大中小学德育教师队伍衔接问题研究[J].思想理论教育,2014(5):63-66.

的积极性、主动性；探索中小学生态文明和可持续发展教育教师衔接的途径和方法。

三、体验性

认识源于实践，最终也要落实到实践。奥地利一所从事环境教育研究的大学的研究成果显示：通过阅读能学到10％的知识，听讲能学到20％的知识，将学习的知识进行讨论能学到50％的知识，动手去做能学到75％的知识，将学到的知识正确地传授给他人能学到90％的知识。[①] 可见，实践体验更有助于知识的获取。

教育者必须认识到教学的根本是要使受教育者将知识、技能及意识的获取与实际运用相结合，并最终转化为自己的行为。前面调查发现，目前大多数小学生的生态环保行为习惯还未养成，需要更多的强化与锻炼。而传统的课堂教学更注重理论知识的灌输，忽视实践体验的开展，有些学校虽在某些节日开展环保活动，但往往表面化、形式化，没有实际效果。另外，小学生有活泼好动，善于动手，乐于参加各种活动的特点，因此，为了有效引导学生养成良好的生态文明习惯，多样化环保实践活动的开展便成了当务之急。

学校可以利用植树节、世界地球日、世界水日、世界动物日等各种与环保有关的节日，向学生宣传相关节日的文化背景和意义，并开展与之相应的主题活动，诸如"我的树苗快快长""珍惜环境，节约用水""爱护动物，人人有责"等活动，以调动学生广泛参与的热情和积极性。使学生通过参与生态文明社会实践活动，在体验到劳动的乐趣的同时，认识到保护生态环境需要每一个社会成员的共同努力，每一个人都有责任和义务为保护和改善生态文明环境贡献自己的一分力量。通过切身的参与，使学生明确自己的主体地位，增强主人翁意识，对生态文明有更深刻的认识。

四、渗透性

渗透性是生态文明与可持续发展教育的特征之一。在家庭教育中，需要

---

① 陈发明.中学生态德育的理论与实践研究[D].长春：东北师范大学，2008：19.

父母在日常生活中对孩子进行润物细无声的渗透。在人的一生所接受的教育中,家庭教育是一切教育的基础,且它有着更为宽泛的教育内容、场所和范围,有生态意识的家长,善于在日常生活中引导孩子感知生态文明生活,巩固生态文明常识,将生态文明相关知识融入生活点滴之中,更加牢固地把握其内涵和理念,许多家长还引导和鼓励孩子多参与社区和周边的生态文明实践活动,让孩子体验到劳动的乐趣,意识到自己的责任,端正自己的思想,例如很多家长与孩子一起野游,让学生感知自然生态系统的神奇和精密。

在学校,通过课程、课堂、校园和教师的躬身力行对学生进行渗透也是最常见的方式。在学科教学中,常见的是多学科课程的渗透模式,即将环境教育的相关内容渗透到各门学科课程之中,通过各门学科的课程实践,化整为零地实现环境教育的目的与目标。[①] 该模式的教学内容比较散,融合于品德与社会、自然、语文、数学等各学科之中,知识杂乱,缺乏系统性,不利于综合评价,但它不需要编写专门的教材,也不需要专门的教师来授课,可使学生在各科的学习中无意识地接受生态文明相关方面的知识。

作为学生成长的指导者,教师除了帮助学生增长知识、提高智力,其自身的人格、思想观念、言行举止等都在自觉或不自觉中对成长中的青少年学生产生着潜移默化的影响。教师是学生崇拜的榜样,也是模仿的对象,德国教育家第斯多惠曾经说过:"教师本人是学校里最重要的师表,是最直观最有效益的模范,是学生活生生的榜样。"中小学生的年龄较小,无论是知识的积累,还是思想的完善都还不成熟,对教师更是有一种强烈的、特殊的信任感和依赖感,他们往往通过对教师行为的模仿来进行学习,因此教师应规范自己的一言一行,以身作则,为学生做好榜样和示范,对学生进行无声教育。

很多学校从校园环境建设的方方面面来渗透生态文明与可持续发展教育。小到学校垃圾箱、宣传栏、环保标语等的设计制作,大到整个学校建筑物的规划与设计、花草树木栽种的样式种类及覆盖面积的选择与制定,使学校尊重自然、保护自然的生态文明教育观念渗透于其中,学生在不知不觉中受到熏陶和感染。学校还通过网站、学校多媒体教学设备、宣传栏、黑板报、校园广播

---

① 张晓明.高中物理教育中进行环境教育的研究[D].大连:辽宁师范大学,2007:6.

等各种载体,运用多种形式,向学生们宣传有关保护生态环境的优秀事迹、名言警句、行为规范等,使节约用水用电、珍惜爱护环境人人有责等观念得到广泛的推广和传播,真正深入学生的内心,并用以指导自己的行为。

第二节 生态文明与可持续发展推进策略

一、三级课程适时融入

学校是生态文明教育的主要基地,学校教育是生态文明教育的支柱,它能够充分培养学生的生态伦理道德、生态保护意识、处理生态问题的能力,为构建和谐社会与环境友好型社会不断输送具有生态文明价值观的人才。在学校教育中,应区别不同学习阶段中学生的生理特点与知识基础,正如《中国 21 世纪议程》中规定的,在小学"自然"课程、中学"地理""生物"课程中纳入资源、生态、环境和可持续发展内容,在高中阶段的生态文明课程中开设生态专题讲座。学校还能够利用自己的场所、设备、技术与教师为其他教育形式如再教育、岗位培训等提供支持,使各种教育形式在我国得到快速而又健康的发展。[①]

从终身教育的角度来看,生态文明教育是长期的,生态文明教育作为一个系统工程,它所要完成的任务是使受教育者的综合素质得到提高,其教育目标包括情感、认知和技能等。幼儿生态教育是启蒙教育,应该重点强调情感和态度,而作为学前教育这一特殊阶段,则应该把情感目标放在首位。中小学阶段是学生审美情趣发展的阶段。在中小学生态文明教育领域,教育者必须与学生一道以乐观向上的态度,引领学生在整个教育过程中获得积极、愉快的情感体验。唯有如此,才能使学生在主动、积极的活动中,在愉快的参与中,体验到自己是生态系统中的一员;引导学生认识到,为了让人类的自然伙伴正常延续、健康繁衍,人们的行为应该有怎样的约定,给这些伙伴提供怎样的帮助等等。并在此基础上自觉行动起来,承诺这些约定、履行这些义务,使之成为人

---

① 刘经纬,赵晓丹.对学生进行生态文明教育的模式与途径研究[J].教育探索,2006(12):97-98.

们生活的一个基本准则。①

二、课堂教学全面渗透

通过国外青少年生态文明教育的成功案例,我们会发现很多国家都把课堂作为青少年生态文明教育的重要阵地和基础环节。例如德国在理论课程渗透环境教育和隐形开发环境教育内容方面就比较成功。德国环境教育课程标准在各州不同,巴伐利亚州《环境教育指引》建议环境教育不同主题渗透在相关学科中。如自然美、多样性和个性主题,1—4年级渗透在基础科学、社会、运动课程中;5—10年级渗透在生物、运动、地理、宗教教育、个人的道德价值观课程中;11—13年级渗透在运动、生物、地理主题中。隐形开发主要表现在师生共同建设生态校园。如一些学校师生一起种植各种花草树木、挖水塘,学生动手建水循环系统等;学校设立由学生自主管理的小卖部,主要出售绿色食品。

我国可以从中小学教育开始,在各学科教学大纲明确提出结合各科知识要点开展生态文明教育,特别是在思想政治教育课中依据青少年认知的特点分阶段开展生态道德教育、生命教育、绿色消费教育、自然科学与环保知识教育、环保法律教育。

中小学基础教育阶段采用课堂渗透法,把生态文明与可持续发展教育的具体目标有机融合在学科课堂教学过程中的知识、技能和价值观领域之中,强化生态保护意识、培养生态文明素质、养成生态行为习惯,最终形成广大青少年的生态文明观。课堂渗透法是开展生态文明教育最常见和最易开展的模式,目前国际国内比较推崇,效果较理想,被广泛运用。要运用课堂渗透法,清晰了解各个年龄段学生的生理特点、兴趣点和知识结构。比如,教师可以在小学的自然、美术课程,中学的生物、地理、化学等课程,高等院校的形势教育课、思想政治教育课中针对学生关心的环境、生态、资源等内容精讲细述,激发他们对生态文明的兴趣,强化学生的环保、节约意识。②

运用课堂渗透法开展生态文明教育的关键制约因素是教师的生态意识和

① 刘经纬,赵晓丹.对学生进行生态文明教育的模式与途径研究[J].教育探索,2006(12):97-98.
② 杨成.开展青少年生态文明教育的方法研究[J].青年探索,2009(3):31-33.

课程融合能力。学科教学特点的不同、对生态文明教育认识的不同、教师备课与授课能力的差异都会直接影响课堂渗透法的效果。只要各教育主管部门抓好教师继续教育，把生态文明教育作为教师继续教育的其中一项内容，运用课堂渗透法开展生态文明教育就会成为教师的习惯。①

三、社会资源有机整合

青少年生态文明教育应是系统的、全方位的社会工程，只有把学校教育、家庭教育、社会教育有机结合，青少年生态文明教育方能卓有成效。青少年成长在家庭中和社会里，不能单从学校这一个层面培养生态文明观念，启动全民生态文明教育才能保障青少年生态文明教育的效果。②

在教育中常常有"5＋2＝0"的说法，就是指学生在学校接受五天教育，周末两天回到家庭和社会中则把学校教育的正确的观念完全丢到一边，之前的教育完全归零的尴尬局面。因此，广泛利用社会一切资源推行生态文明与可持续发展教育是国际通行做法。例如，澳大利亚除了在正规教育中全方位推行，还非常重视非正规领域（如社区、社会服务机构）和非正式教育机构（如电视台、报纸等媒体）的可持续发展教育。澳大利亚在整合各种资源进行可持续发展教育方面在全世界属领先地位。例如他们整合各种服务机构如国家公园、动物园、水族馆、遗址等的资源，为从业者提供知识和技术支持，使他们成为可持续发展教育的重要来源。

我国全民生态文明教育起步晚，相关的环保法规还不健全，制裁措施也不够严厉，所以我们在社会上经常看到随意破坏环境的人和浪费资源的人，甚至有些家庭的生活方式不环保不绿色，这些对青少年都有潜在的不良影响，时间一长，青少年会说一套做一套，把原本可以身体力行实施环保的事情完全推给政府或者国家。只有加强全民生态文明观教育，才能推动青少年生态文明观教育。③

———————

①　杨成.开展青少年生态文明教育的方法研究[J].青年探索，2009(3)：31-33.

②　冯瑛.我国青少年生态文明观教育的路径与模式探析[J].科教导刊(中旬刊)，2014(6)：184-186.

③　冯瑛.我国青少年生态文明观教育的路径与模式探析[J].科教导刊(中旬刊)，2014(6)：184-186.

社会教育是生态文明意识在社会上的深化。由于我国幅员辽阔,区域间发展不平衡,各种特点的公众群体的认识与素质在客观上存在差异,在社会中开展生态文明教育,就必须因地制宜、因时制宜、因人而异、区别对待。同时要加大新闻媒体的宣传力度,使生态问题成为人所共知、人人关注的问题,将资源紧缺、生态环境恶化、生态安全问题突出的情况详尽地报道给公众,加深公众的生态保护意识,让他们切身感受到生态问题是关乎自身发展与子孙长远利益的关键问题,使生态文明思想逐渐深入人心。①

社会资源的整合关键在于社会各个群体树立生态意识,参与生态和可持续发展教育活动。

在各级领导者中加大宣传。发挥政府的调控与导向作用必须依赖于各级领导者,各级领导者是政策、规章的制定者,在各级领导者中加大宣传力度,有利于生态文明教育自上而下的普及。通过宣传,能够提高各级领导和决策者实施生态文明教育的自觉性,并将其贯彻到各级政府的规划、决策和行动中去,保证将生态文明思想纳入决策程序和管理以及日常工作。应该尽快制定适合我国国情的生态文明教育战略规划,并在国家层次上建立起协调与调控机制,统筹全局,协调各部门的工作。②

在企业管理者中加大宣传。应特别重视企业领导班子生态文明意识的转变与提高,扭转重经济效益,轻生态文明教育,重应试教育活动而忽视生态文明教育的不良倾向,树立起依靠科技教育推动经济社会协调发展的决策观,构建适合资源节约型社会和环境友好型社会战略需要的新型教育管理模式。为企业领导者普及循环经济理论、清洁生产理论、可持续发展理论,使其在约束自身、提高效益的同时,能够兼顾生态环境的保护,兼顾经济的可持续发展。③

在群众中加强宣传。生态文明教育是十分艰巨的教育任务,公众综合生态素质的提高也不是一朝一夕就可以完成的,通过宣传教育,能够提高全民综合生态意识与素养,使广大群众真正认识到生态问题关系到每个人的切身利益,从而自觉接受生态文明教育。在全社会范围内加大电视、广播、报纸、期刊

---

① 刘经纬,赵晓丹.对学生进行生态文明教育的模式与途径研究[J].教育探索,2006(12):97-98.
② 刘经纬,赵晓丹.对学生进行生态文明教育的模式与途径研究[J].教育探索,2006(12):97-98.
③ 刘经纬,赵晓丹.对学生进行生态文明教育的模式与途径研究[J].教育探索,2006(12):97-98.

的宣传力度,有利于生态文明教育在公众中的广泛普及,使他们能够约束自身,并在方方面面影响整个社会的生态文明建设。①

四、实践活动有效跟进

在生态文明意识教育中,要使中学生认识到生态文明建设不能只停留在口头上,要在日常的学习和生活中体现出来,要有意识地主动参与到保护环境,节约资源,建设生态文明城市、生态文明社区、生态文明社会的行动之中。要使中学生将建设生态文明城市、生态文明社会、生态文明学校等作为自身的责任,并清楚地意识到自己在宣传环境保护、构建和谐有序社会方面的责任。在青少年生态文明教育中,也必须把理论教育与实践教育有机结合起来,这样才能激发青少年热爱生命、热爱自然、与自然和谐相处的内在情感,把保护生态作为人们发自内心的自觉行动,实现从"他律"向"自律"的转变。我们通过实践教育最终将生态文明意识内化于心,促使青少年养成环境保护的习惯。②

实践教育的形式多样,可以组织青少年参加生态环保的义务劳动。包括绿化校园、美化教室、修整道路和操场、卫生大扫除以及各种美化校园生态环境的活动,还包括校外植树造林、兴修水利、绿化城市社区、消除垃圾等活动。实践教育还可以开展生态文明社会调查。组织青少年深入工厂、农村,特别是污染问题严重的企业,实地考察其废气、废水、废渣的排放状态,根据收集的具体数据,对其环境污染程度及原因做深入研究,提出解决问题的有效对策。还可以制定和发放生态文明问卷调查表,通过对问卷调查表的综合分析,了解调查对象的生态文明建设状态,深入分析存在的问题及产生的原因,提出建设生态文明的有效对策。③

利用课内课外实践活动进行生态文明教育。为了增强学生对生态文明的感性认知和提升学生分析解决社会问题的能力,要利用课内课外教学活动进

---

① 刘经纬,赵晓丹.对学生进行生态文明教育的模式与途径研究[J].教育探索,2006(12):97-98.
② 冯瑛.我国青少年生态文明观教育的路径与模式探析[J].科教导刊(中旬刊),2014(6):184-186.
③ 冯瑛.我国青少年生态文明观教育的路径与模式探析[J].科教导刊(中旬刊),2014(6):184-186.

行生态文明教育。如课内利用一些时间让学生进行有关生态文明方面的时事新闻点评,设计有关全球气候变化、绿色消费等方面的主题讨论,组织各种环保的征文比赛、环保知识竞赛等活动,增强学生对生态文明的认知、观察、分析、思考能力,提高学生综合生态素质;课外组织学生在寒暑假深入乡村、社区和企业,切实感受生态环境污染情况,开展环保情况调研,从而影响和带动更多的学生。

开展形式多样的生态文明实践活动。通过生态文明图片展、夏冬令营、知识竞赛和征文比赛等形式多样的课外活动,使学生拓宽视野,形成心灵震撼;学校利用社会和社区教育资源,充分利用各种青少年教育基地、公共文化设施、植物园、博物馆等开展多种多样的生态文明教育实践活动;组织学生制作爱水、节水手抄报,开展废弃材料制作布袋、环保纸篓等废品再利用和"留住桶水"实践活动等;在中小学生中间开展"争当环境小护士"活动,引导学生参与植树护林、垃圾分类、废电池回收等保护环境的行为,增强学生参与环境保护的自觉性;鼓励中小学生撰写调查报告以及进行环保方面的小发明、小设计,提高学生环境保护能力。同时根据中小学生活泼好动、上进心强、易于接受新鲜事物的特点,组织学生进行郊游、采集动植物标本、环境污染情况调查等课外活动和社会实践。

五、国际交流持续助力

国际合作与交流对推动生态文明与可持续发展教育具有积极意义。[①] 日本在开展"可持续发展教育"中,有很多国际交流与合作项目非常具有借鉴意义。例如,将无主自行车送往莫桑比克的活动。在日本爱媛县,各电车车站前常常停放有很多无主自行车,当地就将处置这些无主自行车同莫桑比克收缴武器的工作结合起来。在莫桑比克,经历了 30 多年的内战后,当地许多民众的家里都或多或少地藏有各种武器,成为安全的隐患。从 1995 年开始,当地政府花大力气回收散布在民间的各种武器,采取的办法是用生活用品换回老

---

① 张婧.可持续发展教育:架设通向优质教育的桥梁——瑞典 2016 国际可持续发展教育会议综述[J].世界教育信息,2016(22):17-20.

百姓手里的武器。用来换回武器的生活用品中就包括了自行车。作为"可持续发展教育"的一项活动内容,爱媛县将处理的无主自行车支援莫桑比克,用来换回民众手里的武器。在活动过程中,参与其中的日本年轻人还特地访问莫桑比克,了解、确认自己赠送的自行车是如何被送到当地民众手里的。[①]

　　如何处置无主自行车大概是每个城市都面临的管理问题,而像日本爱媛县这样来解决的也许绝无仅有。提出这样的创意,并在实际中推行,需要有全球的视野,以及将其同探寻解决身边存在问题的途径结合起来的智慧。这一实践,可以从多种意义上来解读:既是和平教育,又是发展教育,还是人权教育,但又不仅仅局限于其中的某个范畴。因此我们可以说它是开展"可持续发展教育"活动的一个生动实例。[②]

---

①　杜海清."可持续发展教育"及其在日本的实践[J].外国中小学教育,2012(2):17-20.

②　杜海清."可持续发展教育"及其在日本的实践[J].外国中小学教育,2012(2):17-20.

第五章 中小学生态文明与可持续发展教育实施模式与成效研究

生态文明是我国在马克思主义生态理论、科学发展观的基础上,长期实践探索与研究的智慧结晶,其本质是实现可持续发展。进入 21 世纪以来,我国政府对生态文明与可持续发展给予了高度重视。在这一过程中,学校教育的作用不可忽视。在国际、国内相关政策与教育行政部门的积极推动下,生态文明教育向纵深发展。本章重点对近年来基础教育领域可持续发展教育实验学校在推进生态文明教育过程中的主要实施模式与成效进行总结与分析,旨在为进一步推动生态文明与可持续发展提供教育视角上的借鉴。

第一节 背景分析

联合国教科文组织 15 年来陆续发布了一系列可持续发展教育的纲领性文件。2005 年,联合国教科文组织发布了《可持续发展教育十年(2005—2014)国际实施计划》,标志着可持续发展教育进入了新的发展时期;2014 年世界可持续发展教育大会号召国际社会在政策推进、更新学习与培训方式、提升教育者和培训者的能力、动员青年人广泛参与、参与制定促进地区可持续发展的解决方案等五个重点领域推进可持续发展教育[①],引导人们采取可持续的生活方式,进而创建一个可持续发展的世界。2015 年联合国教科文组织第 38 届大会通过了《教育 2030 行动框架》,2017 年全球可持续发展教育行动计划论坛颁布

---

① UNESCO Roadmap for Implementing the Global Action Programme on Education for Sustainable Development [EB/OL]. (2016-06-14) [2018-06-14]. http://www. unesdoc. unesco. org/ images/0023/002305/230514e. pdf.

了《可持续发展教育目标：学习目标》，为进一步深化可持续发展教育奠定了基础。

进入 21 世纪以来，生态文明与可持续发展愈加成为社会发展的主旋律。中国政府在多次会议报告中指出，建设人与人和谐、人与社会和谐、人与自然和谐的生态文明社会；进入生产发展、生活富裕、生态良好的生态文明时代。强调要牢固树立社会主义生态文明观，把坚持人与自然和谐共生作为新时代坚持和发展中国特色社会主义基本方略的重要内容。生态文明是中华民族永续发展的千年大计，教育是实现这一目标的重要路径。近 20 年来，在联合国教科文组织中国可持续发展教育全国委员会的指导下，中国千所以上学校开展了生态文明与可持续发展教育的系列实践研究。

中小学生青少年作为未来绿色社会建设的主力军，其生态文明价值观、行为直接关系到未来社会的生态文明建设。[①] 近年来，各地学校结合区域、学校实际情况，因地制宜，开展生态文明与可持续发展教育，呈现出多样化实施模式，取得了一定的成绩，但在生态文明意识、行为等方面需要大力提升。探索生态文明与可持续发展教育的有效实施模式，总结已有成效，切实增强中小学生态文明与可持续发展教育的针对性、实效性是当务之急。

第二节　实施模式分析

通过问卷调查可知，在实施模式方面主要集中在社团驱动模式、跨学科模式、课程融入模式、项目推进模式、全机构模式[②]、问题驱动模式等，见表 5-1。

---

① 李建红.生态道德教育——生态文明新形势下青少年德育的新课题[J].课程·教材·教法，2011(7)：64-69.

② 全机构方式率先由联合国教科文组织在 GAP 中提出，通过全机构方式推进可持续发展教育，明确了学校教育、教学、后勤、社会等各个部门全员参与，各司其职。

表 5-1   生态文明教育实施模式调查结果分析

题号	题目	选项	占比/%
1	你所在学校有环保社团开展生态文明教育实践活动吗？	有	67
		没有	29
		不清楚	4
2	你在教育教学过程中有运用过跨学科教学开展生态文明教育吗？	有	45
		没有	32
		不清楚	23
3	你所任教的学科中有渗入生态文明与可持续发展教育的内容吗？	有	76
		没有	22
		不清楚	2
4	你所在的学校有通过参与专题项目推进生态文明与可持续发展教育吗？	有	35
		没有	44
		不清楚	21
5	你所在学校应用过全机构模式实施生态文明与可持续发展教育探究活动吗？	有	19
		没有	51
		不清楚	30
6	你的学生有对身边的社会环保等实际问题开展过调查研究吗？	有	45
		没有	32
		不清楚	23

注：$N=1541$。

从表 5-1 可以看出，社团模式、学科融入、跨学科、问题驱动模式在学校生态文明教育中使用比较普及，项目推动、全机构模式使用较少。整体而言，6 种模式各有特色与边界，不同区域、不同学校根据实际情况，运用适合的实施模式，开展生态文明与可持续发展教育实践。

从使用的频率上看，课程融入、社团模式、跨学科、问题驱动模式等是广大教师所经常使用的模式，原因是对于学校、教师而言，在积累了一定生态文明与可持续发展教育知识的前提下，这种模式更便于操作、实施、应用。

从区域而言，北京、上海、广东等地有项目推动，并且使用全机构模式推进生态文明与可持续发展教育研究。如"绿色奥运我参与""留住一桶水""欧莱雅未来科学家""thirst 丝绸之路挑战""北京市教委节能减排项目"等,都有社会多家机构的参与,学生通过活动获得节能减排、保护资源环境等方面的知识,进而培养生态文明与可持续发展价值观。研究还发现,河北的学校多使用社团模式、学科融入模式,在实施全机构模式、项目推动方面较为薄弱,这与区域政策与行政支持力度有关。

从 6 种模式的参与范围上看,全机构模式包含了更多的实施要素,如学校、家庭、社区、社会团体、公司、国家职能部门(环保、水务、交通)等,涵盖的范围最为广泛。环保社团、项目驱动、问题驱动模式可以包含在全机构模式内,参加人员包括班主任、任课教师、学校管理服务部门以及社会相关机构的人员,这几种模式有各自的特点与实施范围。跨学科、课程融入模式属于教育教学过程中相对较为单一的模式,参与范围限于学校的教师与学生。

第三节　实施成效分析

一、实施成效调查

生态文明与可持续发展教育的调查研究始于 20 世纪末,进入 21 世纪尤其是近 5 年来,随着教育教学实践研究的不断深入,调查者通过问卷、访谈、观察等形式,对教师、学生、校长群体进行调查研究,发现学生们在素养、学习能力、生活方式方面有了很大提升;近年来全机构实施生态文明与可持续发展教育,促进了学校的课程建设、跨学科研究,进而提升了整体区域教育质量,如图5-1 所示。

教师们认为学生的生活方式发生了改变,学习能力有所提高,生态文明与可持续发展素养提升明显。选择"区域教育质量提升""全机构模式效果显著"的比例相对较低。

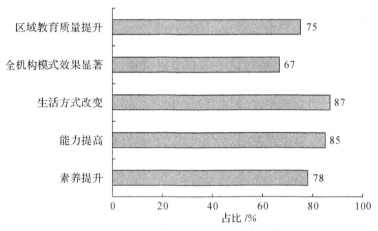

图 5-1 生态文明与可持续发展教育成效调查

二、近年来生态文明与可持续发展教育学校实施成效

(一)生态文明与可持续发展素养持续提高

2017 年 UNESCO 颁布了《可持续发展教育目标:学习目标》(*ESD Goals: Learning Objectives*),其中明确提出了八大可持续发展素养①,以北京教科院附属石景山实验学校为例,该校初三年级学生(小学阶段在本校小学部就读)2013—2017 年的素养调查结果如表 5-2 所示。

表 5-2 生态文明与可持续发展素养调查结果(2013—2017 年)

年份	环境素养	节约资源和使用绿色能源	参与绿色社会建设	关注文化多样性	系统思维	预见性素养
2013—2014 学年	72.33	71.60	65.45	73.48	70.50	65.40
2014—2015 学年	79.15	75.50	71.93	79.86	73.88	68.11
2015—2016 学年	84.30	81.27	77.29	82.76	76.55	70.46
2016—2017 学年	90.56	88.23	84.96	87.19	82.50	75.99

注:表格中数据为各调查量表总分,已经换算成百分制分数。N=186。

---

① 系统思维素养(systems thinking competency)、预见性素养(anticipatory competency)、价值观导向素养(normative competency)、战略素养(strategic competency)、合作素养(collaboration competency)、批判思维素养(critical thinking competency)、自我意识素养(self-awareness competency)、解决问题素养(integrated problem-solving competency)①,这八项素养是每个学习者在实现 1—17 项可持续发展目标中的高级别与高层次素养。

由此可见,抽样学生在四年中所呈现出的可持续发展实践素养均呈现上升趋势,各方面发展逐步趋于均衡。相对而言,学生在环境素养、节约资源和使用绿色能源、关注文化多样性方面表现较好,而在参与绿色社会建设、系统思维、预见性素养方面还需要进一步提高。

中国可持续发展教育实验学校运用社团驱动模式、问题驱动、项目推动等多种实施模式开展生态文明教育,学生的生态文明与可持续发展素养有了明显提升,可持续生活方式正在养成,节能减排等各类活动成效显著。[①] 尤其是最近 5 年,很多学校师生在日常生活中逐渐养成低碳环保的生活习惯,逐渐培育尊重环境、尊重资源的生态文明与可持续发展价值观。

经过长期的生态文明与可持续发展教育理念渗透,学生们在丰富多彩的活动中,逐渐感悟低碳环保、绿色生活的意义与作用。教师引导学生走进社区、农村、水厂、建筑工地等,以多种方式开展节能环保、垃圾分类等调研活动,进行各项微课题研究,提升了学生的社会责任感,如图 5-2 所示。

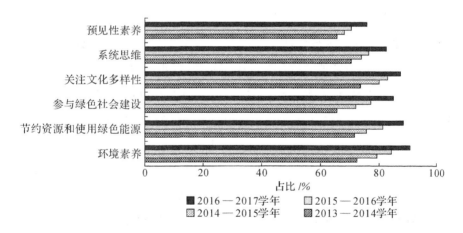

图 5-2 北京教科院附属石景山实验学校生态文明与可持续发展素养调查

从图 5-3 中可以看出,从 2014 年到 2017 年,邢台七中学生的低碳环保行为呈现了较为明显的变化,垃圾分类、环保节约、绿色出行、光盘行动等可持续生活方式正在养成,学生们将这些良好习惯带回家庭,带到社区,环保行动从

---

① 张婧. 可持续发展教育区域推进策略与实施成效[J]. 中国德育,2015(17):24-28.

被动变主动。

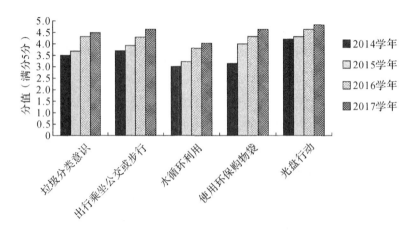

图 5-3　邢台七中低碳环保行为比较(2014—2017 年)

（二）可持续学习能力逐步提升

通过在课程中融入、跨学科等模式,教师在教育教学过程中融入了生态文明与可持续发展教育的相关知识,扩大了学生的视野。在教学过程中,教师以多种研究性学习活动为载体,引导学生合作探究学习,多学科老师共同指导助力,使得学生更加清晰地了解社会的生态问题,逐步获得生态文明与可持续发展教育的科学知识、价值观,养成可持续的生活方式,培养了学生现代公民素养及可持续发展学习能力,形成了关注和解决社会、文化、环境与经济可持续发展实际问题的责任意识。如某中学开展的"永定河石景山段资源调查研究",从 3 个学科的角度,通过实地考察、专业学习、参观走访、文献查询与分析、科学实验设计与操作,综合运用学科知识,创新性地去解决实际问题,改变了学生的单科学习和思考模式,提高了综合运用知识的能力。学生们经过调查研究,深入思考,向区环保局提出了保护永定河水资源的建议,得到了专家与环保局的认可与采纳。

多所可持续发展教育实验学校的实践证明,通过跨学科、课程融入等模式开展专题研究,可以使学生在学习过程中主动发现问题、自主调查与收集信息、跨学科学习知识、咨询老师与专家、提出与讨论团队解决方案、观测解决方案实施效果,最后写出研究报告以及相关建议,这极大地调动了师生的热情,使其学习能力日益提升。具体以首师大附属苹果园中学和北京教科院附属石景山实验学校为例进行分析。

由图5-4可见,近5年苹果园中学生的学生(从初中直升高中部)的可持续学习能力均呈现提升趋势,提升最明显的是关注可持续发展实际问题并提出创新性解决方案的能力,其次是准确有条理的口头表达能力、与他人合作探究解决问题的能力。尤其是近2年,这3种能力提升更加明显。

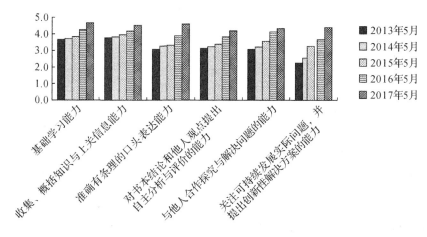

图5-4　苹果园中学可持续学习能力对比

以北京教科院附属石景山实验学校为例,2013—2017年,该校以生态文明与可持续发展教育理念为指导,通过走进首钢、走进慈善寺、走进冰川博物馆等项目进行跨学科研究,成效明显。表5-3是对学生基础学习能力与可持续学习能力进行跟踪研究情况的统计分析,以年度变化为自变量,以学生基础学习能力与可持续学习能力各维度为因变量,进行单因素方差分析,比较各年度学生基础学习能力与可持续学习能力之间的差异。

表5-3　学生基础学习能力与可持续学习能力提升分析

维　度	2014 年	2015 年	2016 年	2017 年	F 值
基础学习能力	2.37 ± 0.52	2.63 ± 0.39	2.72 ± 0.43	2.81 ± 0.46	3.012^{*}
收集、分类、概括知识与相关信息的能力	2.45 ± 0.71	2.60 ± 0.75	2.67 ± 0.77	2.79 ± 0.70	3.303^{*}

续表

维　度	2014 年	2015 年	2016 年	2017 年	F 值
准确、有条理的口头表达能力	2.21 ± 0.71	2.36 ± 0.78	3.11 ± 0.72	3.84 ± 0.66	3.116^*
对书本结论、他人观点提出自主分析与评价的能力	2.44 ± 0.70	2.47 ± 0.63	3.52 ± 0.65	3.89 ± 0.71	4.490^{**}
与他人合作探究与解决问题的能力	2.50 ± 0.42	2.56 ± 0.45	3.15 ± 0.52	3.38 ± 0.59	2.366^*
关注可持续发展实际问题并提出创新性解决方案的能力	1.79 ± 0.70	1.80 ± 0.62	2.78 ± 0.73	3.22 ± 0.67	4.326^{**}

注：$N=150$，* 表示 $p<0.05$，** 表示 $p<0.01$，*** 表示 $p<0.001$。

由表 5-3 方差分析结果可知，学生基础学习能力与可持续学习能力各维度得分呈逐年上升趋势，并且差异达到了统计学上的显著水平。说明四年来该校通过课堂教与学使得学生基础学习能力与可持续学习整体能力得到了显著的提升。同时，在可持续教与学模式下，学生的基础学习能力和五种持续学习能力都获得了显著提升，并且学生的学科成绩也呈逐年上升趋势，如表 5-4 所示。

表 5-4　不同年份初三年级期中主要科目考试平均成绩对比

	语文	数学	英语	物理	化学	历史	地理
2014—2015 学年	76.83	75.50	73.33	70.40	72.56	72.28	74.80
2015—2016 学年	78.28	79.28	81.90	76.80	77.09	77.66	78.26
2016—2017 学年	83.13	82.34	84.56	80.19	84.33	80.39	81.90

注：表格中数据为百分制的分数，几次考试题目难度把握尽量一致。

由表 5-4 可见，近 3 年来各届初三年级抽样学生各主要科目学习期中检测（学校命题）平均成绩均呈现上升趋势，上升最明显的是物理、化学、历史、英语学科。2016—2017 学年，历史、数学平均成绩上升趋势明显。以上上升趋势和学生的可持续学习能力、可持续发展素养的提升具有一致性，表明各学科可持续学习课堂和可持续发展教育课程建设起到了明显作用。总体来看，化学、语文、英语 3 个学科成绩相对较高，数学学科成绩相对更加稳定。在此基础上，该校在可持续发展理念指导下,2016 年、2017 年中考均取得了优异的成绩,学生们的可持续学习能力、创新能力正在逐步提高。

（三）全机构实施模式引领更多的青少年参与绿色社会建设

近年来,很多区县学校在指导学生开展课题研究时,不断尝试从多角度开展生态文明与可持续发展教育实践活动,引领更多的青少年参与研究,极大地推动了生态文明与可持续发展教育的研究与实践,很多学校的专题研究印证了全机构参与生态文明与可持续发展教育、跨学科开展调查研究学习已成为趋势（见表 5-5）。

表 5-5　全机构参与生态文明与可持续发展教育部分研究课题项目

学校名称	研究内容	参与机构（区级）	跨学科
首师大附属苹果园中学	永定河石景山段研究	环保局、发改委、麻峪小学、永定河管理所、五里坨污水处理厂	地理、生物、化学
麻峪小学	煤改电研究性学习	环保局、区政府、煤减办、麻峪社区、学校、村委会、家庭	数学、语文、美术、信息技术
石油大学附属小学	共享单车研究	学校、家庭、区交通局	数学、美术、信息技术、科学
北京教科院附属石景山实验学校	缓解学校门口交通问题研究	区交通局、公安局,学校,家庭,社区	科学、信息技术、数学
中央民族大学附属中学丰台实验学校	农事研究	学校、家庭、区政府、居委会、中国农业大学、农科院	语文、数学、科学、音乐

运用全机构模式、问题驱动模式积极引导学生参与绿色社会建设,成为新时代教育工作者又一新的挑战。近年来,学生们更加主动关注身边的问题,开展调查研究,提出建议,生态文明与可持续发展价值观正在逐渐养成。如北京市昌平区昌盛园小学六年级学生对共享单车问题开展了调查研究。2015 年 5 月,共享单车开始在昌平区出现,在老师的指导下,学生们分小组进行调查研究。通过实地调查、访谈、统计、上网查阅资料、整理数据、绘制调查图表等环节,写出了调查报告,列出了调查结果,分析了共享单车的优势与弊端,并且提出了建议,提交到昌平区交通局。建议得到了交通局相关负责人的及时回复和采纳。

（四）区域生态文明与可持续发展教育总体水平持续提升

生态文明与可持续发展教育多种实施模式为区域教育实践提供了丰富的路径。教育是区域整个生态系统的有机组成部分,必须服从、服务于区域的可持续发展。自 2010 年颁布的《国家中长期教育改革和发展规划纲要（2010—2020）》首次将可持续发展教育写入后,北京石景区、通州等区,上海普陀区,广东佛山区等地相继出台了可持续发展教育相关政策,在资金投入、保障机制、课程与教材、学生学习方式、学习创新等方面成绩斐然,如表 5-6 所示。

表 5-6　2017 年部分实验区开展生态文明与可持续发展教育情况

ESD实验区	地区 GDP（亿元）/人均GDP（元）	实验学校（所）	区域政策支持	专项经费（万元）	ESD 科技创新市级获奖数目（5 年）	地方ESD教材（套）	教学学习方式创新	项目推进
上海普陀	973.9/75607	60	有	10	25	3	有	节能减排;欧莱雅项目
广东佛山	1750.56/154330	40	有	100	30	4	有	Thirst;节能减排
北京石景山	465.6/75611	50	有	40	18	3	有	新能源教室;留住一桶水
北京海淀	5036.8/144370	20	有	20	10	3	有	节能减排;欧莱雅未来科学家
北京通州	643/49406	30	有	10	17	2	有	世行新能源教室;节能减排
北京房山	593/60026	30	有	50	8	1	有	留住一桶水;节能减排
北京昌平	708.6/38221	20	有	10	8	1	有	世界银行新能源教室;节能减排

资料来源:2017 年可持续发展教育会议区县项目负责人发言材料与中商情报网。

由表 5-6 可以看出,各实验区由于地区经济发展程度不均衡,各地在生态文明与可持续发展教育方面的资金支持不等,其产出成果也存在差异,区域经济发展的规模和结构决定了教育所能获得的国民经济收入,如广东佛山市2017 年的 GDP 已超过 1700 亿,其专项投入远远高于其他地区,同时产生的教育创新成果就越多,印证了教育是最具效用的知识再生产模式,优先发展教育是经济增长的必然选择。教育促进经济发展,经济发达区域大力发展循环经济,引领生态文明建设,利用低碳技术,实现低能耗、低排放、低污染,是生态文明建设的重要保障。

三、面向未来的思考

（一）全机构参与推进生态文明教育实践,着力构建区域良性生态体系与学习场域

加强学校与政府、社区、企业之间的沟通,完善政策运行机制。生态文明教育亦应深化全机构模式,吸引更多的学校、师生开展实践与研究。借鉴 PPP 模式①,政府建立和完善全方位、宽领域、多层次的学校与政府、企业之间的协同机制,使三者的协同发展正常有序地进行,凸显政府、研究机构、国际组织、企业和 NGO 的合作,搭建海内外交流学习平台,多措并举,构建良性循环的区域可持续发展生态体系与优质学习场域,实现区域内与教育相关的生态要素与可持续发展教育协调发展,保障生态文明与可持续发展教育区域推进。

（二）进一步将生态文明理念融入绿色校园建设与课程

在社团模式、项目驱动模式、课程融入等模式的驱动下,通过绿色校园建设渗透生态文明与可持续发展教育理念。学校须深入思考制定和实施绿色生态校园规划方案,对学校生态绿化进行合理规划,开展以生态文明与可持续发展教育为主题的各项综合实践活动,关注身边的可持续发展问题,通过调查研究等合作探究过程,提出可行性建议,培养解决问题的能力与素养。同时高度重视综合实践课程与生态文明校本教材研发,利用各方教育资源,结合当地实际问题带领学生开展生态文明教育实践研究,为社会可持续发展助力。

---

① PPP 模式即 Public-Private-Partnership 的缩写,是指政府与私人组织之间,为了合作建设城市基础设施项目,或是为了提供某种公共物品和服务,以特许权协议为基础,彼此之间形成一种伙伴式的合作关系,并通过签署合同来明确双方的权利和义务,以确保合作的顺利完成,最终使合作各方达到比预期单独行动更为有利的结果。

（三）重视借助新媒体开展教师生态文明专题培训

教师队伍建设关系到生态文明与可持续发展教育的全局。社会的发展对教师综合素质提出了更高的要求,因此,强化生态文明与可持续发展教育知识专题培训成为当务之急。[①] 教师应通过培训学习,引导学生转变学习方式,更好地践行生态文明与可持续发展教育理念。教师培训需借助新媒体,通过官方网站、微信、微博、客户端等网络学习平台,为教师提供更广阔、更迅速、更便捷的学习途径,降低实地培训成本,加强参与的深度与广度,从而使教师能够更好地引领学生将课内与课外、线上与线下更好地结合,多种实施路径创生更多的、更具成效的实施模式,更好地促进生态文明教育实践,进而促进社会的可持续发展。

---

① 张婧.生态文明与可持续发展教育的学校路径[N].中国教育报,2018-11-22(6).

第六章 中小学生态文明与可持续发展教育的实施路径

——基于案例的研究

第一节 生态文明教育的实施路径

自 2007 年党的十七大报告首次提出"生态文明"①概念至今,形成了经济、政治、文化、社会、生态文明建设"五位一体"的战略格局。"生态文明"概念的提出,标志着人类社会的文明程度进入了发展的新时代与新阶段。习近平主席在联合国可持续发展峰会上代表中国政府作出我国将"主动参与 2030 年可持续发展议程"的承诺。党的十八大报告明确提出:"必须树立尊重自然、顺应自然、保护自然的生态文明理念","加强生态文明宣传教育,增强全民节约意识……营造爱护生态环境的良好风气"。党的十九大报告指出:"加快生态文明体制改革,建设美丽中国……建设人与人、人与社会、人与自然和谐的生态文明社会,进入生产发展、生活富裕、生态良好的生态文明时代。"2019 年《中国教育现代化 2035》提出了推进教育现代化的总体目标、八大理念,部署了十大战略任务与实施路径,号召全社会、全方位的支持和参与,协同推进教育现代

---

① 生态文明指人与自然、人与人、人与社会和谐共生,以良性、稳健、全面与可持续发展为基本特征的社会发展阶段和社会形态,是人类社会发展的最高境界,生态文明的本质是可持续发展。生态文明教育是关于生态文明理论与实践的教育,是以生态文明为导向深化改革与创新进程并强化培养学习者可持续发展素养的教育,是促进生态文明建设进程的教育。可持续发展教育是生态文明时代教育的最佳教育理念与模式,也有学者认为,生态文明是可持续发展教育的中国语境。

化。加强生态文明与可持续发展教育,推进生态文明建设,是城市、乡村环境自身发展和实现经济、社会、生态协调发展的需要,是推进生态文明建设的主要途径,也是落实科学发展观、推进教育现代化,全面实现"五位一体"布局的必经之路。

面向教育现代化的生态文明教育应以建设生态文明为目标,以生态区域(社区与乡村)建设为载体,从家庭、学校、社区走向社会,面向不同人群,提供形式内容丰富多样的生态文明教育。作为生态文明建设的重要构成部分,生态文明教育在传播、践行生态文明思想、培养学生与公民的生态素养方面责任重大。各级各类学校(社区)是生态文明与可持续发展教育学习与实践的重要基地,应依托区域资源,开展区域研究与实践,更好地推进完成《加快推进教育现代化实施方案(2018—2022)》提出的任务,为区域社会的可持续发展助力。本书重点以北京基础教育领域(兼有社区)为主要研究对象,对学校生态文明教育的路径与实践开展研究与思考。

一、在地化教育与生态文明教育

在地化教育[①]的思想起源于杜威的实用主义教育思想。在杜威看来,学校不只应传授与遥远的未来生活可能相关的抽象知识,更应该成为学生的生活栖息地。"当学校能在这样一个小社会里引导和训练每个儿童成为社会的成员,用服务的精神熏陶他,并授予有效的自我指导的工具时,我们将会拥有一个有价值的、和谐的大社会的最深切、最好的保证。"[②]杜威主张将正规教育与社区结合,强调本地区社会环境对学生亲身体验的重要性,强调诸如园艺、木工等传统手工艺是体会人类发展历史和推进科学发现的起点。[③] 20 世纪六七十年代,环保主义者和教育家鲍尔斯(C. A. Bowers)与在地化教育倡导者史

[①]　在地化教育是指基于当地(区域)整体资源包括社会文化、生态环境、经济发展等开展的教育,其教学策略的基础是对地方/土著知识(local/indigenous knowledge)的尊重。教师需要具备本土知识以更好地去指导学习,思考如何围绕本地主题创设教学单元和教学材料,寻找有益于改善教学的本地资源,探索区域内生态与文史,组织学生进行实地考察等,与当地社区、家庭等一起为培养生态公民的可持续生活能力与学习能力,提出区域建设方案,培养社会责任感。

[②]　杜祖贻.杜威论教育与民主主义[M].北京:人民教育出版社,2003:46.

[③]　汪明杰.在地化教学:教育生态化转型的支点[J].世界教育信息,2018(12):13-16,24.

密斯(Gregory Smith)较早提出了"在地化教育"的主张,呼吁学校教育应该关注地方经济、社会文化和生态状况,强调学校所在地区的生态环境健康和可持续发展是教育的当务之急。[①] 从杜威的"教育即生活"到鲍尔斯的"在生活中接受教育"理念,这些理念最终被联合国教科文组织借鉴和吸纳。在地化教育承载了本地生态环境、社区、农耕、人文历史等不同层面的意义,构成了真实的教育资源。不同区域的整体性和独特性为教学提供了生动的情景和内容,因此,在地化教育的主要特点有两个方面:一是扎根当地实际的学习;二是参与体验式学习。学生(社区成员)的课业与活动聚焦社区的需要和利益,社区在教学的多个方面提供资源,充当合作伙伴,鼓励个体积极参与学习,将真实世界的关切与求知的活力结合起来,教育人们了解尊重区域文化与环境[②],建设可持续发展的社会。1998 年美国"社区学校联盟"(Coalition of Community Schools)成立,强调学校、社区、家庭的全面合作,倡导参与体验式学习,师生积极投入时间、注意力和真正的努力。[③] 自 20 世纪 90 年代至今,联合国教科文组织先后倡导的环境与人口教育、可持续发展教育都强调教育的在地化,让更多的青少年参与当地社区的发展,培养社会责任感,实现社会的可持续发展。

在地化知识是生态文明知识的基础和重要组成部分,其内涵包括多元性和乡土性。多元性是指知识生产以及知识本身的多元。乡土性则包括敬畏自然、天人合一、朴实、相助等,是在地化教育中进行生态文明教育的重要元素。[④]生态文明需要在地化有根的热土教育,以地方共同体的共同福祉为旨归,通过社区、自然、本土文化和传统建立联系和认同,培养学生厚重深沉的责任感和归属感,产生服务区域与社会的热情与使命感。[⑤]

二、生态文明教育实施路径

尽管目前区域生态文明教育需要在多个方面进一步提升,但近年来北京

---

① 汪明杰.在地化教学:教育生态化转型的支点[J].世界教育信息,2018(12):15-16,24.

② 汪明杰.在地化教学:教育生态化转型的支点[J].世界教育信息,2018(12):13-16,24.

③ 汪明杰.在地化教学:教育生态化转型的支点[J].世界教育信息,2018(12):13-16,24.

④ 邱建生.在地化知识与生态文明[EB/OL].(2018-07-14)[2019-07-10].http://www.sohu.com/a/241188383_653202.

⑤ 王治河,樊美筠.生态文明呼唤一种热土教育[J].深圳大学学报(人文社会科学版),2014(4):12-21.

各区政府与教育部门对于生态文明与可持续发展教育给予了大力支持与关注,各区依托区域资源,多层面、多路径开展了生态文明教育实践,取得了一定成效,实施路径主要如下。

(一)教育生态化:学校路径

1.在地化视角下生态文明与可持续发展教育理念融入课程

生态文明理念融入课程是生态文明建设的重要基础环节。[①] 课程作为学校发展的核心竞争力之一,在学校的整体发展中起到了非常重要的媒介作用。在地化课程的构建,需要有深入的思考与实施策略,让学生在精心设计的课程学习中有效提升生态文明素养与学科素养。以可持续发展教育国家示范区石景山区为例,石景山区可持续发展教育实验学校利用位于京西的独特地理位置,以八大处、法海寺、永定河、首钢等区域自然资源为基础融入三级课程。教师把握当地可持续发展教育的渗透点与生长点,根据本校发展特点与人文自然状况,将生态文明与可持续发展教育理念逐步融入课程,以主题化、跨学科方式思考关注区域社会问题、文化多样性、环境与资源问题等开展学习,该区15所可持续发展教育实验学校主要从以下三个方面入手,在课程中融入在地化生态文明理念:一是基础课程中以本区文化、经济、环境等具体学习资源为学习案例开展学习,将文本资料与实地考察调研相结合。二是拓展性课程中开展主题构建,学科融合,培养学生的可持续发展素养与学习能力。三是开设科学实验—环保校本课程,以学校、区域的环境为学习资源,师生共同分析问题、解决问题,提出合理化改进建议。

案例一:麻峪小学制作环保酵素净化环境

2016年在学校的可持续发展教育研讨会上,科学老师提到了酵素的环保作用,学校觉得开设这门课程非常有意义。经过两个月的准备,学生在老师的带领下成立了环保酵素社团,共同学习环保酵素的制作和使用方法。师生积极收集果皮等原料,进行制作、放气、搅拌等流程操作,三个月后酵素制作成功。制作出的酵素用于洗手、刷碗、教室消毒、挽救花草等方面,师生们兴趣盎然,不断进行环保酵素的实践探索,综合课程也不断延伸拓展到多个学科。同

---

① 张婧.生态文明与可持续发展教育的学校路径[N].中国教育报,2018-11-22(6).

时师生的环保意识日益增强,把环保目标由学校延伸到了校外——距学校直线距离只有 50 米的永定河麻峪段。该段水域水藻泛滥,水质恶化。同学们经过调查和资料搜集得知,这是由于水中的氮、磷、钾超过一定含量,导致水藻因养分过足而迅速生长繁殖,水质变得混浊不堪。在区环保局、水务局等相关部门的帮助下,师生们获得了当地水质监测数据,经过请教专业人士,学校决定发起使用环保酵素拯救永定河活动。学生们分工合作制作酵素,并与环保局沟通后定期去永定河麻峪段倾倒,一段时间后河水变得清澈了。这样的活动引发了师生对环保问题的进一步思考,这一活动逐渐延伸到家庭与社区,家长与学生共同合作制作酵素用于日常生活,把环保的理念传递给更多的人。很多家长也自愿成立环保小分队服务社区,与孩子们一起为环境保护尽一分力量。

麻峪小学案例呈现了师生参与绿色社会的过程,这一理念延伸到了家庭与社会,培养了学生的生态文明素养、学习探究能力与社会责任感。

石景山区开展可持续发展教育实践研究 20 年来,本区学生的可持续发展素养显著提高,生态文明与可持续发展教育理念已经渗透到全区的中小学校。下面以首师大附属苹果园中学为例。

2016 年 5 月、2018 年 6 月,学校利用北京教科院可持续发展教育项目组编制的《中学生可持续发展素养调查表》对初三、高一年级的 168 名学生进行了测试,通过前测后测对比评估,平均数差异显著性检验结果如表 6-1 所示。

表 6-1 中学生可持续发展素养"前后测"差异检验结果

可持续发展素养维度	前测每题平均值	后测每题平均值	t 值
可持续发展价值观	3.28	3.63	8.220***
知识(包括在地化)	7.98	8.36	10.575***
学习能力	3.22	3.52	6.835***
可持续生活方式	3.02	3.41	13.445***
社会参与能力	3.06	3.36	6.833***

注:* 表示 $p < 0.05$,比较显著,** 表示 $p < 0.01$,显著,*** 表示 $p < 0.001$,非常显著($N = 168$)。

从表 6-1 可知,学生五个方面的可持续发展素养均在 0.001 的水平上显著提高,各维度得分呈逐年上升趋势,并且差异达到了统计学上非常显著的水平,说明近年来学生生态文明与可持续发展素养有了明显提升。

2. 在地化视角下生态文明与可持续发展教育理念融入绿色校园建设

《全球可持续发展教育行动计划》对可持续发展教育的四个方面含义,即更新学习内容、创新教学法与学习环境、培养学习能力、学生参与绿色社会建设等做了具体阐述。《北京教育与改革发展规划纲要 2010—2020》中提出了"建设可持续发展学校"的目标。北京很多可持续发展教育实验学校主要通过两种途径,在绿色校园建设中渗透生态文明与可持续发展教育理念[①]:一是通过校园空间设计营造良好的生态环境,为学生提供新的学习空间。学校须制定和实施绿色生态校园规划方案,对学校生态绿化进行规划,充分反映学校办学、人文、时代等特色;在校园绿化建设中注重自然与人文景观相结合,如在校园中开辟百草园、农事园、传统文化角等专题研究空间,同时教师需引导学生走出校园,利用当地学习资源,让学生随时随地感受身边的生态环境的和谐美好,逐渐树立环保意识。二是注重校园生态设施建设,在校园设施的设计上体现生态文明与可持续发展教育理念,如垃圾分类装置、厨余垃圾转化设施等,更多的学生在校园内切身体验到低碳环保、资源回收利用的真实体验,并且在教师的带领下,在社区、家庭中开展节能环保理念宣传并开展共同行动。如京源学校小学部在校内开展了环保嘉年华—废旧物品再造、环保创意妙思—节能校园设计、环保进行时—环保实践到社区等多种活动,促进了学生生态文明行为的养成,增强了爱家、爱校、爱社区的责任感。目前很多实验学校都在积极建设"绿色学校",倡导师生开展绿色社会建设。

3. 生态文明与可持续发展教育内容纳入区域各级教师培训

教师队伍建设关系到生态文明与可持续发展教育的全局。生态文明与可持续发展教育的深入实施给各级各类学校教师带来了更多的挑战,强化生态文明与可持续发展教育知识专题教师培训成为当务之急。[②] 目前,北京可持续

---

① 张婧. 生态文明与可持续发展教育的学校路径[N]. 中国教育报,2018-11-22(6).
② 张婧. 生态文明与可持续发展教育的学校路径[N]. 中国教育报,2018-11-22(6).

发展教育实验区以北京教科院专家资源为依托,陆续为基础教育领域教师开展多层次、多视角的生态文明与可持续发展教育培训。应重点关注两个方面的培训内容:一是在地化自然资源的管理和利用;可持续能源的开发及运输;绿色饮食习惯、绿色消费等;区域生态与可持续发展社区设计与建设;在地化社区可持续发展决策、治理、规划,健康社区与生态村建设等。二是引领教师思考如何将在地化生态文明与可持续发展教育的知识融入教育教学中。三是培训教师转变教与学方式,运用新媒体,将课内与课外、线下与线上紧密结合。教师引导学生转变学习方式,与社区紧密联系形成合力,结合在地化知识,更好地践行生态文明与可持续发展教育理念,关注身边的可持续发展问题,开展合作探究,提出解决方案等。以房山区南沟乡村教育联盟项目为例。可持续发展教育项目团队2018年先后对6所学校的教师与学生开展培训与指导,整合学校与当地资源,开发在地化校本课程,开展生态文明教育(见表6-2)。

表6-2 房山区南沟乡村教育联盟学校培训与在地化学习资源

学校	教师/学生参与培训人数	在地化特色	(在地化)课程	区域在地化学习资源
房山五中	120/160	文化遗产与山水文化	种植养殖课程;农耕课程	三团文化精华:周口店文化、琉璃河文化、云居寺文化资源; 三道:平原古御道、山前古战道、山区古商道 多园:青龙湖—谷积山园区、石花洞—水峪园区、白草畔—堂上园区、十渡园区、上方山—泉水湿地园区
蒲洼中心学校	12/30	山水文化与生态环保	石版画;科普课程	
十渡中心学校	25/120	山水旅游;红色教育	平西战争史讲解	
河北中心学校	30/100	山水文化传统文化	高跷、太平鼓课程	
周口店中学/周口店中心小学	20/48	世界文化遗产;生态环保	周口店猿人遗址博物馆课程;四季小农庄课程	

（二）社会生态化：全机构路径①

1. 在地化综合实践活动中融入生态文明教育法治

生态环境法治教育是当代生态文明教育必不可少的内容，在生态文明建设中做到知法、懂法、守法、护法，是新时代对每一个公民提出的新要求与新挑战。② 在地化视角下，主要有以下路径。

一是区域参观学习，有效利用当地自然保护区、森林公园、自然博物馆、动物园、植物园、鸟类观测站和教育活动基地、文化场馆等学习资源，让居民与学生在实践中感受到生态文明与可持续发展教育行动的重要性，了解相关的法律法规。二是设计实践活动学习单元，渗透法治教育，让每一个公民逐步树立起法律意识，知法懂法，爱护环境，关注身边的可持续发展问题，通过调查研究等合作探究过程，提出可行性的建议，营造和谐的环境友好型社会，培养居民、学生的社会责任感，促进社会可持续发展。三是通过相关教育实践活动，让学习者从国际、国内层面了解相关法律法规，如《联合国人类环境会议宣言》《世界自然保护大纲》《21 世纪议程》等，国内的《中华人民共和国环境保护法》《关于推进节约型社会建设的若干政策措施》等主要法律法规和政策性文件，并将其融入综合实践活动与其他教育教学活动中，做到国际化与在地化的兼顾与融合。

在综合实践过程中，需要学校、家庭、社区、相关社会机构的密切配合，即以当地学习资源为学习媒介，全机构共同参与开展生态文明法治教育。

2. 全机构协力开展区域在地化生态文明教育与绿色社会建设

按照教育生态学的观点，教育的生态环境"是以教育为中心、对教育的产生和发展起着制约和调控作用的 N 维空间和多元的环境系统"③。教育生态系统中的各因子都有机地联系着，整个教育体系，包括学校、家庭、社区、社会等被称为教育生态系统。通过全机构开展生态文明教育与建设，积极促成全域生态共同体建设（教育生态化转型、产业生态化转型、社会生态化转型），营造良好的生态环境，是区域生态文明建设的必由之路。目前，北京很多区域在

---

① 全机构一词来源于联合国教科文组织在 2014 年颁布的《全球可持续发展教育行动计划》，意为各级教育系统借助教育外部资源，整合各方面资源优势，协同推进可持续发展教育。
② 张婧. 生态文明与可持续发展教育的学校路径[N].中国教育报,2018-11-22(6).
③ 赖定益.学校教育生态环境问题的研究[D].武汉：华中师范大学,2006.

全机构推进生态文明与可持续发展教育过程中取得了一定成效，学校在三级课程中融入生态文明教育理念更为突出，见表 6-3。

表 6-3　北京部分区全机构在地化教育项目（2016—2018 年）

区域	在地化教育课程与主要项目	全机构（主要参与单位）	区域/学校在地化课程（数目）	在地化学习资源（文化资源、生态资源）
石景山	西山文化首钢文化非遗文化区域（循环）经济	首师大附属苹果园中学；北京教科院附属石景山实验学校、区环保局、税务局麻峪小学、麻峪社区、石景山教委、北京教科院、市教委	3/23	首钢（旧）、天泰山、法海寺壁画文化、京西古道、鲁家山垃圾处理厂
房山	周口店文化琉璃河文化云居寺文化	十渡中心小学、周口店中学房山教委、房山区政府、村委会	4/35	周口店遗址公园、长沟地质公园、十渡、石花洞、拒马河等
丰台	卢沟桥文化农耕文化非遗文化：绢人、绢花、京剧、剪纸	丰台社区学院中央民族大学附属中学丰台实验学校；丰台教委、丰台十二中；丰台七小等；中国戏曲学院	2/21	卢沟桥、抗日战争纪念馆、北宫国家森林公园等
平谷	西谷文化灯文化、平谷彩灯	平谷教委、平谷文委、平谷社区学院等	2/18	轩辕黄帝陵、上宅文化陈列馆；大峡谷、溶洞等
通州	运河文化、运河龙灯、运河号子等非遗文化中医药文化	通州教委、北京教科院、教师进修学院、潞河中学	4/31	通州八景
延庆	妫水河文化（水文化课程）	延庆社区学院、延庆教委、延庆六幼延庆一职、大榆树小学	3/33	八达岭长城、妫水河、野鸭湖湿地、野生动物园等
西城	什刹海文化：毛猴、鬃人、面人、皮影等非遗项目；恭王府等知名王府、寺观、名人故居等；大师与京剧	西城社区学院、金融街办事处、西城教委、北京四中、35 中、黄城根小学	4/36	什刹海、恭王府、白塔寺、白云观、宋庆龄故居、琉璃厂文化街等
东城	红色文化、古都文化（紫禁城等）皇家文化；四合院文化	东城社区学院；东城教委；55 中；教师研修中心；史家小学；161 中学等	4/26	国家博物馆、毛主席纪念堂、故宫、天坛公园、雍和宫、孔庙、国子监等

资料来源：首都各区学习型城市汇报资料（2016—2018 年）。

（三）保障机制生态化：制度化路径

制度是生态文明教育有效实施的重要保障。2016 年国务院发布《中国落实 2030 年可持续发展议程创新示范区建设方案》，全力打造可持续发展区域创新典范，推动生态文明建设发展。之后，石景山、通州、房山、门头沟等区陆续推出了区域可持续发展教育建设方案，如《石景山区可持续发展教育示范区建设方案》、昌平区教育委员会的《关于贯彻落实〈北京市中小学可持续发展教育指导纲要（试行）〉的指导意见》、房山区教育委员会制定的《关于落实〈北京市中小学可持续发展教育指导纲要〉实施方案》等，这些政策文件是当地进行可持续发展教育的权威依据，为各区县结合区域实际与需求、有针对性地推进可持续发展教育提供了良好的政策指导支持。

在生态文明建设过程中，市、区两级教育行政部门重视区域生态文明教育的推进，多个区先后出台了可持续发展教育、德育、终身学习、社区教育等一系列文件与规划，保障生态文明教育的实施。《北京市中小学学科实施可持续发展教育的指导意见》《北京市中小学可持续发展教育指导纲要》《中小学生生态文明行为规范》等文件，对于规范青少年的行为、培养生态文明素养起到了保障作用。此外，《教育部等九部门关于进一步推进社区教育发展的意见》《北京市学习型城市建设行动计划（2016—2020 年）》，为社区教育、学习型城市建设，进一步完善终身教育体系，强调全社会共同参与，实现城市、社区、社会的可持续发展方面指引了方向。

总之，学校路径、全机构路径、制度（政策）保障路径为开展区域生态文明教育提供了清晰的实践路径与实施模式（见图 6-1）。

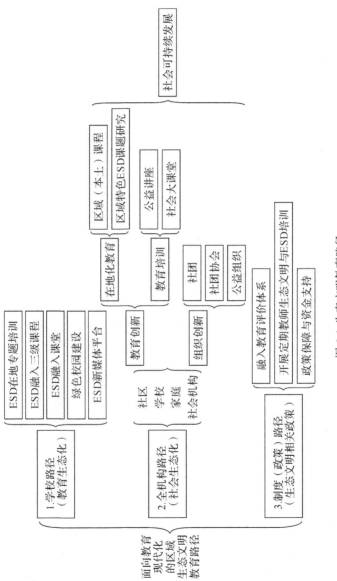

图 6-1 生态文明教育路径

第二节 生态文明教育路径研究:三所学校案例

本节选取三所中小学校进行案例分析,这些学校基本上都是以办学理念和课程设置为突破口,在学校的办学理论体系和实践体系中全面引入生态和可持续教育理念,通过课程文化、课堂文化、教师文化、学生文化等多方面塑造和改进,采取渗透式、参与式等多种方式,对全体师生开展"润物细无声"的生态文明与可持续发展教育。其结果是教师、学生的综合素养得到全面发展,学校的知名度和美誉度同步提升,并逐步起到示范带动和辐射作用。

案例一 中国石油大学附属小学

一、问题的提出

2005 年,联合国正式启动了《可持续发展教育十年(2005—2014)国际实施计划》,明确提出可持续发展教育归根结底是创造一种价值观,这种价值观的核心就是尊重,其最终目的是促进优质教育。2014 年 11 月联合国教科文组织发布《全球可持续发展教育行动计划》,进一步强调可持续发展教育应当在更新学习内容、改革教学法与学习环境、培养学习能力和参与绿色社会建设等四个方面加以推进,以利于促进优质教育。

2005 年,中国石油大学附属小学喜迁新址,学校环境、生源、教师队伍和规模都发生了巨大的变化,面临重建校园文化的重大问题,即面对新的变化,如何让师生都得到更好的发展。新领导班子通过前期调研发现,无论是教师的教,还是学生的学,都存在着不少问题。教师习惯按照原有教学经验,追求自我精彩的课堂,忽略学生主体存在,缺失了对学生元认知的尊重,缺乏了对学生思考问题的尊重,更缺少对学科外自然、环境、资源问题的关注。呆板的教学方式,导致学生在课堂上总处于教师控制下的学习,缺少主动获取知识、主动思考、主动发现问题、合作交流的积极性,更缺少对环境受到破坏、资源日渐枯竭等问题的关注,缺少走向可持续发展社会应有的素养准备。

通过学习 UNESCO 有关文件并接受培训,中国石油大学附属小学认识到,可持续发展教育是适应可持续发展需要而衍生的崭新的教育理论,其基本要义是以可持续发展需要为主导,帮助受教育者形成可持续发展所需要的科学知识、学习能力、价值观念与生活方式,进而促进社会、经济、环境与文化的可持续发展。因此认为,要想解决上述问题,极有必要在该校全面开展可持续发展教育。基于学校实际,在可持续发展教育理念的指导下,中国石油大学附属小学将原有"尊重人"层面的"尊重"理念拓展为尊重环境、尊重资源、尊重文化多样性、尊重科学。研究确定了"精心培育适应可持续发展需要的科学知识、学习能力、价值观念与生活方式建设者"的办学目标,并以"在可持续发展教育理念指导下课程建设与学习创新的实践研究"为载体,开展了长达 14 年的实践探索。

二、解决问题的过程与方法

(一)以理念为先导整体规划阶段(2005.9—2006.8)

中国石油大学附属小学的教科研着重关注:(1)认真学习可持续发展教育理念并对照学校实际加以思考;(2)整体设计可持续发展教育特色的课程体系;(3)坚持常年从三个方面推进学习创新:开展可持续学习课堂实践研究,组织可持续理念学习实践创新活动,指导学生践行可持续生活方式;(4)促进教师、学生与家长的素养发生变化。

具体内容包括:(1)学习文献,完善整体设计;(2)全员培训,了解 ESD 理念;(3)研究编写学校《学科可持续发展教育实施大纲》;(4)编写校本教材"四个尊重"(《尊重所有人》《尊重文化多样性》《尊重自然》《尊重科学》)和《走进社区》;(5)整体设计以"四个尊重"为主题的校园文化。

(二)重点实施阶段(2006.9—2010.8)

1.整体推进

学校成立了教科室,确立了"校长统领,教科室统管,主管领导统抓"的学校教育科研总体构想;构建了"一题统领、分项深入、整合资源、整体推进"的课题研究网络,通过多种策略进行整体推进。策略一:多种培训,改变观念;策略二:任务驱动,强力推进;策略三:加强教研,有效活动;策略四:交流研讨,总结梳理。1—6年级学生按照学校整体规划全员参与生态文明教育的实践。

2.重点实施

(1)研制课程指导性文件《学科可持续发展教育实施大纲》(以下简称《大纲》),并正式出版。《大纲》重点设置了教育目标和教学目标。教育目标是"一个核心":以培养可持续发展价值观为核心;教学目标有"三个基本点":帮助受教育者形成可持续发展需要的科学知识、学习能力、生活方式。有效地解决了教学中不知如何将可持续发展教育理念融入学科课堂教学的问题。(2)开展可持续学习课堂实践研究。构建了尊重合作课堂学习模式,注重培养学生的可持续发展科学知识、学习能力、价值观念与生活方式。(3)编写用于可持续学习的学习探究作业本,含3—6年级语文、数学、英语、品德与社会、科学学科。(4)制定指导可持续学习的"教与学"评价量表。(5)研究编写可持续发展教育校本教材。如体现尊重传统文化的1—6年级书法课程、武术教材和中医药教材;体现尊重科学的电脑美术课程、3D打印课程、机器人课程等。

(三)逐步完善、应用推广阶段(2010.9—2016.12)

此阶段着力点是整体推进可持续发展教育课程体系,以学习探究作业本为载体,深化可持续学习课堂的研究与实践,有效培养学生的可持续学习能力、可持续发展价值观与可持续生活方式。

1.在实践研究过程中,不断对学习探究作业本进行完善。学生探究作业本是可持续学习课堂的特色成果,它是教师设计的、规范和引导学生学习的文本,是从"教"到"学"的转化载体,更是学业质量监测的可视化工具。它以可持续学习能力为主线,改变了原来作业本就是练习、复习的模式,加入了学生的知识目标、能力目标和情感态度价值观目标。在实践中反复研磨、不断完善,使学生学习创新能力得到最大限度的发挥。

2.在实践过程中不断优化,形成相对稳定的可持续学习课堂模式。2009年开始,学校以符合学生的成长规律为总要求,以渗透核心价值观"尊重"和强化可持续学习能力培养为目的,以学校编写的《学科可持续发展教育实施大纲》为依托,遵循十六字课堂教学原则,改变教与学的方式,从基础课程、拓展课程、活动课程三大方面深入研讨,将教学过程细化为三个环节。环节一:课前预习探究,明新知,巧质疑;环节二:课中合作探究,明方法,会合作;环节三:

课后实践探究,重应用,提能力。教师深入课堂研究,促进了多种新型教与学方式的出现,探索多种研究方式。如基于体验的学习(角色扮演、演示、制作等)、基于案例的学习、基于系统思考的学习、基于问题自主实践主题的学习、跨学科学习等。

3.不断调整评价标准,推进实践深入。从两个层面进行评价:一是教师教的评价;二是学生学的评价。对学生的评价采取"六看",即看学生课堂参与度、看学生自主学习情况、看学生合作的效度、看学生展示的情况、看评价质疑的能力、看学生学习的效果;对教师的评价采取"六观察":即观察是否坚持"学生为主体,教师为主导"、观察是否关注学习过程、观察是否体现三环节教学、观察有无课堂作业、观察是否坚持使用学习探究作业、观察是否培养科学知识、价值观念、学习能力和生活方式。

三、主要成果

(一)明晰了学校的办学理论体系

1.形成了学校特色办学思路。在可持续发展教育理念指导下,以构建特色课程体系为核心,以可持续学习课堂建设实践为重点,以可持续学习校园文化建设为浸润点,着力培养学生可持续学习能力、可持续发展价值观与可持续生活方式,整体创造学校优质育人质量。

2.验证了有效的实施策略。精心推进学科教学实验,培养学生可持续学习能力;精心推进拓展课程、实践课程和节能减排校园建设,培养可持续发展价值观念与生活方式。

3.整体构建了特色鲜明的校园文化。以"四个尊重"为核心,每个楼层一个主题。一层主题是"尊重所有人"(尊重自我,乐学善思健体魄;尊重他人,诚实负责善合作)。二层主题是"尊重文化多样性"(民族文化要传承)。三层主题是"尊重自然"(节约资源低碳行);四层主题是"尊重科学"(博学、创新能力强)。

(二)开发了具有本校特色的《学科可持续发展教育实施大纲》

2008年10月,正式出版了《学科可持续发展教育实施大纲》。在日常的教学中,老师们以《义务教育课程标准》为依据,在落实课标要求的同时,结合教学内容,巧妙地进行可持续发展思想意识的渗透。实践证明,制定与实施这一大纲,对统一全校教师的科学教学思想,并将科学的教学思想具体化为教学目标、教学内容、教学方法以及学生学习方式,产生了有效的指导与规范作用。

（三）构建了以学生发展为导向的学习创新课程体系

教育创新的落脚点是学习创新,是促进学生学会学习。可持续发展教育的一个重要育人目标是促进学生终生可持续学习与发展。鉴于这一认识,中国石油大学附属小学可持续发展教育一直朝着推动学生学会学习创新的方向前进。经过多年的努力,该校已经构建了可持续发展教育特色学习创新课程体系(见图 6-2)。

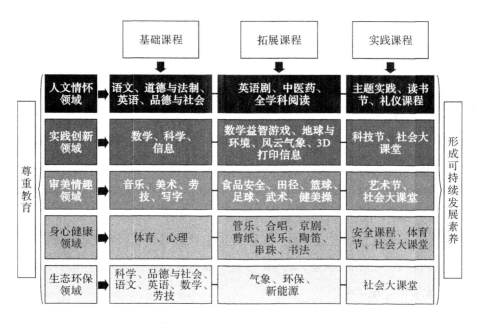

图 6-2 可持续发展教育特色学习创新课程体系框架

在课程体系的整体构建中,围绕学生可持续发展的"五大领域",即人文情怀、实践创新、审美情趣、身心健康、生态环保,通过"六个中心",即快乐阅读中心、五彩生活中心、健康心理中心、校园文化中心、新能源创客中心、气象观测中心进行三级课程的整体规划。项目课程之间有效整合,促进学段间相互衔接,学科间相互融合,达到互促共进、浑然一体的效果。例如,在拓展课程设置中,依据"四个尊重",围绕"六大中心",精心设置了课程内容(见表 6-1)。

（四）形成了科学高效的可持续学习课堂模式

学校遵循"主体探究、综合渗透、合作活动、知行并进"的十六字教学原则，在全年级、全学科进行了全员"教学模式创新"的研究与实践（见图 6-3）。

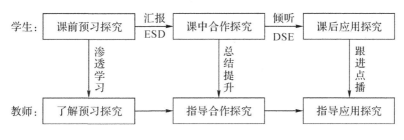

图 6-3　模式的基本框架

在教学模式的实施过程中，形成了"一要求，两目的，三环节"的"尊重—合作"课堂教学模式。

（五）研制并使用了学习探究作业本

学习探究作业本是在教师指导下的学生"真实学习"过程，学习目标设计是实现学科素养与可持续发展素养融合，其问题链的设计促进了学生可持续思维能力的发展，学生对本土可持续发展问题的关注与探究增强了学生社会责任。

（六）构建了"尊重—合作"课堂教学评价体系

评价指标分为两级，一级指标分为三项：课前预习探究、课中合作探究、课后应用探究；二级指标分为具体内容详见"可持续教学模式研究课教学与学习效果评价量表"。

四、效果及反思

（一）学生的变化

1.成绩显著提升

对比两个时间段内五、六年级学生语、数、英学科的平均分，可发现学生成绩显著提高。2014—2016 两学年与 2012—2014 两学年语、数、英平均成绩相比，五年级均有提高（见图 6-4）。

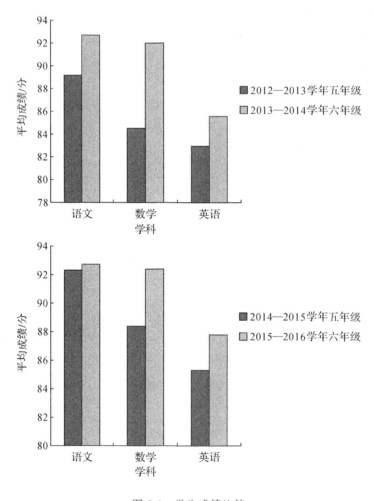

图 6-4　学生成绩比较

2.能力显著增强

如图 6-5 显示,2013—2016 年四年间学生预习探究能力的前测、后测效果差异显著,说明学生可持续发展价值和生活方式在逐步改变,预习探究能力在增强。

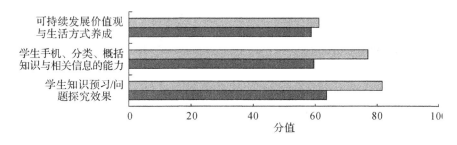

图 6-5 预习探究效果差异分析

同时,图 6-6 显示,学生课堂自主探究能力在增强,尤其是与他人合作解决问题的能力和可持续生活方式养成情况改善显著。

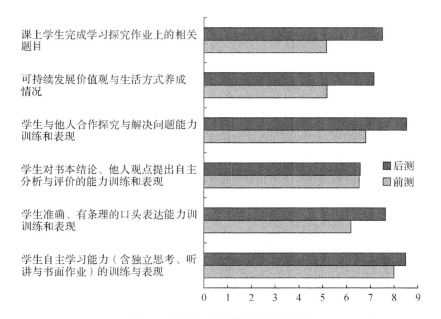

图 6-6 课堂自主合作探究维度分析

从图 6-7 可以看出,2013—2016 年,学生课后应用探究能力在不断增强。习惯在不断养成,能力在不断提升。

表 6-4 是 2012—2016 年对学生基础学习能力与可持续学习能力进行的跟踪研究情况的统计分析。分析显示:在可持续教学模式下,学生的基础学习能力和五种持续学习能力都获得了稳步提升。

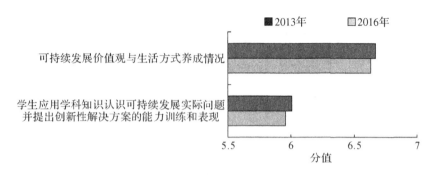

图 6-7　课后应用探究效果分析

表 6-4　学生基础学习能力与可持续学习能力提升分析

维度	前测	后测	t 值
基础学习能力	2.37±0.52	2.63±0.39	3.266**
收集、分类、概括知识与相关信息的能力	2.45±0.71	2.60±0.75	3.303**
准确、有条理的口头表达能力	2.21±0.71	2.36±0.78	3.116**
对书本结论、他人观点提出自主分析与评价的能力	2.44±0.70	2.47±0.63	0.490*
与他人合作探究与解决问题能力	2.50±0.42	2.56±0.45	2.366**
关注可持续发展实际问题并提出创新性解决方案的能力	1.79±0.70	1.80±0.62	0.326*

注：* 表示 $p<0.05$，比较显著，** 表示 $p<0.01$，显著，*** 表示 $p<0.001$，非常显著。

从表 6-4 数据可清楚地看到，在量表总分上后测得分均高于前测得分，并且达到了统计学上的显著水平，说明该校自主课堂教与学的效果除了关注可持续发展实际问题并提出创新性解决方案的能力外都得到了显著的提升。

3. 积极践行可持续生活方式

通过对 200 名学生在 2012—2016 年的抽样统计可以看出，用私家车方式出行的学生逐年递减，绿色出行方式占比显著提高，如图 6-8 所示。正如五年级学生王某说："以前我以爸爸开车送我上学为荣，现在参与学校绿色方式出行的实践调查，使我深刻地认识到，开车上学会污染空气，现在我每天都坚持走路上学。"

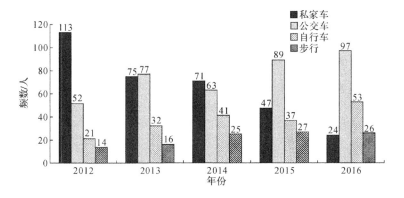

图 6-8　学生绿色出行方式调查情况

4.创新精神和实践能力得以提升

通过该班两个学期情况调查统计对比,可以看出学生使用塑料书皮的数量明显减少,说明学生绿色环保意识显著增强,如图 6-9 所示。

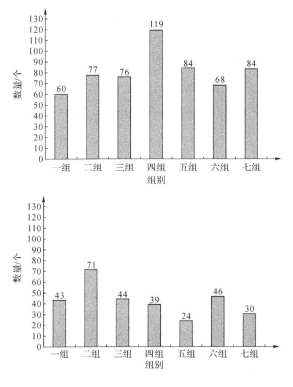

图 6-9　学生使用塑料书皮情况统计分析

5.学生创新能力得到提高

这几年来,学校的航模社团、机器人社团、科技小组、3D 打印社团、环保社团等备受学生喜爱,他们在指导老师的带领下,善动脑、肯钻研,在区级、市级乃至国家级比赛中取得可喜成绩(见图 6-10)。

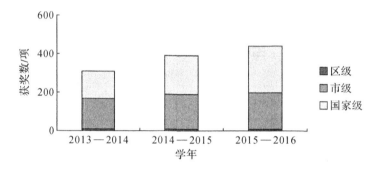

图 6-10 2013—2016 学年学生获奖情况统计

例如:学校机器人社团的研究成果"坐姿提醒机器狗"获得北京市青少年机器人创意比赛二等奖;科技组的×××同学采用蜂鸣器报警,采用超声波测距技术,利用单片机模块实现超声波收发时延的计算和处理,可以帮助盲人避开障碍物,发明了智能盲人障碍仪,在 2016 年 1 月获得"中国少年科学院小院士"称号;2017 年×××同学又制作了"太阳能晒衣架",并获得国家专利证书;×××同学关于"在昌平区推广建设公园式果园"的建议,获得北京市科学建议奖;六年级×××同学的作品在 ROBORAVR 国际机器人大赛亚洲公开赛灭火赛中获得季军;×××同学的美术作品《酸雨来了》获得亚太第一、世界第五的好成绩,德国拜尔公司到校对其进行了三天的跟踪采访;×××同学在奥运会期间作为奥运小使者在十三陵为外国客人讲解,做出了突出贡献,受到中央领导人的接见。

可持续学习实践创新活动,让学生们收获的是获取知识的能力、动手实践的能力、对未知领域不断探寻的勇气和毅力,形成了勤于思考勇于实践的好习惯。

(二)教师的变化

1.教师对学生可持续学习有了新认识。以前老师认为学生到台前汇报是浪费时间,没有必要。实践使他们认识到让学生站在台前进行汇报既能锻炼他们有条不紊地表达自己见解的能力,还能提升伙伴之间分工合作、探究解决问题的能力,孩子们表现自我的欲望和自信心都大大增强。

2.教师对环境、资源与可持续生活方式重要性有了新认识。数学吴老师说:"我现在能够有意识地在数学课上通过综合运用所学的知识,组织学生开展调查实践活动,对学生进行节约水电、合理消费等可持续教育理念的教育。"

3.教师队伍整体素质的提升,表现为可持续发展教育获奖增多(见表6-5),高级和骨干教师比例明显提升。

表6-5　2006—2016年教师获奖情况

项目	国家级	市级	区级
论文	4篇	35篇	34篇
教学设计(案例)	27个	1个	8个
课堂教学	4节	14节	63节

(三)家长的变化

家长在学生的带动下,改变了自己的价值观念和生活方式,通过家长学校、家长委员会,积极主动地组织学生,并和学生一起参与到社会变革中去,宣传学校的理念,践行尊重教育的行为。例如,在家长委员会的策划下,三(五)班在滨河公园进行了"环保主题健走活动",发放家庭消防手册,绘制环保宣传板,引导行人签字,号召大家参与环保活动。再如,四(二)班家长委员会组织学生前往顺义舞彩浅山参与了"植绿护绿、珍爱生命、从我实践"主题活动,培养热爱自然、保护自然的生态意识。通过参与学校的活动,家长的认识提高了;经过实施ESD,学生学会了自主学习、合作学习,并养成了节水、节电的绿色生活方式。

(四)学校的变化

1.国际国内合作交流增多

2006—2016年,在上级部门的支持下,在全校师生的努力下,学校成功承办了五次关于可持续发展教育的现场会。

近几年学校在创建可持续发展教育品牌学校的过程中,12次在区级以上的教育教学会议上交流学校办学经验。学校先后获得"国家可持续发展教育实验学校""北京市可持续发展教育旗舰学校""节能减排与可持续发展项目首批示范学校""北京市科研先进学校""北京市课程先进学校""北京市科技示范学校"等各类荣誉称号。

2.学校的努力产生较大的社会影响

学校经验得以多方传播,包括地区内走出去送课 8 所学校 12 次,向石景山、房山等 6 个区县的 10 所学校先后传经送宝。2009 年学校经验在波恩会议上与 150 个国家和地区进行交流。除此之外,学校近 5 年接待了跟岗学习 6 个省市 400 余人。《可持续发展教育》《中国德育》《德耀中华》《教育家》《教育创新》《北京教育》《环境教育》等杂志先后报道了学校的办学特色,刊登了教师优秀论文、案例、学生作品等。同时学校以"尊重教育"为核心全面推进课程建设工作得到专家高度评价。

在取得成绩的过程中,中国石油大学附属小学全校师生还在不断反思,不断完善可持续学习课堂,以十六字课堂教学原则与方式为基础,教师能灵活地运用可持续学习模式,持续提升学生的可持续学习能力。该校还在不断丰富可持续学习实践,努力创建"学生实践基地",通过实践,开发并积累"学习实践"案例,真实记录学生实践的足迹。

案例二　北京教科院附属石景山实验学校

北京教科院附属石景山实验学校的前身是两所独立的普通中小学(石景山教育分院附属学校、附属小学),2015 年石景山区教委改革调整,两所学校合并为公立九年一贯制学校。办一所怎样的学校是石景山实验学校必须回答的问题。

一、确立学校可持续发展教育办学目标

"教育要面向未来",未来需要什么样的人才? 实现人类可持续发展是国际社会的共识,联合国教科文组织认为,2015 年后教育发展的总体目标应是人人享有公平、包容、有质量的教育和终身学习的机会。可持续发展教育是实现2015 年后教育发展总目标与可持续发展的一条重要途径。

2015 年 9 月可持续发展峰会通过的《变革我们的世界:2030 年可持续发

展议程》强调："所有学习者都掌握可持续发展所必要的知识和技能,包括进行关于可持续发展、可持续生活方式、人权、性别平等、促进和平与非暴力文化、全球公民意识以及认识文化多样性及其贡献的教育。"这一目标为世界可持续发展教育指明了方向。这些文献明确了全球可持续发展教育的任务,也指出了世界教育改革与创新的方向。

习近平总书记在党的十九大报告中明确指出:"建设生态文明是中华民族永续发展的千年大计。"这句话说出了生态是人类可持续发展的最大前提,以饱含感情色彩的字眼映射出了生态文明的重要性,可见其在中国发展蓝图中的厚重分量。"千年大计"始于足下,我们有责任培养出对未来社会发展有用的建设者。

我国正在进行的基础教育改革也给学校课程结构带来了巨大变化。其一就是更加强调连贯性。要求义务教育九年一贯整体设置,关注小初衔接、初高衔接。石景山实验学校作为义务教育阶段九年一贯制学校,在教育改革面前具有更多的机遇和挑战。基于以上背景,学校明确了发展方向,将可持续发展教育纳入学校教育办学理念、课程内容、教学与学习方式创新以及教育领域综合改革的方方面面,打造可持续发展教育特色品牌学校,开辟育人模式创新的更新局面。

在可持续发展教育理念的引领下,教科院附属石景山实验学校确立了办学的基本思路:以"可持续发展教育"作为办学特色;以"为青少年可持续成长奠基"为办学理念;以"建设可持续发展教育特色学校,培养具有可持续发展素养的新型公民"为办学目标;以"培养教师专业素养和学生可持续发展素养"为素养目标。

二、强化"贯""融",构建利于学生未来发展的课程体系

课程是实现学校办学目标的重要途径和载体。九年一贯属于义务教育阶段,是为学生未来学习和工作生活奠基的重要阶段,既要关注教育的基础性,还要重视教育的连贯性。"贯"什么?用什么"贯"?学校认为,应该是学生核心素养培养的一贯。面对未来的教育,需要培养学生面对未来社会发展所需的可持续发展的素养。因此遵循学生发展的规律,将学校可持续素养的目标梳理为三段,同一指标体系下三段之间螺旋上升,为学校整体课程的设置和实施提供了依据和指导,见表6-6。

表6-6　可持续发展分学段素养目标

学段	可持续发展价值观	可持续发展科学知识	可持续学习能力	可持续生活方式	解决可持续发展实际问题	可持续思维品质
1~3年级学段	1. 自理自护，规范意识 2. 感知四季顺应变化 3. 珍惜节约从我做起 4. 了解节日知晓文化	1. 了解中国的传统节日，能够说出主要的节日及特点，知晓祖国的灿烂文化 2. 通过观察及参与实践活动，感受自然的丰富多彩，能够认识自己喜欢的动植物 3. 知道环境气候对人类生活的影响及美好环境对人类的重要性	1. 初步培养学生收集、分类、概括相关信息的能力 2. 能够应用简单的语言比较准确且有条理地进行口头表达的能力 3. 在老师的指导下能够对书本中的结论，他人的观点能提出简单的分析与评价的能力 4. 在与他人合作的过程中初步培养探究能力 5. 在老师的引领下关注可持续发展的实际问题	1. 初步了解保护环境的重要性，有环保意识，并能提醒同学和家人保护环境卫生 2. 初步了解生活中节约资源的方法，树立节约资源意识，同时带动同学和家人节约资源 3. 有健康生活方式的意识	1. 初步学会在自然灾害发生时简单的自我保护和求助生技能 2. 能够运用所学知识解释生活中的简单问题 3. 能够关注周边气候变化、节能减排、保护环境方面的实际问题 4. 能够通过人交流与别人交流自己的想法	系统性思维 批判性思维 预见性思维 自我反思
4~6年级学段	1. 悦纳自我接纳别人 2. 探究规律美化环境 3. 循环使用爱心传递 4. 探究文化接纳差异	1. 能够了解传统节日的由来及相关习俗，有秉承优秀传统文化的意识，更加尊重关心自己身边的亲人，了解不同民族、不同国家的节日文化差异和多样性 2. 在实践活动中感受生物的多样性，能够针对自己喜欢的某一生物主动探究，形成个性的探究成果 3. 自觉地养成健康的生活方式，树立保护环境的意识，争做环保小卫士	1. 进一步培养学生收集、分类、概括知识与相关信息的能力 2. 培养学生较为准确且有条理的口头表达能力 3. 初步培养对书本中的结论，他人的观点能提出简单的分析与评价的能力 4. 进一步加强与他人合作探究的能力 5. 初步形成关注可持续发展问题的意识，且具备能提出解决问题方案的能力	1. 养成保护环境的习惯，并能主动提醒身边人保护环境 2. 逐渐养成节约资源的习惯，同时提醒身边人节约各种资源 3. 逐渐养成健康的生活习惯	1. 能够运用所学知识进行自我保护 2. 能够运用科学探究方法解决生活中简单的日常性问题 3. 关注周边气候变化、节能减排、低碳生活等方面的实际问题，并通过收集和分析各种信息获取证据，经过推理得出结论 4. 通过有效表达与别人交流自己的探究结果与想法	

续表

学段	可持续发展价值观	可持续发展科学知识	可持续学习能力	可持续生活方式	解决可持续发展实际问题	可持续思维品质
7—9年级学段	1. 遵纪守法，维护和平 2. 创新实践，人地和谐 3. 实验探究，开发资源 4. 创作实践，传承文化	1. 能够根据不同的节日，动手制作体现节日特点的食物、饰品等。能够主动传承节日文化理念，积累相关的诗文，自编能以朗诵、诗歌、自编剧、小报、手抄报等多种形式展示对传统文化的认识与理解，更加明确自己肩负的重任 2. 知道生物科学和技术在生活、生产和社会发展中的应用及其可能产生的影响，能够明确自己的探究目标，在老师的帮助下设计一系列的探究活动，通过比较为科学活动得出系列的探究的结论 3. 了解人类所面临的人口、资源、环境等重大问题，初步认识环境与人类活动的相互关系，掌握保护环境的基础知识	学生能自主收集、分类、概括知识与相关信息的能力，准确、有条理的口头表达能力，对书本结论、他人观点提出自己分析与评价的能力，具备与他人合作探究的能力，主动关注可持续发展实际问题并提出创新性解决方案的能力	1. 自觉保护身边环境，保护生态，并能影响社区内的人保护环境卫生 2. 合理使用身边各种资源，同时带动社区内的人节约资源 3. 主动选择绿色出行方式，并能号召社区内的人共同参与 4. 养成健康良好的生活方式，能对社区内的人的不正确的生活方式进行指正	1. 能运用所学知识，冷静应对灾害，提高自我保护和逃生技能 2. 关注以及全球、国家社会、经济、环境与文化可持续发展在促进中出现的新问题 3. 在气候变化、节能减排、保护环境、低碳生活方面的专题活动中能够针对某一具体问题、收集相关资料，进行实地调查，开展初步的专题研究（提出问题—提出猜想和假设—制定探究方案—获取事实与证据解释、检验，评价） 4. 能用语言、文字、图表等方式表述探究的过程和结果，书写简单的探究报告	

　　围绕学校可持续发展教育办学目标和学生可持续发展素养目标框架,石景山实验学校整合了三级课程,形成课程框架,如图 6-11 所示。

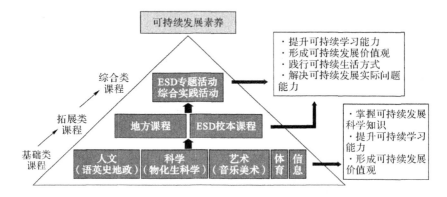

图 6-11　北京教科院附属石景山实验学校可持续发展教育课程框架

基础类课程着力梳理可持续发展教育渗透点,通过课堂教学、学科实践活动进行渗透;拓展类课程充分利用地方课程和校本课程从不同侧面落实素养目标;综合类课程通过专题活动全面培养学生可持续发展素养。

三、围绕"两个基于",进行培养可持续学习能力的课堂教学改革

　　课堂教学是培养学生的主渠道。在学校成立之初的课堂监控中,石景山实验学校发现课堂教学还存在许多不可持续的问题和弊端:知识讲解多于能力培养;教师精细讲解多于学生自主探究;基础学习能力训练多于可持续学习能力培养;学习形式单一等。

　　为了打造利于提升学生可持续能力的课堂,同时也是为了教师教学能力的可持续发展,石景山实验学校在可持续发展"十六字"原则的指导下,进行了两个"基于"("基于学生学习的教学设计,基于学生实际获得的课堂教学")的课堂教学改革。具体包括:引导课堂学习过程前移、注重学科知识和解决不可持续发展问题密切结合、做好课堂学习探究作业报告、组织课堂小组合作学习讨论、研制不可持续发展问题解决方案等。如:在讨论社区停车位的规划问题中,学习平行四边形的面积计算。问题的解决、知识能力的综合运用、环保意识等的融合,让学生们感受到了数学的魅力,也增强了学生对社会的责任心。

可持续学习课堂给师生带来的变化如下。

（一）教师的变化

教师的观念发生转变，从重视知识为主变为更关注指导学生运用知识解决问题的能力；教学方式变化，从教师一个个的问题牵引式教学变为提供给学生学习环境、指导学生探究问题，放手让学生自我探究、合作探究；学习目的更长远，从仅仅学习教材知识变为能够注重提升学习能力，并且为解决身边可持续发展的问题而研究解决方案。

显然，这种进步、这种学习素养是未来社会对新型人才和新型公民所期待的，培养这样的素养，是今后我校可持续学习课堂的主要方向。

（二）学生的变化

1. 文化浸润，提升文化自信

未来社会是一个多元文化并存甚而交融的社会，我们需要培养尊重文化、包容达观的人才，所谓"各美其美，美人之美，美美与共，天下大同"。包容意味着有一个相互交流对话的空间，不同文化和声音在此交流和碰撞，求真、求善、求美。

做一个世界人，首先需要我们了解、尊重自己的文化，有足够的文化自信。为此，该校可持续发展素养教育尤其重在强化中华优秀传统文化的践行教育。学校每一名教师都有职责在自己的教育教学活动中有意识地做优秀文化的传承人。依据不同学段的特点，该校分别制定了培养重点，以促进学生培养对中华优秀传统文化的亲切感、感受力和理解力。在汉字、古诗词、中华历史、传统节日、礼仪和艺术等方面设定相应课程。例如，该校开展了"感受中秋文化""清明""端午"等传统节日，体验"拓片""剪纸""踩高跷""太平鼓"——传统技艺的活动。

案例 1. 做传统艺术传承人

非遗高跷——学校大部分学生来自古城地区，在旧城改造的同时，有一些文化会受到冲击。例如老古城村"秉心圣会"传承的非遗项目也面临缺少传承的危机，石景山实验学校意识到这一点，积极主动聘请非遗文化传承人到校任教，将非遗文化在"小辈儿"中沿袭下来。孩子们在一次次跌倒与站起中磨炼了毅力；与此同时，他们在参与学习与活动的过程中感受到了祖辈们对生活的热爱、执着。

2. 了解多元世界,开拓学生视野

未来世界就是一个"地球村",可持续发展的核心理念就是尊重,尊重他人包括当代人和后代人,尊重差异和多样性,多元文化教育自然就成为可持续发展教育的重要组成部分,也成为当代学校教育的一个重要的目标。

正视城乡差异,理解包容并举。石景山实验学校有部分学生来自北京以外的农村,学校关注所有学生的健康成长,通过开展"过年话家乡"等活动,营造了浓浓的情义,让不同背景的学生加强相互了解,融洽相处。学校还为学生提供了资源和平台:通过基础课程相关渗透点渗透;通过节日文化活动,了解不同文化,汲取优秀成分,如"感恩节与感恩";通过学科实践活动,亲历感受,如英语话剧展演。这些课程与活动的开展让学生更多地了解了世界的文化,让学生在了解中懂得"尊重",要尊重其他国家和民族的文化。

3. 践行可持续生活方式与消费

可持续发展价值观和生活方式的培养不能停留在知识讲授上,而是需要在具体的实践活动中引导学生去认同、去实践。通过课内渗透和课外专题活动的开展,培养学生从小养成可持续生活方式,逐步培养学生运用可持续发展知识解决实际问题的能力。为此,石景山实验学校在不同年龄段开展了相关专题的活动。

低年龄段学生以习惯养成为主,如"光盘行动"。倡导学生每次用餐按需所取,不挑食、不偏食、不剩食。这个活动不单单是培养学生节约粮食的意识和习惯,更重要的是唤醒他们在面对外在物质需求时有自省的意识,培养他们在索取资源时有自制的能力。中年龄段学生尝试用所学知识关注和分析身边的问题,并能提出自己的解决方法。

案例 2. 交通拥堵调查

学校门口早晚高峰时常拥堵,石景山实验学校引导三年级的学生对交通拥堵问题进行关注,并就校园周边的交通问题进行调查。具体策略是:(1)观察和统计固定时段学校门口经过的各种车辆的数量;(2)对司机、行人进行采访;(3)请交通队做专题讲座,请社区、交通队、家长委员会等相关人员座谈；（4）开展"我为缓堵献一策"活动——建言、小报、漫画、宣传语等，提出缓解拥挤的对策。通过这次活动，学生们学会了简单的调查方法和数据处理方法，分析指出校园周边的交通拥堵的主要原因是家长用车接送孩子上下学，提出了解决问题的设想，并生发了让家长参与"绿色出行"的倡议。

中、高年龄段学生能够参与较复杂问题的探究，石景山实验学校组建了绿色社团——节水小分队。同学们针对家庭日常用水的节约问题进行实验研究，制作了节水的装置。尽管这些探究还显稚嫩，但是在这个过程中，他们在意识、方法、综合能力等各方面有了发展，相信这也是为他们未来的发展打了一点基础。值得一提的还有石景山实验学校社团的"未来学校"设计项目。最初同学们的设计更多关注的是校园建设的有趣、美观，在老师的引导下，同学们将关注点放在了节能、环保、科学上，已经在着手了解目前学校的资源耗用问题。

通过 3 年的努力，石景山实验学校在区域的知名度不断提升，尤其是可持续发展教育特色办学促进了学校各方面的良性发展。可以从教育督导部门近 3 年（2015 年、2016 年、2017 年）的满意度测评结果中，感知到石景山实验学校在可持续发展教育这条道路上取得的成果。学校课程建设及综合实践活动满意度分别为 85.9％、87％、94.4％。可持续学习课堂深得人心，由最初参与的两名试验教师发展成了一支覆盖语文、数学、英语、地理、生物、科学、音乐等学科的教师团队。教师教育教学水平 3 年满意度为 85.8％、87.81％、94.9％。学生学业水平也有很大提高，满意度为 82.1％、86.4％、89.4％。学校初中毕业生的成绩更是喜人，中考成绩在全区连续 2 年上升为第 5 名、第 4 名。此外让人欣慰的是学生的综合能力发展（见表 6-7），学生的进步让我们更加自信：面向未来的教育，学校走出了坚实的一步。学校也因突出的办学特色和取得的成绩得到市、区级领导的肯定，《中国可持续发展教育》《北京教育》《石景山通讯》等期刊都为学校做了专门报道。2016 年，校长何英茹代表学校向联合国教科文组织专员做了汇报。2016 年，芬兰教育考察团特意到学校参观交流，对学校师生的成果给予赞扬。赞扬是肯定，更是激励。

表 6-7 2015—2017 年学生综合能力发展指数

指标	2015 年	2016 年	2017 年
学生创新精神发展情况	83.5	85.7	91.7
学生实践能力发展	79.8	80.9	90.7
学生全面发展情况	82.8	81.5	91.7

案例三 首师大附属苹果园中学

一、学校概述

首师大附属苹果园中学建校于 1956 年,现为北京城区公立完全中学,初高中学生共计约 1100 人,均为本土学生,教师约 230 人。首师大附属苹果园中学 2005 年成为 ESD 项目学校,学校师生从资源节约与环境保护、可持续生活方式与可持续消费两大主题出发,通过课程和活动的整体构建以及课堂教与学方式创新,提高学生的可持续发展素养。在可持续发展教育中,学校建构了指向可持续发展素养的课程体系,形成了以探究学习为主线的可持续教学模式,开展了"回收清洗用水冲厕装置开发""校园碳平衡""永定河水资源调查研究"等跨学科主题式探究项目,开发了一系列评估可持续发展素养和可持续教与学的质量评估工具。评估结果证明学生的可持续素养显著提升,教师开展可持续发展教育的能力和教学水平不断提高。目前,首师大附属苹果园中学已成为"中国可持续发展教育示范校""国家实验学校"。

二、ESD 过程与进展

(一)形成以可持续发展素养为价值追求的办学理念

首师大附属苹果园中学以可持续发展教育理念为依据,以可持续发展素养为价值追求,提出了"让生命因教育而美好"的办学理念,并对办学理念做出如下解读。

如图 6-12 所示,首师大附属苹果园中学对生命可持续成长的关照包括

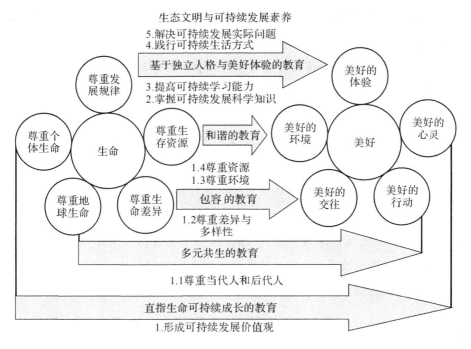

图 6-12 办学理念解读

"尊重个体生命""尊重地球生命""尊重生命差异""尊重生存资源""尊重发展规律"五大方面。

首师大附属苹果园中学通过教育要实现的"美好"也体现在以下五个方面,即"美好的心灵""美好的行动""美好的交往""美好的环境""美好的体验"。

在"生命"和"美好"之间,可持续发展教育和由可持续发展教育而提高的可持续发展素养是使一切"生命"达到"美好"的桥梁。首师大附属苹果园中学开展的可持续发展教育是:(1)"直指生命可持续成长的教育",它让人拥有"尊重个体生命"的"美好的心灵";(2)"多元共生的教育",它让人展开"尊重地球生命"的"美好的行动";(3)"包容的教育",它让人进行"尊重生命差异"的"美好的交往";(4)"和谐的教育",它让人做到"尊重生存资源",获得"美好的环境";(5)"基于独立人格与美好体验的教育",它让人自觉"尊重发展规律",获得"美好的体验"。

与此同时,可持续发展教育的重要目标是提高人的可持续发展素养,因此,在图 6-12 中,可持续发展素养,由根基到上层,分别是形成可持续发展价值观、掌握可持续发展科学知识、提高可持续学习能力、践行可持续生活方式、解决可持续发展实际问题。可持续发展素养的形成是"让生命因教育而美好"的必然目标。

以办学理念为基础,首师大附属苹果园中学的育人目标是:"德才兼备,做美好学生",具体是要培养出知识基础厚实,学有所长,具备可持续发展素养的,适应现代社会国际交往与合作,促进社会可持续发展的人才。首师大附属苹果园中学的学校发展目标是逐步成为一所教学质量卓越,尊重师生的生命价值,资源节约、环境友好,具有强烈的文化气息的国际化美好学园。

(二)构建以可持续发展素养为目标的课程体系

首师大附属苹果园中学以"可持续发展素养"为课程目标建构了初高中一体的"可持续发展教育课程体系"。课程体系中的各部分突出可持续发展教育、教学改革、考试改革对人的可持续发展素养的共同关注。课题体系部分如表 6-8、表 6-9 所示。

表 6-8 可持续发展教育课程体系(一)

学校 课程结构		可持续发展素养				
		掌握可持续 发展科学知识	形成可持续 发展价值观	提高可持续 学习能力	践行可持续 生活方式	参与解决可持续 发展实际问题
学科 必修 课程	初中 阶段	①在人文社科领域掌握传统文化、社会生活等有关的科学知识 ②在自然科学领域掌握环境保护、节约资源等有关的科学知识	①尊重当代人和后代人 ②尊重差异与多样性 ③尊重资源 ④尊重环境	①构建可持续教学模式,落实十六字教学原则 ②提高各学科基础学习能力 ③训练学生收集信息、语言表达、合作、质疑和创新解决可持续发展实际问题的可持续学习能力	①养成节约用水、用电的生活方式 ②养成节约粮食的消费观念	①关注传统文化传承的问题 ②关注生命与安全自护的问题 ③关注保护环境问题 ④关注资源节约问题
	高中 阶段	①在人文社科领域掌握并应用多元文化、社会可持续发展等有关的科学知识 ②在自然科学领域掌握并应用保护地球生态环境、节约资源等有关的科学知识和新技术	①尊重当代人和后代人 ②尊重差异与多样性 ③尊重资源 ④尊重环境 ⑤在行动中践行上述价值观	①构建可持续教学模式,开展教学与学习方式创新策略研究 ②提高各学科基础学习能力与应用能力 ③展现学生收集信息、合作、质疑和创新解决可持续发展实际问题的能力等	①全面养成低碳生活方式 ②影响显著,在家庭中形成家庭低碳生活方式 ③积极辐射社区,在社区宣传低碳生活方式	①创新解决中国和世界文化遗产传承的问题 ②创新解决社会和谐与发展的问题 ③创新解决文化多样性与和平发展的问题 ④创新解决地球环境和有限资源再利用的问题

学校课程结构		可持续发展素养				
		掌握可持续发展科学知识	形成可持续发展价值观	提高可持续学习能力	践行可持续生活方式	参与解决可持续发展实际问题
开放性科学实践活动（初中）	植物园科技实践	①了解陆地动物多样性②了解生物与气候、地理环境的关系③了解清洁饮水与卫生设施的作用	①尊重生物多样性②尊重资源③尊重环境	①收集、分类、概括相关信息的能力②观察、调查、分析数据等合作探究能力③准确、有条理的口头表达能力④对他人观点和书本结论提出质疑的能力	①形成绿色出行、低碳旅游的方式②形成健康的饮食和消费方式	①关注和解决环境领域的可持续发展问题，为绿色城市的发展建言②关注城市经济发展和环境之间的关系，提出解决问题的设想
	故宫实践活动	①了解世界文化遗产建筑与建筑保护②了解中华传统文化相关知识	①尊重本国优秀文化②尊重文化多样性	①收集、分类、概括传统文化相关信息的能力②在传统文化领域合作探究能力③传播中华传统文化的能力	①养成文明旅游，保护世界文化遗产的习惯②遵守公共场所的秩序③养成安全出行、注重公共安全的习惯	关注和解决文化传承、文化传播和文化遗产保护的问题
	科技馆科学实践	①了解廉价和清洁能源的相关知识②了解科技在基础设施和工业创新中的作用③了解可持续消费的生产模式	①尊重资源②尊重环境③尊重科学	①收集、分类、概括相关信息的能力②与他人合作探究的能力③对他人观点和书本结论提出质疑的能力④利用科学技术创新解决可持续发展实际问题的能力	养成低碳生活习惯	①关注和解决环境保护、经济发展方面的可持续发展实际问题②对能源节约、治理雾霾、防灾减灾等热点问题展开科学探究

表 6-9　可持续发展教育课程体系（二）

学校课程结构		可持续发展素养				
		掌握可持续发展科学知识	形成可持续发展价值观	提高可持续学习能力	践行可持续生活方式	参与解决可持续发展实际问题
综合实践活动课程（高中）	研究性学习课程	①了解生物多样性知识②了解气候、环境的知识③了解清洁能源的知识	①尊重差异与多样性②尊重资源③尊重环境	①收集、分类、概括相关信息的能力②准确、有条理的口头表达能力③与他人合作探究的能力④对他人观点和书本结论提出质疑的能力⑤利用科学技术创新解决可持续发展实际问题的能力	①养成低碳的生活方式②养成保护环境的行为习惯③养成健康的生活习惯	①提出保护生物多样性的一些倡议和设想②关注地球环境与气候变化，提出一些合理的建言③对能源节约、治理雾霾、防灾减灾等热点问题展开科学探究

续表

学校课程结构		可持续发展素养				
		掌握可持续发展科学知识	形成可持续发展价值观	提高可持续学习能力	践行可持续生活方式	参与解决可持续发展实际问题
综合实践活动课程（高中）	社会实践	①了解中国传统文化和各国文化的差异 ②了解可持续消费和生产模式 ③了解粮食安全、改善营养有关的知识 ④了解社会对教育的需求以及教育领域的相关知识	①尊重当代人和后代人 ②尊重差异与多样性 ③尊重环境 ④尊重资源	①收集、分类、概括相关信息的能力 ②准确、有条理的口头表达能力 ③与他人合作探究的能力 ④利用实践经验创新解决可持续发展实际问题的能力	①养成低碳生活方式 ②养成健康的生活习惯 ③养成健康的文化生活习惯	①提出文化传承和文化交流方面的倡议和设想 ②对可持续的消费和生活方式展开科学探究 ③对低碳的和健康的生活方式展开科学探究 ④对人的受教育、立业等生涯发展和终身可持续发展问题展开探究
	社区服务	①了解公民的权利和义务、司法、行政领域的知识	①尊重当代人和后代人 ②尊重差异与多样性	①收集、分类、概括相关信息的能力 ②准确、有条理的口头表达能力	①养成低碳生活方式 ②养成健康的生活习惯 ③形成公民意识，养成关心社区发展，积极贡献力量的习惯	关注和解决社会领域的可持续发展问题，对人口、城市环境、城市交通等问题提出合理化建议
地方课程	行为习惯养成课程	①了解可持续学习有关的知识 ②了解社会交往有关的知识 ③了解健康生活有关的知识	①尊重当代人和后代人 ②尊重差异与多样性 ③尊重环境 ④尊重资源	①良好的基础学习能力 ②良好的自我监控和调节能力 ③良好的沟通交往能力 ④与他人合作探究的能力 ⑤创新解决可持续发展问题的能力	①养成自主学习、终身学习的良好习惯 ②养成健康的交往习惯 ③养成低碳的生活方式 ④养成健康的生活习惯	①对人的可持续发展相关问题展开探究，对人的可持续发展提出倡议 ②关注和解决能源节约、环境保护、健康消费等有关的可持续发展问题
	石景山古迹探寻	①了解家乡的历史文化知识 ②了解家乡的物质与非物质文化遗产	①热爱家乡 ②尊重传统文化 ③尊重差异与多样性 ④尊重环境	①收集、分类、概括石景山历史文化相关信息的能力 ②准确、有条理的口头表达能力 ③与他人合作探究的能力 ④国际视野下，历史文化传承与交流的能力	①养成文明旅游，保护文化遗产的习惯 ②养成健康的文化休闲习惯 ③养成关心家乡发展，积极贡献力量的习惯	①关注和解决文化领域的可持续发展问题，把家乡的优秀历史文化介绍给更多的人 ②对历史文化发掘和保护的问题展开科学探究

续表

学校课程结构		可持续发展素养				
		掌握可持续发展科学知识	形成可持续发展价值观	提高可持续学习能力	践行可持续生活方式	参与解决可持续发展实际问题
地方课程	首钢的今天与明天	①了解可持续消费和生产模式 ②了解城市建设与环境保护有关知识 ③了解家乡的地理、气候特征	①尊重当代人和后代人 ②尊重资源 ③尊重环境	①收集、分类、概括首钢发展相关信息的能力 ②准确、有条理的口头表达能力 ③与他人合作探究钢铁企业与环境保护问题的能力	①养成低碳的生活方式 ②养成自觉保护环境的行为习惯	①关注和解决环境领域的可持续发展实际问题 ②对经济发展与环境之间的关系进行探究 ③对可持续的生产和消费问题提出一些观点和合理化建议
校本课程	物理与能源节约	①了解清洁能源的知识 ②了解物理学课科技创新对生活的意义 ③了解用电、用气与生命安全的知识	①尊重环境 ②尊重资源	①收集、分类、概括相关信息的能力 ②观察、调查、分析数据等合作探究能力 ③准确、有条理的口头表达能力 ④对他人观点和书本结论提出质疑的能力 ⑤创新解决能源、安全相关的生活问题的能力	①养成低碳生活方式 ②养成节能减排的行为习惯 ③养成安全生活的习惯	①对用电、用气等公共安全问题提出建议 ②对能源节约、防灾减灾等热点问题展开科学探究
	气象与雾霾治理	①了解雾霾形成的地理、物理学原理 ②了解大气环境治理的相关知识 ③了解城市建设与公共管理的有关知识	①尊重当代人和后代人 ②尊重环境	①收集、分类、概括相关信息的能力 ②观察、调查、分析数据等合作探究能力 ③准确、有条理的口头表达能力 ④对他人观点和书本结论提出质疑的能力 ⑤创新解决与城市污染治理有关问题的能力	①养成低碳生活方式 ②养成保护环境的行为习惯 ③养成健康的生活习惯	①关注和解决环境领域的可持续发展实际问题 ②对治理雾霾等热点问题展开科学探究

如表 6-8、表 6-9 所示，首师大附属苹果园中学的"可持续发展教育课程体系"所包含的课程形态多样，有学科必修课程、开放性科学实践、综合实践课程、地方课程和校本课程五大类，每类由多门课程组成，包括天文与地质考察、生物技术实践、生活中的化学与健康、物理与能源节约、气象与雾霾治理、中外节日文化、经济发展与低碳消费等，涉及经济、社会、文化、环境四大领域的可

持续发展问题。每门具体课程都指向可持续发展素养的提升。

(三)建立以学习创新为特色的课堂教学模式

课堂教与学方式的创新,一方面是以探究学习为主线,改善学生的学,提高学生的基础学习能力和可持续学习能力,使学生在学业发展上获得成就感,具备终身学习的愿望与动力。为此,首师大附属苹果园中学制定了学生学习"8要"守则,从基础学习能力和可持续学习能力的角度给学生提出明确的自我提高目标。学生学习"8要"守则的具体条目是:(1)要制订学习计划;(2)要做好课前预习;(3)要独立完成学习探究作业;(4)要主动参与讨论;(5)要勇于提出问题;(6)要专心做好笔记;(7)要按时完成学业;(8)要善于结合实际。

课堂教与学方式的创新,另一方面是要求教师在教学方式上有所更新。可持续教学模式基本宗旨是一个核心和三个基本点。一个核心为可持续发展价值观;三个基本点为掌握可持续发展科学知识,提高可持续学习能力,践行可持续生活方式。

可持续教学模式重在"先学后教""自主学习""合作学习""探究学习"。可持续教学模式的教学流程是:(1)把指导学生做好课前知识预习与问题探究作为第一环节;(2)同步编写教案与学案,力求做到"学习探究作业"先行,以保障课堂学习过程前移;(3)以指导完成"学习探究作业"为主线,在师生、生生合作探究中分步落实预期学习效果;(4)力求做到预习探究作业—课上自主—合作探究作业—课后应用探究作业各环节的有机整合、相互联系,以减轻课业负担,提高学习效率;(5)精心选择教材内外可持续发展价值观渗透的素材,进行综合渗透,在指导应用探究中体现具体成效。

首师大附属苹果园中学对校内每位可持续发展教育骨干教师和他们的学生进行访谈,以下是两位老师实施可持续发展教育,促进教学理念和方式转变的访谈案例。

(四)开展提升可持续发展素养的探究项目和学生活动

2017年,在北京教科院可持续发展教育研究中心的引领下,首师大附属苹果园中学在初中二年级推出主题为"永定河流域石景山段水资源调查研究"的化学、生物、地理跨学科主题探究项目,从学科综合的角度提升学生的可持续发展素养。

本次"水资源主题"跨学科实践研究活动历时 9 个多月时间,师生前后调研、走访了区环保局、永定河河湖管理所、五里坨污水处理厂、麻峪小学及村落、莲石湖景区等地区,行程百余千米。实践活动建立多支学生和教师研修团队,撰写并修改课堂教学设计及反思报告 10 余份,先后开展现场研讨活动 6 场,为推进可持续学习实践创新奠定坚实基础。

这次以"永定河流域石景山段水资源调查研究"为主题的可持续学习跨学科实践带给师生的惊喜与感动越来越多。从最开始的一点点的创新想法,到充分的研讨、扩充,再到多方协作、融合资源,引入环保局、水务局、污水处理厂、兄弟学校、社区等社会机构的合作,最后到切实的探究行动、数据采集、数据处理以及问题解决构想的提出,一路走来,有艰辛、疲惫,更有惊喜、突破。学生突破了以往的学习方式,突破了书本上对可持续发展问题的解读;教师突破了过去的教育观念,让教育真正成为人可持续发展和社会可持续发展的时空串联(见表 6-10)。

表 6-10　"永定河流域石景山段水资源调查研究"案例教学设计部分节选(课前:指导预习探究)

知识预习	探究问题	预期学习效果		
内容方式与要求	内容方式与要求	科学知识	基础学习能力与可持续学习能力	价值观与行为方式
永定河冲积扇资料和图片,并分析对北京形成的作用	上网查阅资料	冲积扇的概念	地理知识的运用能力	培养热爱家乡的情感
上网查阅资料,展示蓟城图片、莲花池水系图图片,通过资料分析燕国都城迁都的原因	上网查阅资料	水资源对聚落形成的作用	观察能力和从资料中提取信息的能力阅读资料分析问题提取信息的能力	自然环境对人类活动的影响
永定河河道经过沧桑岁月发生的变化	上网查阅资料、走访调研	水文特征	从文献中获取信息的能力	培养学生信息获取和加工能力
永定河流域石景山段水资源现状	实地考察	垃圾分类知识	总结交流表达能力	树立环保意识,养成不乱扔垃圾的习惯;树立垃圾分类思想,养成垃圾分类习惯

续表

知识预习	探究问题	预期学习效果		
内容方式与要求	内容方式与要求	科学知识	基础学习能力与可持续学习能力	价值观与行为方式
永定河流域石景山段污染物的确定	走访石景山环保局,实地采水样检测	水体富营养化的原因	1.实际动手操作能力 2.运用课堂所学知识分析生活中存在的问题	1.培养学生动手能力和对科学探究的热情 2.体验发现问题、分析问题、做出假设的过程
探寻永定河流域石景山段的污染源	实地考察	垃圾分类知识	总结交流表达能力	培养学生的科学探索精神
探寻永定河污染的解决方法	实地考察;依据第二组污染源,小组合作分析讨论得出方法。	常见水体污染防治方法	与他人合作探究与解决问题能力	感受化学对生活和社会的意义,激发化学学习兴趣
污水处理厂污水处理流程及净化方法	五里坨污水处理厂参观学习	处理污水的各种生物、化学技术和方法	分析总结能力	逐步树立珍惜资源、爱护环境、合理使用化学物质的可持续发展观念

《永定河流域石景山段水资源调查研究》
案例学习探究作业(部分节选)

二、课中自主—合作探究

【探究问题1】在图1中找出永定河,判断流向并说明理由。

1.用蓝色笔描画永定河,说出永定河的流向,并说出理由。

2.在图1中标出河流的流向,河流自 _____ 流,并说明理由。

【探究问题2】为什么说永定河是北京的母亲河?

阅读资料1和图1,分析北京的城区为什么在永定河的冲积扇上。

资料1:

古代永定河水量很大,从上游携带大量的泥沙从门头沟三家店出山口,冲积成北京小平原。

永定河最古老的冲积扇的范围,包括东城区、西城区、朝阳区、大兴区的大部,石景山区的东南部,海淀区的四季青、玉渊潭以及东升乡,通州区的西部和南部,房山区的东部,丰台区的东部等地区。

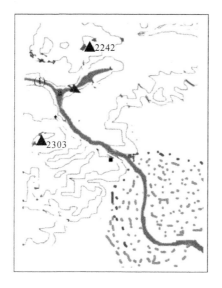

图 1　永定河冲积扇

表 1　永定河流域石景山段上、中、下游三个取水点的数据

水质指标	月份	生化需氧量 mg/L	化学需氧量 mg/L	氨氮 mg/L	总氮 mg/L	总磷 mg/L	pH 值
永定河上游地点（高井沟）	1	—	—	—	—	—	—
	2	—	—	—	—	—	—
	3	—	—	—	—	—	—
	4	1.4	54	14.7	20.8	0.98	7.77
	5	3.6	62	4.11	—	0.62	7.90
	6	1.2	45	3.32	18.4	0.46	7.58
	7	1.3	40	1.16	—	0.41	7.85
	8	2.1	28	1.44	15.0	0.40	8.17
永定河中游地点	1	—	—	—	—	—	—
	2	—	—	—	—	—	—
	3	2.6	28	0.114	—	0.08	8.01
	4	5.0	26	0.178	2.72	0.09	8.72

续表

水质指标	月份	生化需氧量 mg/L	化学需氧量 mg/L	氨氮 mg/L	总氮 mg/L	总磷 mg/L	pH 值
永定河中游地点	5	6.7	46	0.069	—	0.12	8.94
	6	1.6	29	0.118	1.46	0.06	7.88
	7	1.3	47	0.754	—	0.19	8.67
	8	2.2	28	0.330	2.83	0.10	8.07
永定河下游地点	1	—	—	—	—	—	—
	2	—	—	—	—	—	—
	3	5.0	29	0.313	4.02	0.09	8.39
	4	2.5	28	0.171	3.88	0.07	8.35
	5	2.8	47	0.076	1.17	0.07	8.70
	6	1.6	27	0.166	4.17	0.06	7.92
	7	1.0	28	0.527	2.36	0.08	7.72
	8	2.4	47	0.424	1.63	0.08	8.55

注:三个点位1、2月份水面冻结无水,高井沟3月份无水。

2016年,首师大附属苹果园中学(以下简称苹中)以形成可持续发展生活方式为目标,提升学生的可持续发展素养。学校成立低碳生活科技小组,学生对校园碳平衡进行研究,从而对校园低碳行为方式提出倡议。以下是学生撰写的《苹中校园碳平衡调查研究》案例节选。

苹中校园碳平衡调查研究(节选)

摘要:本文根据一年来的实测实验,客观反映了苹中校园碳源、碳汇以及碳平衡方面的问题,并对二氧化碳校园平衡做出了定量分析,从而客观反映了校园碳平衡现状,并对校园扩大碳汇及减少碳源提出了一定的实施意见。

关键词:苹中,碳源,碳汇,碳平衡

作为苹中首届科技创新实验班学员,我们在步入科技班的首个讲座中了解到全球变暖对于地球的灾难性影响。因此我们对温室气体之一的"二氧化

碳"产生了兴趣。老师告诉我们，关注环境要从生活开始，因此我们与"碳"的故事就此开始。

通过文献研究，我们发现，二氧化碳对气候、海洋都有很大的危害，最重要的是影响所有呼吸氧气生物的生命，而最近北京的雾霾天使我们的生活质量下降，因而引起了我们的注意与思考。综合以上几点，我们以学校为背景开始我们的课题研究，并确定题目为苹果园中学碳平衡研究。

我们的"碳平衡"研究包含了三个问题：什么是碳平衡？我们的校园内碳平衡吗？如何实现在校园内碳平衡？

……

解决问题的步骤 2：削减校园"碳"排放量。首先倡导校园节电，因为电和煤是现在大部分学校一天的基本运行的能量来源，因此校园节电对降低"碳源"具有决定性作用；增加外墙保温，夏天有利于防止屋内气温过高，冬天有利于保温，减少用电量。

解决问题的步骤 3：调整出行方式。要求开车的老师和开车接送孩子的家长尽量选择公共交通，经过我们的调查，一些区域的师生步行从家到学校基本只用 5～10 分钟，但为了方便，很多人开车来学校，虽然方便了自己，却无形中增加了二氧化碳的排放量。在这里，我们倡导大家优先选择公共交通、步行或非机动车出行。

我和"碳"的故事初期结果于 2016 年寒假取得，在课题组同学们的努力下，我们有如下的初步结果：

……

从 2012 年到 2015 年，我们组建"苹果绿"节水之队，以提高解决可持续发展实际问题的能力为目标，选择与生活实际息息相关的主题进行科技创新研究，倡导学生提出解决问题的方案。我们开展以"节能减排方案设计"为主题的研究性学习。学校要求学生通过自主学习，了解"低碳生活""节能减排"有关的基本知识，发现学校生活和班级生活中"高消耗""高排放""高浪费"的问题，针对实地观察、问卷调查发现的问题设计解决方案。以下是学生研发"回收清洗用水冲厕装置"的案例节选。

中国 ESD 学生学习创新活动案例(节选)

一、"回收清洗用水冲厕所装置"的设计

(一)团队建设

2011 年,在学校可持续发展教育理念引领下,在资源节约创新活动的感召下,由 11 名高中学生,3 名指导教师共同组成了"苹果绿"节水之队,以期用行动研究的方法解决学校和社区水资源浪费的问题,提出并践行切实可行的方案。

(二)节水知识

学生在化学课上重点学习了酸性水的产生和处理、碱性水的产生和处理、水的净化、水中矿物质分析等知识。学生在物理课上重点学习了水压、节水装置的力学原理等知识。课下结合课上所学,指导教师带领学生参观了首钢污水处理厂,了解了废水处理方面的有关知识,学习了节水方案如何提出,如何调研,如何付诸实践。

(三)进行校园用水调查

教师要求大家以学校水资源使用情况为主要内容进行调查。在一周的问卷调查和实地观察之后,"苹果绿"节水之队共收回有效问卷 163 份,统计结果显示:期中 51.2% 的师生认为如厕后洗手用水浪费最大,其次量废水的地方排名依次是:如厕冲水、教师地面清洁用水、食堂洗碗用水、绿化用水。教学楼内观察记录表显示:就一个卫生间而言,以每次冲水按 10 秒计算,每天共冲水 8480 秒;每天每班教室打扫 3 次,共洗拖把 24 次,每次用时 90 秒,共开水龙头 2160 秒,每天扫除中洗抹布 28 次,每次用时 10 秒,共用水 280 秒。

如图 1 所示,中间的两个正方形表示储水容器,实际位置在洗手间的洗手池下面。储水容器顶端竖直的两个接管连接洗手池的出水口,这样一来,清洗后的废水就可以储存在储水容器中了。储水容器左边的两个横向导管中,上面的一个连接下水管,用于排出储水容器中多余的水;下面的一个导管从本层的地板向下层穿出,一直连接到下一楼层卫生间坑位手按冲厕装置的出水口。

如图 2 所示,与上面各层不同的是储水容器左边的两个横向导管中,下面的一个导管连接洗手池旁边的一个落地的洗拖把池。这点改动是因为一层已经是最下一层,一层回收的清洗用水不再用于冲厕所,而是用于清洗抹布,以

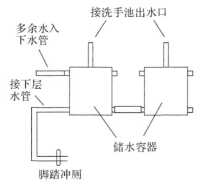

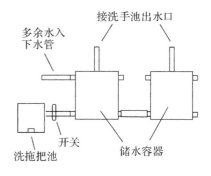

回收清洗用水冲厕装置　　　　　回收清洗用水冲厕装置（一层）

此避免清洗后的污水水质太差,不利于清洗拖把。

一套厕所的回收装置预算如表 1 所示。

表 1　一套厕所的回收装置预算

材料名称	材料规格	单价	使用数量	总价
水管	PP-R	22.6 元/米	16 米	361.6 元
正三通	PP-R	10.19 元/个	8 个	81.52 元
管卡	PP-R 卡	4.09 元/个	10 个	40.09 元
储水箱	55×60×60	500 元/个	3 个	1500 元
脚踏冲厕开关	不锈钢	200 元/个	8 个	1600 元
弯头	PP-R	8.2 元/个	6 个	49.2 元
下水管	普通	3 元/个	1 个	3 元

……

三、"回收清洗用水冲厕装置"的成效

"回收清洗用水冲厕装置"安装后,指导教师和"苹果绿"节水之队学生一起对其效果进行了检测。观察发现,每天水箱能够积累 90% 以上的清洗后污水,仅有不到 10% 的清洗后污水由于储水装置在某一段已满而被排掉。因此,这套"回收清洗用水冲厕装置"每天的节水量为:洗手用水 675.2 升(4220 秒×0.16 升/秒)、洗抹布用水 44.8 升(280 秒×0.16 升/秒)、洗拖把用水 345.6 升(2160 秒×0.16 升/秒),共计节水 1065.6×0.9=959.04 升,约 1 吨。

以上一系列可持续发展教育探究项目和学生活动的教育价值非常明显。通过合作探究,学生的可持续发展素养得到了提高。第一,学生的主动求知欲、独立思考能力得到了提高。他们主动开始关心身边发生的事情,注意身边的可持续发展问题,依靠自己的力量解决与自身相关的环境问题。第二,学生们敢于质疑的精神、勇于创新的精神得到了展现。他们学会了在以事实为证据的前提下证明自己的观点。第三,学生们的小组合作能力、组织领导能力得到了锻炼。学生们能够较好地理解个人作用和团队合作的辩证关系,并在实践中加以体现。第四,学生们对于可持续发展问题的社会关注度和行动能力得到提高。

(五)营造具备可持续发展育人功能的校园环境

首师大附属苹果园中学在环境建设方面融入可持续发展教育理念,在建筑、设施、设备等方面做到环境友好、资源友好,充分发挥其可持续发展教育的功能。学校投资建设了"校园雨水回收工程",操场上的蓄水池成为校园绿地灌溉的水源。校内道路尝试采用太阳能路灯进行夜晚照明。综合楼、图书楼选用了合理采光墙体和保温墙体。所有楼内均安装了节能感应式水龙头。所有厕所均安装了学生自主研发的回收清洗用水冲厕装置。

首师大附属苹果园中学注重以可持续发展科学知识及科技进步为基础的生活方式的养成。学校在校园的各个空间配备了空气净化器和利用最新技术研发而成的大型一体化净水机。学校还在校园建设了气象显示电子屏、气象观测站等,带领学生开展气候、环境有关的研究。学校根据亚太可持续发展教育专家会议上学生汇报的研究成果"校园碳循环"研究,采纳学生的建言,为教室、办公室增加了绿色植物和"可持续发展小贴士"。首师大附属苹果园中学希望通过培训和发挥校园可持续发展教育设施的教育功能,帮助师生建立可持续发展的生活方式。

首师大附属苹果园中学增大了校园绿化面积,而且在校园内种植了大量绿色农作物,如玉米、西红柿、向日葵、花生、西葫芦等,由各班种植和养护。这种做法既装点了校园环境,又促使学生认识这些农作物,了解土壤、氧气、光照等资源不可或缺的生命补给作用。

在软件文化建设上,学校根据可持续发展教育理念,对学校制度、管理机制、工作流程、奖励评价机制、宣传方式等均进行了修订,奠定软件文化发展基础。

(六)开发指向可持续发展素养和教与学效果的评估工具

首师大附属苹果园中学编制出"学生学习能力调查表",作为学习能力量化测评的工具,此表为李斯特 4 点量表,包含 6 个维度,基础学习能力作为一个维度,5 种可持续学习能力各自单独作为 1 个维度。

学校在实验班开展"学生可持续发展素养"综合测评和"学生低碳生活方式调查量表"开展前后测调查,用以描述"低碳行为班级养成教育"的效果。

学校利用"可持续教学模式研究课教学与学习效果评价量表"对教师的课堂教学和学生的课堂表现进行评分,得到的分数为 0~10 范围内的变量。

可持续教学模式研究课教学与学习效果评价量表

学校:　　　　　学科:　　年级:　　任课教师:　　　年　月　日

一级指标	二级指标	评价等级				分数
		A 级	B 级	C 级	D 级	
		10~9	8~7	6~5	4~0	
预习探究	1.自主进行知识预习/问题探究效果					
	2.收集、分类、概括知识与相关信息的能力训练与表现					
	3.初步进行可持续发展价值判断的表现					
课堂自主—合作探究	4.准确、有条理的口头表达能力的训练和表现					
	5.对书本结论、他人观点提出自主分析预评价的能力的训练和表现					
	6.与他人合作探究的能力训练和表现					
	7.完成当堂书面作业的情况					
	8.可持续发展价值观与生活方式养成训练与效果					
课后应用探究	9.应用学科知识认识可持续发展实际问题并提出创新性解决方案的能力训练和表现					
	10.学习能力、可持续发展价值与生活方式在生活中的落实与表现					
总分						

首师大附属苹果园中学利用《师生课堂行为表现观察记录表》对师生课堂行为进行客观的分类记录,得到每类行为的频次和发生的时段信息。

师生课堂行为表现观察记录表

时间	教师活动							学生活动 内容									备注
	讲解	点拨	示范/演示	评价	个别辅导	参与学生活动	其他	听课	回答问题	质疑评价	台前展示	操作体验	合作讨论	做笔记	完成学习探究作业	其他	
第0~5分钟																	
第6~10分钟																	
第11~15分钟																	
第16~20分钟																	
第21~25分钟																	
第26~30分钟																	
第31~35分钟																	
第36~40分钟																	
第41~45分钟																	

填表须知：①在表格时间栏每五分钟对应的教师行为表现和学生行为表现格内打"√"，在"√"旁填写这一项行为表现持续的具体时长（以分钟计），学生行为表现还需填写表现出此种行为的学生人数。例如：√3.1 表示此项行为表现持续 3 分钟，1 个学生表现出此种行为。②若选择了"其他"，请在相应格内填写具体内容；持续的具体时长（以分钟计）、学生行为表现还需填写表现出此种行为的学生人数。③每 5 分钟，教师和学生行为表现均可多选。

三、ESD 成效

（一）可持续发展教育整体效果显著

首师大附属苹果园中学推进情况量化分析的工具主要是其开发的包含学校、教师、学生三个层面可持续教学模式实施成效在内的调查量表。

科研室每年进行一次可持续发展教育教学模式实施成效调查，分数越高表示成效越好，具体分为学校发展层面的成效（12 题，每题 1～6 分，总分 12～72 分，48 分以上为成效较好）、教师教学质量层面的成效（8 题，每题 1～6 分，总分 8～48 分，32 分以上为成效较好）、学生能力提高层面的成效（10 题，每题 1～6 分，总分 10～60 分，40 分以上为成效较好），结果如表 6-11 所示。

表 6-11　近三年总计实施成效描述统计分析

维度	有效人数	总分极小值	总分极大值	总分均值	总分标准差	每题平均分
学校发展	421	12.00	72.00	64.49	8.32	5.37
教师教学质量	425	14.00	48.00	40.61	5.48	5.08
学生能力提高	428	20.00	60.00	46.75	7.80	4.68
平均	/	15.33	60.00	50.62	7.20	5.04

表 6-11 数据表明，总体来讲实施成效每题平均分为 5.04 分，每题平均分满分为 6 分，因此总体实施成效较好。学校发展层面、教师教学质量层面的实施成效每题平均得分分别为 5.37 分和 5.08 分，说明三方面中，学校发展层面、教师教学质量层面的成效更为突出，而且学校发展层面成效最好。

（二）可持续教与学的质量得到提升

首师大附属苹果园中学利用"可持续教学模式研究课教学与学习效果评价量表"对教师的课堂教学和学生的课堂表现进行评分，对 2017 年 5 月和 2017 年 11 月收回的教师听课过程中填写的"可持续教学模式研究课教学与学习效果评价量表"进行各项打分平均数差异显著性检验。调查人数共计 205 人，其中 2017 年 5 月回收有效评价量表 102 份，2017 年 11 月回收有效评价量表 103 份。结果如表 6-12 所示。

表 6-12　可持续教学模式"课堂教与学评价表"差异分析

指　标	"前测"每项平均得分±标准差	"后测"每项平均得分±标准差	t 值
预习探究维度	6.06±0.95	7.32±0.78	2.946**
课上自主—合作探究维度	7.57±0.78	9.12±0.73	2.135**
课后应用探究维度总分	6.30±0.65	6.34±0.63	2.967**

注：* 表示 $p<0.05$，比较显著，** 表示 $p<0.01$，显著，*** 表示 $p<0.001$，非常显著。

此项测评得到的结论是：预习探究维度、课上自主—合作探究维度"后测"得分均高于"前测"得分，并且达到了统计学上的显著水平。课后应用探究维度"后测"得分高于"前测"得分，但未达到统计学上的显著水平。这说明预习探究和课上自主—合作探究过程中学生学习能力培养效果明显。然而，后续研究还应下大力度改善课后应用探究的设计，发挥课后应用探究对学生学习能力培养的作用。

通过对"师生课堂行为表现观察记录表"记录结果的分析，可以帮助任课教师了解到自己在课堂中更多地表现出哪些行为，自己的行为引发了学生哪些行为。在这些师生行为的背后体现出了哪些教学方式与学习方式。利用"师生课堂行为表现观察记录表"作为研究工具，我们得到了一些教师成长的案例故事，很好地说明了教师在教学行为上的变化，体现出课堂将更多的时间还给了学生，更多的时间用于探究、质疑、辩论和解决问题。

（三）学生的生态文明与可持续发展素养、学业成绩得到提升

2015 年 10 月，在实验班与对照班之间，就"学生学习能力调查表"所包含的 6 个学习能力维度和语文、数学、外语三科月考平均分，进行独立样本平均数差异显著性检验，结果与分析如表 6-13 所示。

表 6-13　实验班与对照班学生学习能力和学业成绩差异

学习能力维度及学业成绩	实验班平均分±标准差	对照班平均分±标准差	t 值
基础学习能力	13.17±0.61	11.55±0.68	21.78**
收集、分类、概括知识与相关信息的能力	12.23±0.53	10.96±0.87	15.26**

续表

学习能力维度及学业成绩	实验班平均分 ±标准差	对照班平均分 ±标准差	t 值
准确、有条理的口头表达能力	12.32±0.52	10.84±0.84	18.26**
对书本结论、他人观点提出自主分析与评价的能力	11.55±0.68	9.05±0.81	28.85**
与他人合作探究解决问题的能力	12.27±0.53	10.61±0.95	18.65**
关注可持续发展实际问题并提出创新性解决方案的能力	11.49±0.67	8.75±0.80	31.97**
学业成绩	83.10±4.76	79.16±5.14	6.90*

注：实验班各维度样本数 $N=150$；对照班各维度样本数 $N=150$。

由表 6-13 可见，实验班与对照班在基础学习能力、5 种可持续学习能力以及学业成绩上均存在 0.001 水平上的极其显著的差异，实验班的基础学习能力、5 种可持续学习能力以及学业成绩得分均高于对照班。对基础学习能力和 5 种可持续学习能力进行逐一分析后发现，无论是实验班还是对照班，均为基础学习能力得分高于可持续学习能力得分。

利用"学生学习能力调查表"，分别于 2013 年 3 月和 2015 年 10 月，对高中每个年级随机抽样的实验班学生进行"前测"和"后测"调查。调查人数共计112 人，其中高一学生 40 人，高二学生 35 人，高三学生 37 人，共回收有效问卷107 份。对 6 个学习能力维度进行两次测量间的相关样本平均数差异显著性检验，结果与分析如表 6-14 所示。

表 6-14　"前测"和"后测"学生学习能力差异

学习能力维度	"前测"平均分 ±标准差	"后测"平均分 ±标准差	t 值
基础学习能力	9.48±0.52	10.52±0.39	3.27**
收集、分类、概括知识与相关信息的能力	9.80±0.71	10.40±0.75	3.30**
准确、有条理的口头表达能力	8.84±0.71	9.44±0.78	3.12**

续表

学习能力维度	"前测"平均分±标准差	"后测"平均分±标准差	t 值
对书本结论、他人观点提出自主分析与评价的能力	9.76±0.70	9.88±0.63	0.49*
与他人合作探究解决问题的能力	10.00±0.42	10.24±0.45	2.37**
关注可持续发展实际问题并提出创新性解决方案的能力	7.16±0.70	7.20±0.62	0.33*

注：* 表示 $p<0.05$，比较显著，** 表示 $p<0.01$，显著，*** 表示 $p<0.001$，非常显著。

由表 6-14 可见，实验班学生的基础学习能力，收集、分类、概括知识与相关信息的能力，准确、有条理的口头表达能力，对书本结论、他人观点提出自主分析与评价的能力的"后测"得分均高于"前测"得分，在 0.05 水平上达到显著。实验班学生与他人合作探究解决问题的能力的"后测"得分也高于"前测"得分，在 0.01 水平上达到显著。

2013 年 3 月，对所有被调查对象，包括实验班学生和对照班学生共 300 人，就"学生学习能力调查表"中各维度的得分与学业成绩（指语文、数学、英语三科月考平均分）做皮尔逊积差相关显著性检验，结果与分析如表 6-15 所示。

表 6-15　学生学习能力与学业成绩相关显著性分析

学习能力维度	基础学习能力	收集、分类、概括知识与相关信息的能力	准确、有条理的口头表达能力	对书本结论、他人观点提出自主分析与评价的能力	与他人合作探究解决问题的能力	关注可持续发展实际问题并提出创新性解决方案的能力	学业成绩
基础学习能力	1	0.537**	0.588**	0.670**	0.593**	0.707**	0.430**
收集、分类、概括知识与相关信息的能力	0.537**	1	0.468**	0.553**	0.556**	0.587**	0.358**
准确、有条理的口头表达能力	0.588**	0.468**	1	0.655**	0.576**	0.595**	0.375**
对书本结论、他人观点提出自主分析与评价的能力	0.670**	0.553**	0.655**	1	0.631**	0.765**	0.425**

续表

学习能力维度	基础学习能力	收集、分类、概括知识与相关信息的能力	准确、有条理的口头表达能力	对书本结论、他人观点提出自主分析与评价的能力	与他人合作探究解决问题的能力	关注可持续发展实际问题并提出创新性解决方案的能力	学业成绩
与他人合作探究解决问题的能力	0.593**	0.556**	0.576**	0.631**	1	0.648**	0.336**
关注可持续发展实际问题并提出创新性解决方案的能力	0.707**	0.587**	0.595**	0.765**	0.648**	1	0.460**
学业成绩	0.430**	0.358**	0.375**	0.425**	0.336**	0.460**	1

注：* 表示 $p<0.05$，比较显著，** 表示 $p<0.01$，显著，*** 表示 $p<0.001$，非常显著。

表 6-15 的数据表明，基础学习能力以及 5 种可持续学习能力之间在 0.01 水平上存在非常显著的相关。其中，关注可持续发展实际问题并提出创新性解决方案的能力和对书本结论、他人观点提出自主分析与评价的能力相关系数最高，为 0.765；其次是关注可持续发展实际问题并提出创新性解决方案的能力和基础学习能力相关系数，为 0.707。除此之外，对书本结论、他人观点提出自主分析与评价的能力和基础学习能力、准确有条理的口头表达能力、与他人合作探究解决问题的能力相关系数也较高，均在 0.60 以上。

四、社会影响

首师大附属苹果园中学与苹果园街道社区、首钢污水处理厂、石景山环保局等建立合作关系，为学生提供实践活动基地。学校教师组织学生参观首钢污水处理厂，了解水的循环利用知识，为开发学校水资源循环利用的设施打下基础。

首师大附属苹果园中学敢于走出国门，领略异国风情和多元文化。学校推进与芬兰、德国、美国友好学校的合作，通过合作彰显中华民族文化传统和可持续发展教育理念，通过合作了解国外教育，实现多元文化理解和借鉴。在 2011 年 10 月 17 日召开的第五届北京可持续发展教育国际论坛上，首师大附属苹果园中学和瑞典友好学校的校长签订了"可持续发展教育"合作条款定期开展合作交流。

　　首师大附属苹果园中学举行了"可持续发展教育"专题区级教研活动 29 次,市级以上级别现场会 21 次。2010 年 9 月 15 日举办"可持续教学模式"北京市现场会,北京市 16 个区县的 133 名学校代表参加。2011 年 4 月 20 日举办"可持续教学模式"北京市现场会,北京市 16 个区县的 116 名代表参加。本次现场会于 2011 年 5 月 4 日被北京市人民政府"首都之窗"网站报道。2011 年 10 月 17 日举办"第五届北京可持续发展教育国际论坛"北京市苹果园中学分会场展示活动,联合国教科文组织可持续发展教育项目专家——加拿大约克大学的查尔斯·霍普金斯教授等 7 名外宾和 139 名来自北京、上海、山东、四川、陕西、湖南的代表参加了该活动。2012 年 2 月 16 日举办"可持续教学模式"北京市现场会。霍普金斯教授再次莅临并发表讲话,他表示:"今天我听的'学生公司的管理和经营'一课是我在中国绝无仅有经验,这堂课让我看到了学生真正成为课堂的主宰者,他们扮演着社会经济生活中的各种角色,为自己公司的发展献计献策。"2012 年 2 月 27 日《现代教育报》发表了记者雷玲、郑祖伟的文章《展示可持续发展的课堂教学》,对本次现场会进行报道。

　　2013—2018 年,首师大附属苹果园中学先后举办了 3 次可持续发展教育亚太专家会议下校研讨活动。学校先后被评为中国可持续发展教育项目示范学校、北京市教育科研先进学校、北京市课程建设先进学校、北京市节约型学校、中国可持续发展教育国家实验学校。

　　综上所述,可持续发展教育在首师大附属苹果园中学的开展推动了教学方式的变革和学习方式的更新,学生可持续发展素养得到提高,教师专业得到发展,课堂更加高效,教学质量显著提高。开展可持续发展教育也更大程度促进了学校特色的形成与示范辐射范围的拓展。

　　面向未来,首师大附属苹果园中学相信可持续发展教育将推动学校成为具有国际视野的优质品牌学校,而我们引导学生建立的可持续发展素养也终将对时代的发展和后代人的幸福起到至关重要的作用。

第三节 国外可持续发展教育实施路径：日本案例

日本的可持续发展教育自 2014 年的世界可持续发展教育大会在名古屋举行后,有了新的发展。自 1987 年联合国在《我们共同的未来》报告中提出可持续发展这一概念以来,许多国家都结合自身国情积极进行可持续发展教育的探索与实践。2002 年在第 57 届联合国大会上,日本提出了"可持续发展教育十年"议案,该议案于同年以第 254 号决议的形式获联大通过,决定由联合国教科文组织作为牵头机构从 2005—2014 年在全球范围内开展可持续发展教育。

一、可持续发展教育实施现状

2014 年 11 月,联合国教科文组织和日本政府共同在日本举办"可持续发展教育十年全球性会议",对各国完成十年计划的情况做全面总结。面对可持续发展,无论是发达国家还是发展中国家,都在以国家战略或重大项目的形式来推进。作为议案的发起国,日本政府于 2005 年组建了包括内阁官房、文部科学省、外务省、环境省等 9 部委在内的 ESD 相关部委联席会议,负责教育计划的制订、推进及协调等。2006 年,日本依据《可持续发展教育十年(2005—2014)国际实施计划》制订了本国实施计划、ESD 的目标等。2008 年及 2009 年分别修订了初等教育和中等教育的学习指导纲要,2008 年制订了振兴教育基本计划,将可持续发展教育写入了各级各类学校的教育目标。2011 年根据日本各界反馈对本国的《可持续发展教育十年(2005—2014)国际实施计划》进行了修订,强调在全国各行各业继续普及可持续发展观念,重视联合国教科文组织合作学校的示范作用以及进行基于新学习指导纲要原则的教育实践活动,利用信息通信技术构建各实施主体的交流网络,使 ESD"可视化""关联化"。从日本国内的实施现状来看,基本形成了以政府为主导、以中小学为主要实施机构、以学校—社会合作为主要实施方式的模式。

二、实施路径

ESD 活动包含认识活动与实践活动两种不同性质的活动。首先,ESD 不仅发生在教室里校园内,也发生在真实的社会生活情境里。其次,不仅注重受教育者可持续发展能力与技能的训练,还必须创造机会,引导、要求学生参与区域、国家乃至全球可持续发展战略实施。[①] 因此,ESD 重视体验与实践,要求教育者不能仅仅进行知识的传授,还应采用重视体验、探究及实践的参与型教学方式。此外,ESD 活动内容涉及众多学科,体现出跨学科的特征。《可持续发展教育十年(2005—2014)国际实施计划》建议中小学不仅要在相关学科教学中开展环境教育、国际理解教育、基础教育、人权教育等与可持续发展各主题相关的教育,更为重要的是还需要用多种方法将各学科领域连接起来,进行综合的跨学科教育。日本中小学的 ESD 概括起来具备教学内容跨学科、教学对象覆盖全校、活动方式重联合、持续推进靠制度等特点。[②]

(一)在学校教育目标以及学校运营方针中纳入 ESD

学校整体开展 ESD 是最为有效且最能持续的。其中,在学校教育目标以及学校经营方针中明确纳入 ESD 并有组织地开展相关举措是十分重要的。[③] 在目标与方针的引领下,方能启动有组织的 ESD 委员会、相关研究和实践。这些都会成为关心 ESD 教育的教师们的后盾力量。如在冈山县冈山市立津岛小学,因为存在教师转校转岗的情况,于是衍生了传承 ESD 责任制的做法。校内设置多名 ESD 负责人员,大家进行分工,也会在校外的写作地域活动、出席公民馆会议方面分担职责。并且,各学年也会存在 ESD 负责人员,全体教师在共同理解的前提下开展 ESD。此外,在福岛县立安达高中,由管理人员、各年级负责人员、教务人员、学生走向负责人员等构成 UNESCO 委员会,全员共同推进 ESD 相关活动。

ESD 的持续与稳定发展不仅需要国家层面的引导与支持,学校层面的制

---

① 李明玲.日本中小学可持续发展教育的特点及启示[J].现代中小学教育,2015(5):102-107.
② 李明玲.日本中小学可持续发展教育的特点及启示[J].现代中小学教育,2015(5):102-107.
③ 张婧.日本可持续发展教育实践:特点与启示——基于案例的研究[J].教育科学,2018(3):85-90.

度建设同样不可或缺。[①] 日本公立中小学为保证教育公平,实行教师省内调动制度,每位教师在一所学校任教 3～5 年后就必须调动至省内另一所学校。因此,为保证 ESD 活动的开展不因校长及教师的流动而中断,必须进行 ESD 制度建设,用制度来保障 ESD 的可持续进行。例如东京都江东区立八名川小学的制度建设包括以下三项内容。第一,组建 ESD 研究推进委员会:委员由校长、副校长、各年级代表和科任代表各一名组成。第二,共享文件夹:在校内的计算机上建立共享文件夹,按年度输入各年级的所有实践资料,包括活动单元的指导方案、单元展开表、各课时教案、上课使用资料、给家长的信、课时工作表、学生的活动案例、学习过程的照片及录像、校内发表用的资料等。通过共享文件夹,使 ESD 活动能持续深入地进行。第三,制作 ESD 日历:每学年结束时,由各个年级做活动总结,并在该学年活动的基础上,制作下一年度的 ESD 日历,与各学科的联系及进展以日历方式呈现出来,以利于 ESD 活动的反思及延续。

(二)通过跨学科综合课程实践开展可持续发展教育

日本文部科学省从 1998 年起在中小学课程中设立"综合学习时间",作为与各学科并列的一门课程,旨在培养学生自主学习、自主探究、自主解决问题等的"生存能力"。[②] 在 2008 年及 2009 年修订的初等教育和中等教育学习指导纲要中规定,小学 3—6 年级的"综合学习时间"为每学年 70 学时(每学时 45 分钟)、初一为 50 学时、初二及初三为 70 学时(每学时 50 分钟)。高中没有按学年进行规定,课程时间可以根据学校情况进行弹性设置,但要求毕业前需取得 3～6 学分即进行 150～210 学时的学习。鉴于此,《可持续发展教育十年(2005—2014)国际实施计划》建议中小学除了在相关学科教学中渗透可持续发展观念之外,还应充分利用综合学习时间进行跨学科的 ESD 活动。因此,许多学校在制订综合学习时间教学计划时都纳入了 ESD 视点,努力寻找各学科与 ESD 的关联,进行跨学科教学。[③] 例如日本冈山县冈山市立津岛小学基于环境保持与保护以及可持续生产与消费的视点进行可持续发展教育。该校

①　李明玲.日本中小学可持续发展教育的特点及启示[J].现代中小学教育,2015(5):102-107.
②　张婧.日本可持续发展教育实践:特点与启示——基于案例的研究[J].教育科学,2018(3):85-90.
③　张婧.日本可持续发展教育实践:特点与启示——基于案例的研究[J].教育科学,2018(3):85-90.

5 年级 ESD 教学计划的主题为"低碳生活——地球变暖与我们的回答",教学学时共计三学期 100 学时(日本中小学多为三学期制),主要通过综合学习时间,整合语文、社会、品德、科学和家庭等课程学习的相关知识,进行环境调查、"变废为宝"环保产品制作、参加所在学区的 ESD 活动等实践活动,以此培养孩子们的组织能力、调查能力、表达能力等。

静冈县袋井市立三川小学将该校的 ESD 命名为"三川学习",项目时间跨度为 6 年,1—6 年级都需进行此项目的学习及实践。学习内容与乡土教育紧密结合,利用综合学习时间和生活课程,设定了"我们的食物""我们的环境""福祉与健康""我们的家乡"等主题。该项目从小学一年级开始通过农业栽培、环境调查以及当地历史人物调查等贴近生活的实践活动,使孩子们理解当地的生产、环境与历史文化,由此培养热爱故土、感恩自然的思想品质,有效提高孩子们的自信与心理素质。

(三)学校与社会机构合作进行协同教育

《可持续发展教育十年(2005—2014)国际实施计划》要求:教育机构、NPO、企事业单位、行政机关等都应在工作中为了实现可持续发展社会开展行动。在政府的提倡与支持下,日本中小学开展 ESD 的一个显著特点是校内校外合作进行协同教育。① 除了社会教育机构(如博物馆、图书馆、海洋馆、公民馆等)之外,一些热心公益事业的企业、NPO 及个人也积极为当地的中小学提供项目资源,合作开展 ESD。例如东京都小笠原村立小笠原小学联合小笠原海洋中心,从尊重生命、尊重自然的视点,组织学生开展绿海龟的孵化及放生活动,通过孵化、观测、解剖、放生等一系列实践活动,让孩子们体验生命与自然的伟大及尊严,详见表 6-16。

表 6-16　2016 年东京都小笠原村立小笠原小学联合小笠原海洋中心的 ESD 活动

时间	内容
6 月	参加海洋中心举办的专题讲座,在大村海岸进行受精卵的移植(用于观察),在校内孵化箱进行移植(用于饲养)

---

① 李明玲.日本中小学可持续发展教育的特点及启示[J].现代中小学教育,2015(5):102-107.

续表

时间	内容
7 月	在大村海岸观察产卵,调查校内孵化箱中的孵化率,测量大小并将小海龟转移至海洋中心饲养槽
8 月	每周六到海洋中心清扫饲养槽直至放生
9 月	参加海洋中心举办的专题讲座
10 月	在海洋中心定期进行观察与测量
11 月	在海洋中心内学习淡水海龟的知识
12 月	在境浦海岸进行孵化率调查,解剖海龟,学习制作标本(皮肤的剥离以及骨骼的缝合等)
1 月	学习制作标本支架,在海洋中心定期进行观察与测量
2 月	了解绿海龟的放生项目,在海洋中心定期进行观察与测量
3 月	给海龟戴上个体跟踪识别标签,到宫之滨海岸放生

(四)校长领导力助推可持续发展教育

从目前的趋势看,一方面,ESD 在学校现场的推进,多数是通过意愿强烈的教员实施的;另一方面,ESD 特别分科会报告书中指出,ESD 的实施因为这些教员如果有调动就会终止,因此并未在学校内有组织性地开展。如前文所述,随着地球环境问题的加重,以形成可持续发展社会为目的,需要培养孩子们怎样的资质和能力,需要怎样有效利用学习活动,是所有学校都需要找准的重点;如何有组织性地开展 ESD,是学校的课题。

教育委员会主导的 ESD 实施的其中一例,就是在此处列举的校长的领导下的实施。① 要实现 ESD 的组织性开展,在校长领导下实施 ESD 的同时,从本年度开始,学校的方针是推行加入 ESD 试点课程。各级部主任探讨 ESD 的实施需要怎样的课程是第一步。

案例 1.以市町村为单位开展 ESD 的例子(大牟田市)

2011 年,福冈县大牟田市内的全体小学、初中、特别支援学校均加盟 UNESCO 学校,作为"UNESCO 学校城市·大牟田"计划,各学校均推进

① 张婧.日本可持续发展教育实践:特点与启示——基于案例的研究[J].教育科学,2018(3):85-90.

开展 ESD。近年来,还设置了由市长、教育长等构成的大牟田市 ESD 推进总部,制定了面向全市教职员工的"ESD 实践指南"等,集合全市力量开展 ESD。

案例 2. 以学校为单位开展 ESD 的例子

某一位校长为了不给教育现场增加负担,在就任之初并没有提及 ESD,而是花费时间让教师潜移默化地自主意识到 ESD。之前那所学校在理科、社会等学科课堂中开展过问题解决型学习,因此校长鼓励并支援这一举措。在推进过程中,由于问题解决型学习的开展在把握课题方面十分关键,因此校长提议跨学科推进开展,将课堂转变为综合学习时间,此时研究主任教师意识到:"如今推进的举措不正是 ESD 吗?"由此教师们与校长共同围绕 ESD 进行了交流。之后,该校教师们深入理解 ESD,在共同的理解与实践下,开展着全校范围的 ESD 实践。

(五)因地制宜开展可持续发展教育

ESD 的终极目标是"构建可持续社会",达成目标的途径是多种多样的,教师们认为为了地球的可持续发展,抵御灾害非常关键,认为通过尊重当地的文化遗产提升对周边事物的关心程度,当关爱之情涌现之时,就能衔接可持续社会的构筑等。在思考可持续社会过程中,思考可持续社会与 ESD 的相关性。[①] 下述 ESD 相关事例主要为尊重多样性、理解局限性、深化责任意识。

案例 3. 将着力点置于防灾教育的 ESD

当前日本宫城县气仙沼市,在运用由市内中小学、幼儿园加盟的 UNESCO 学校以及联合国大学 RCE 数十年来活用的 ESD 实践的基础上充分吸收东日本大地震的教训,开展以 ESD 为基本理念的防灾、复兴教育。市教育委员会立足 ESD 视角,制定了《防灾学习手册》并发给全校学生,学校也协作当地社区致力于构筑可持续发展的社会,形成了有组织、有体系的防灾、复兴教育模式。该市的立阶上中学,以大地震中的海啸灾害经验为基础,为培养能够守护自身生命并贡献于当地防灾的学生,将

---

①　张婧. 日本可持续发展教育实践:特点与启示——基于案例的研究[J]. 教育科学,2018(3):85-90.

"自助""以自助为基础的相互帮助""以自助为基础的贡献公众"3大主题活动,在每个年级进行循环实施。并且,让每名学生在发挥各自职责的同时,协作当地政府开展共同的避难训练、避难所扎营训练等,开展将学习成果宣传至当地的报告会等。

案例4.将着力点置于世界遗产教育的ESD

奈良县的奈良市正在开展纳入ESD视角的世界遗产学习,面向小学5年级至初中3年级的学生制定并派发"大爱奈良世界遗产学习"的辅助课本。奈良市立济美小学将世界遗产学习纳入教育课程,以当地的"人、事、物"为题材,从低年级开始积累系统性学习。在低年级开展城市探险学习;在中年级开展奈良公园的四季自然观察、调查对当地有贡献的人物等;在高年级通过运用ICT设备制作图表等发现当地课题,开展邀请当地人民进课堂的特别活动,开展面向当地居民或外来游客等的问卷调查,以环境保护为切入点思考奈良未来等。特别是在高年级,每年都会更新教材。①

(六)通过ESD开展国际理解教育与国际交流

当ESD的主题涉及全球性问题时,就需要跨国开展问题探讨。为此,ESD的学习衔接了世界各国均存在的课题。基于儿童成长阶段实践ESD的时候,需要让学生们认识到问题的解决需要国家间的协作,在此基础上,让学生们调查国外实情、访问外国人等。并且进一步运用外语,通过邮件、电视会议等与海外学校沟通交流。文部科学省的国际统筹部门可与各国进行国家层面的协调,以推进日本与各国联合国教科文组织学校之间的交流。总之,并不是局限于交流的形式,教师将学生兴趣引向国际交流才是最为关键的。

可持续发展相关主题如保护资源、气候变动、和平教育、尊重人权等都是全球的共性课题。因此ESD的学习可以实现跨境跨国学习。通过这些共同的主题连接儿童,可使其跨越语言进行交流。在推进国际交流方面,语言与技术时常成为问题,为解决这些问题,确保配备可运用英语进行交流的人才,以及构建邮件、电视会议下的交流机制十分关键。

---

① 张婧.日本可持续发展教育实践:特点与启示——基于案例的研究[J].教育科学,2018(3):85-90.

案例 5. 在 ESD 中开展国际教育

兵库县神户市立茸合高中以综合学习时间、英语课堂为核心，基于GAP 中展示的原则之一，即统合关于可持续发展的"社会""环境""经济"三要素的视角，让学生自主围绕世界遗产、自然灾害、气候变动、防灾等进行调查，并以小组为单位用英语进行发表。在此基础上，与海外学校通过电视会议等开展合作交流，通过共享共同关注的方面、相互比较、意见交流等，进行反思和自我学习。

（七）与当地社区、大学、企业合作

ESD 的推进需要聚焦身边课题，而把握当地社会以及社区正面临的课题则是重中之重。为了把握教室内的学习如何反映到实际生活，各地政府的负责单位面向当地的活动开展方，应要求其积极协作学校。由此，学校可深刻理解当地的可持续发展性，而学生在通过 ESD 掌握能力与态度的同时，还可形成协作能力以及开展多样化交流的能力。

围绕 ESD 的实践，负责提供建议、开展研修等支援联合国教科文学校的跨校互联网（ASP UnivNet）加盟大学在全国范围内开展活动。一些知名企业向学生提供有关 ESD 的专业性知识和视角等。如 Oriental Land 有限公司、卡西欧计算机有限公司、DIC 有限公司、雀巢日本有限公司、优衣库有限公司等。

为持续开展 ESD，将学校举措衔接当地社会的实际问题，获得当地相关机构、大学、企业等校外人员的协作将十分有益。在此过程中，教师们通过这些协作人员理解到 ESD 学习是属于学生的主体性学习是十分关键的。特别是，比起将知识与技能提供给学生的"传授特定答案"，让学生们成为主体"探索多样化答案"，并将其作为终极目标才是开展课堂的关键。而这一点也需要校外相关人员的深刻理解。在此过程中，教师的学习协调能力就十分重要。教师们将当地人才、专家们的话语、知识与技能用易于儿童理解的方式进行转达，作为外部人才与学生间沟通的桥梁促进学生的主体性学习，是教师们所需具备的能力。

第四节　国内外实施可持续发展教育特点分析

我国的 ESD 是从环境教育逐步演化而来，自 1998 年起进入大规模推进阶段。2010 年，ESD 写入了《国家中长期教育改革和发展规划纲要（2010—2020）》，成为新时期国家教育改革与发展的战略主题。目前全国有 1000 多所学校加入了中国 ESD 项目成员学校的行列，ESD 在各地区与学校中产生了更新教育观念、创新学校课程与教育教学模式、普及可持续发展价值观、逐步践行可持续生活方式、建设节能减排校园、促进教师专业发展的显著效果，受到各地教育行政部门与社会各界的良好评价。但是，不可否认，学校教育在有效推动学生出现变化，进而对周边社区、家庭产生良好的辐射与示范性影响方面的案例不多。① 让我们的学生走出校园进行探究与体验活动，面临课时安排、安全与经费、校外机构的合作以及家长支持等方面的困难。2014 年召开的世界可持续发展教育大会对 10 年来国际社会和世界各国推进可持续发展教育的经验和教训进行了总结，并展望了可持续发展教育的未来，在全世界教育领域引起巨大反响，成为各国制定教育政策、推进教育改革的重要参考。

一、国内外实施可持续发展教育对比

（一）通过综合实践活动实施可持续发展教育

我国教育部在 2001 年的《义务教育课程设置实验方案》中提出设置综合课程，增设综合实践活动。作为一门国家规定的必修课，综合实践活动的目的就在于重视学科知识、社会生活和学生经验的整合。如何充分利用综合实践活动的时间开展 ESD 活动才能既能满足 ESD 跨学科渗透的特点，也符合 ESD 注重实践的教学方式。在这点上，中国、日本的中小学利用综合学习时间进行 ESD 的经验都值得借鉴。有了课程时间的保证，还需要有目标明确以及内容翔实的教学计划，才能使得 ESD 成为具备持续性及稳定性的常规教育活动。

---

① 史根东.落实战略主题，推进可持续发展教育——中国可持续发展教育（ESD）项目第十次国家讲习班工作报告［R］.（2019-05-03）［2019-07-15］. https://wenku. baidu. comview136bbaecc950ad02-de80d4d8d15abe23492f0321. html.

瑞典中小学的可持续发展教育非常重视在实践中学习,学校开展的与可持续发展教育相关的活动和项目特色鲜明、形式多样且富有新意,让学生在实践中接受可持续发展的理念。借鉴瑞典的经验,结合我国的实际,我国中小学可持续发展教育可以通过以下几种方式让学生在实践中学习。首先,开展可持续发展教育的主题实践活动,通过开展丰富多彩的活动让学生更加直观地了解可持续发展的内容,可以把学生在日常生活中积累的经验运用到活动中,活动的设计和安排要有针对性,要注意到年龄、地域和文化的差异,要符合学生的认知规律。其次,通过学生与家长的共同参与进行校园环境建设,瑞典中小学的可持续发展教育不仅渗透在这些项目和活动之中,更体现在其校园环境建设之中,目前我国中小学正大力推进节约型校园建设,可以通过建设节能减排校园加强学校和家庭的联系,带动更多的人关注可持续发展。最后,充分利用我们国家的自然资源,比如学校附近的树林、小河等,带领学生走近大自然,观察大自然,唤醒学生对自然和自然资源保护的关注,指导学生用自己独特的视角对大自然进行探究,从而加深对自然的理解,形成一种自觉地善待自然、保护环境的习惯。瑞典的经验告诉我们,只有注重了可持续发展教育的实践,才能真正提高可持续发展教育的质量。

（二）可持续发展教育实施范围不断扩大

我国的 ESD 项目示范学校最初多集中在北京等大城市,ESD 的地方课程与校本课程的开发也都局限于一些大城市中的重点学校,近 3 年来,中国的可持续发展教育逐步向其他省（区、市）辐射,农村学校也开始接纳可持续发展教育理念,实施的范围正在逐步扩大。只有从学前、小学、中学开始进行可持续发展教育理念的渗透,才有利于建设一支具有良好可持续发展知识、思想与能力素质的专门人才与劳动者队伍,以形成落实可持续发展战略的优质人力资源基础。

日本的乡镇学校一般来说规模较小,但拥有当地独特的自然及人文资源,这些资源无论是好是坏,都成为地方课程及校本课程的资料来源。例如日本东北地区因地震海啸频发,就把防灾教育作为一个重要的主题纳入了 ESD 活动,称其为"负向资源"。此外,日本 ESD 示范学校几乎都位于中小城镇及乡村地区,除了自然资源条件外,还有一个不可忽视的因素是这些地区大多面临因少子高龄化而引发的家庭教育水平下降的问题,因此地方政府将实现可持续发展社会的理想寄托于学校,从而推动了 ESD 示范学校的发展。

(三)政府主导推动可持续发展教育

近年来,各国政府、教育行政部门对可持续发展教育的重视程度逐渐加深。我国各级教育行政部门陆续推出了一系列的举措,协调社会各方面的力量,与许多公益机构形成合力,联合开展中小学可持续发展教育,建立合作伙伴网络,营造可持续发展社会的教育氛围。

虽然日本的学校也面临与校外机构协调困难的问题,但多数是时间上的协调,并不意味着校外不支持,由于有政府的强力支持,校外机构尤其是博物馆、图书馆等公益性质的部门在与学校联合开展 ESD 活动上热情高涨。

瑞典、苏格兰政府在整个可持续发展教育十年项目的推动中占据了主导性地位,通过成立各种负责调查、咨询、联络、制定政策标准、监督的组织和机构,充分发挥了政府在教育方面统领、协调和资源供给的作用,这一点突出体现在苏格兰加入和实施 DESD 项目的整个过程中。[①] 加入 DESD 项目之前,苏格兰行政院成立了可持续发展教育联络组,对苏格兰的可持续发展教育现状进行了全面、细致、客观的分析,并对可持续发展教育的后续实施提供了详尽的行动计划建议,为后来项目的实施奠定了基础。

(四)积极联合校外资源全机构实施可持续发展教育

结合社会实际,设计组织不同专题、多种形式的课外活动是我国中小学实施可持续发展教育的有效形式。学校充分利用社区和社会教育资源,积极利用各种青少年教育基地、场馆(博物馆、植物园等)、公共文化设施等开展灵活多样的可持续发展教育实践活动,拓展学生的学习和实践空间。充分利用现有的法定专题活动日,如世界环境日、地球日、节水日、禁毒日、无烟日等开展主题教育活动。重点发展绿色环保社团、生物科技社团、心理互助社团、体育健身社团等,指导学生广泛开展可持续发展教育社会活动。

在项目实施过程中,苏格兰政府对于来自各方关于可持续发展教育的建

---

① 祝怀新,王习.苏格兰基础教育阶段可持续发展教育探析[J].外国教育研究,2016(3):3-15.

言献策都表现出了高度重视,并及时反馈,非常注重制定标准和规划部署。[①] 2013 年,苏格兰政府回应"'一个地球'学校工作组"的建议时指出,要从五个方面保证可持续发展教育在苏格兰的推广:(1)进行可持续发展学习是所有学习者的权利;(2)根据苏格兰综合教学委员会(GTCS)新的职业标准,所有教育从业者都必须践行可持续发展学习的要求(自 2013 年 8 月开始实施);(3)每所学校都应该有一套促进可持续发展学习的"整个学校方案",学校各级领导应对学校方案进行评估和支持,保证方案是强有力的、可验证的;(4)学校的建筑物、场地和办学方针都应支持可持续发展学习的展开;(5)应当建立起支持可持续发展学习的全国性战略方案。这些规划成为地方政府和学校进行可持续发展教育的指导方针,起到了重要的指引作用。

在资源共享和经验交流方面,苏格兰综合教学委员会和苏格兰教育部还成立了可持续发展学习实施小组(The Learning for Sustainability Implementation Group),以提供关于可持续发展教育的指南、资源和支持;第二个五年项目开始后,苏格兰政府提出要建立能够交流和分享成功经验、技能和理念的平台,并提供支持的网络,因此苏格兰教育部提出了"同伴支持与合作项目"(Peer Support and Collaboration Programme),为地方教育当局提供资金支持,并帮助他们规划开展可持续发展学习的战略方法。除此之外,苏格兰政府还积极致力于推动学校广泛参与各项与可持续发展教育相关的项目,如旨在促进公民社会中相互信任的苏格兰公平交易论坛(Scottish Fairtrade Forum,SFF)、旨在促进野生生态环境保护的约翰·缪尔探索奖(John Muir Discovery Awards)等。[②]

(五)充分发挥户外教育资源的作用

瑞典、苏格兰所推行的一系列可持续发展教育推广策略,学校通过在具体教学活动中广泛运用户外教育、跨学科教育等形式,将可持续发展教育的理念贯穿到具体教学实践中,取得了不错的成果。

苏格兰教育部 2014 年发布的进度报告指出,首要问题就是保证所有学习

---

① 祝怀新,王习.苏格兰基础教育阶段可持续发展教育探析[J].外国教育研究,2016(3):3-15.
② 祝怀新,王习.苏格兰基础教育阶段可持续发展教育探析[J].外国教育研究,2016(3):3-15.

者接受可持续发展教育：第一，户外教育应该成为所有学习者常规的、渐进式的课程导向的体验。第二，为了成为积极的全球公民，学习者在他们的课程中应该有足够的机会参与民主化进程，并能够在社区、城市、国家和国际层面学习参政议政，做出积极贡献。第三，课程中应该提供足够的机会使学习者理解他们与环境、社会、经济的互动关系，理解发展的生态限制，以及人类和生态的相互依存关系。具体到学校中，幼教机构和小学低年级阶段的可持续发展学习多以参与式体验为主，而小学高年级以及中学阶段则以问题解决和项目开展为主。①

（六）国际合作与交流

很多学校通过与当地社区的其他学校、其他城市甚至其他国家的青少年进行互动，培养苏格兰青少年儿童的世界公民意识。在苏格兰中部的福尔柯克行政区，伯尼斯学院（Bo'ness Academy，是一所中学）以其广泛的国际和全球公民项目而著称。这所学校与中国厦门建立联系，成立孔子学习中心；与非洲国家冈比亚合作，帮助当地居民建立公共厕所和供水处理中心；与荷兰城市阿森合作，共同寻求提高科学课程学习的方案；与印度的一些学校合作，丰富宗教和道德教育课程等。这些实践扩展了学习者的视野，使他们与更广阔的世界进行交流，对于其世界公民意识的培养具有重要意义。②

综上所述，学校积极与地方当局和国际、国内非政府组织合作，通过组织多种多样的户外学习活动，参与多种促进环境保护、生态平衡、个人发展和世界和平的项目，推进了可持续发展教育在学校中的有效进行，这些系统的实践对培养学生形成世界公民理念、可持续发展理念和权利意识、责任意识等具有深远的影响。③

二、未来思考

（一）各国可持续发展教育目标尚待完善

中国、日本、瑞典、英国等国家的可持续发展教育在目标、政策和实践层面

---

① 祝怀新，王习.苏格兰基础教育阶段可持续发展教育探析[J].外国教育研究，2016(3)：3-15.
② 祝怀新，王习.苏格兰基础教育阶段可持续发展教育探析[J].外国教育研究，2016(3)：3-15.
③ 祝怀新，王习.苏格兰基础教育阶段可持续发展教育探析[J].外国教育研究，2016(3)：3-15.

还不太一致,因此需要进一步完善实施标准。例如,英国大部分学校以教育项目为基础而进行,各地区、部门、领域对可持续发展教育接受程度参差不齐。英格兰和北爱尔兰地区因缺少可持续发展教育政策,可持续发展教育的好做法难以被广泛接受。威尔士地方政府特别关注可持续发展,但这种优越性带给可持续发展教育的政策支持已减弱。ESD 作为一个学生 16 岁后的学习领域正在发展,但进展并不顺利,ESD 方面的成人学习和社区学习处在早期阶段。尽管一些职业,如建筑业,在培训中提供了整合 ESD 内容的课程,但其他行业的整合很慢或未发生。关于 ESD 的研究和评价学习成果数量增多了,与 ESD 有关的会议和研讨会显著增加,但在 16 岁后的学习和技能领域,ESD 研究依然相对缺乏。

(二)学生成为学习的主体需要进一步加大力度

开展 ESD 实践的一大关键是学生成为主体进行场景设定。学生在掌握构建可持续社会所需的知识与技能的基础上,形成自主捕捉现代社会课题的能力与态度十分重要。学生们在自主设定课题的过程中,思考什么是重要的、什么是值得研究的课题,并且了解到多样化意见是十分关键的。在此基础上,更进一步重视小组活动并参与协作性实践是十分必要的。

ESD 的评价应当能够帮助学生反思自身学习,提升学习积极性并衔接至新的学习。为此,运用公文包的评价方式是卓有成效的。公文包指的是将论文、调查结果、报告等学习活动整体的成果制成文件夹,同时还包含了每次活动后的回想与感受记录。这样的公文包以及反思记录可用于学生们的反思活动以及自我评价中。

(三)转变观念,加强可持续发展教育法律法规建设

国家和政府首先将可持续发展教育上升到法律层面,然后由地方政府来执行,目前我们国家针对可持续发展教育也出台了一些规定,比如"重视可持续发展教育"被明确写在了《国家中长期教育改革与发展规划纲要(2010—2020)》的"战略主题"部分,但是因为这些规定并没有上升到法律的层面,在实施的过程中就可能大打折扣,如果把可持续发展教育上升到法律层面就会增加其强制性,但是仅仅依靠强制实施还不够,可持续发展教育全面深入的开展还有赖于人们思想观念的彻底转变。在这个多元化、快节奏的时代,为了赶上

时代的步伐,人们的生活方式和消费模式都体现了一个"快"字,生产者追求更高的经济效益,消费者追求更加方便省时,大多数人忽视了可持续性的生产和消费,给环境、社会、自然、人类等造成极大的伤害。为了社会能够更加可持续的发展,我们必须学会改变,改变我们的生活习惯、消费和生产模式,如果每个人都能改变自己,那么我们就能改变整个世界。首先要改变的是自己的观念和思想,我们要把可持续发展的思想发展成一种文化,一种全世界都认同的先进的、进步的文化,因为文化对人的影响是潜移默化、深远持久的,文化能够影响人的思维方式、实践活动和认识活动,人们生活在群体之中,很容易受到周围群体的影响,如果这种可持续发展的文化理念广泛传播成为全社会的共识,那么自然而然可持续发展的理念就会体现在行动之中,可持续发展教育的开展自然就会收到良好的效果。

（四）将可持续发展课程作为中小学必修课程实施

可持续发展的内容应该以什么方式融入教育系统是一个复杂和需多方面考虑的问题,每个国家的情况也不尽相同。在瑞典,国家统一规定把可持续发展作为必修课来实施收到了非常好的教育效果。从我国目前的情况来看,把可持续发展教育作为必修课来实施非常必要,我们国家的中小学以应试教育为主,仅在素质教育中体现并强化可持续发展的价值观教育或以课堂教学为主导,在义务教育课程中增加与可持续发展相关的内容都是不够的,因为在实际的操作过程中,这一理念是否能够得到体现还不得而知,很多教师不会把可持续发展相关的知识当作重点来讲,有时因为其他学科任务重、时间紧、赶进度等原因甚至忽略不讲,可持续发展教育就很容易只是流于形式,学校和教师都以升学率为第一标准,这种观念对于可持续发展教育的开展非常不利。把可持续发展教育作为必修课实施有以下几个优点:第一,促进了可持续发展教育的有效实施。第二,彰显其重要性,引起学生的重视。第三,促进可持续发展教育理论的丰富,为学生提供更多的参与实践的机会。因此,我国可以借鉴瑞典的经验,把可持续发展作为必修课来实施,这才是实现可持续发展教育全面开展的最佳选择。

（五）加快推进可持续发展教育教师专业化

教师是推动中小学可持续发展教育快速发展的核心,加快培养一支推进可持续发展教育的师资队伍就显得非常重要。在瑞典,教育部门重视对幼儿园和义务教育阶段教师的可持续发展教育的专业培训,在全国范围内实施针对可持续发展教育的教师继续教育项目,上至校长下至学科教师和工作人员都可以参加。有证据表明,在我们国家,有相当一部分教师对于可持续发展教育知之甚少,还有些教师对其一知半解。因此,加快推进可持续发展教育教师专业化就显得非常之重要。

(六)建立多方合作的可持续发展教育支持体系

创建可持续发展的社会需要在政治、科技、文化、经济、生态等方面建立对话从而寻求一种平衡的发展,因此建立多方合作的伙伴关系被视为一个推进可持续发展教育的重要方式。多方合作的伙伴关系在瑞典实施可持续发展教育的过程中倍受关注,比如,瑞典可持续发展教育的成功实施离不开教育部、可持续发展部、环境部、外事部和财政部的共同关注和努力。我国中小学可持续发展教育的实施也绝不仅仅是教育部门的事情,它需要环境部门、政府机构、高等院校、财政部门、研究所和学科专家等通力合作才能更好地实施。我国目前已经有将近1000所的中小学和幼儿园加入可持续发展教育示范学校和示范区这个项目当中,这1000所学校就可以与其他学校建立合作关系,也可以借助互联网实现学校间的资源共享,帮助、带动越来越多的学校参与到可持续发展教育的实践当中。

可持续发展教育是整个人类思考模式、发展模式,也是教育模式的一个大的转变,它是对整个课程体系和培养模式的转变。教育工作者处于空前未有的十字路口和转折点。可持续发展体现在人们日常的生活之中,每一个人的行动都与可持续发展息息相关。从2014年开始,可持续发展教育专题纳入了年度国外教育政策研判会的内容,吸引北京教科院、同济大学等可持续发展教育专家参与讨论,建言献策,为宏观决策参考。推动可持续发展全方位、立体化推进,与全国所有的学校,包括职业学校、大中小学,以及国外的合作者共享资源,使得可持续发展教育能够真正成为支点,使得中国提出的生态文明建设、构建人类命运共同体成为一个杠杆,使得人类最终走向生态文明社会和可持续发展社会。

第七章　生态文明与可持续发展教育发展趋势与未来展望

第一节　生态文明与可持续发展成为世界及中国发展的主旋律

生态文明教育是建设生态文明的重要手段，环境教育和可持续发展教育是现代生态文明教育的主要形式。随着全球人类发展的需求与地球生态系统的供给能力之间关系的日趋紧张，生态文明教育在包括中国在内的全世界范围内得到了愈来愈多的关注和重视。工业文明在给人类社会创造了丰富的物质财富和精神财富的同时，也给人类社会的未来发展设下了诸多瓶颈、危机和潜在灾难，例如生态环境的破坏、自然资源的枯竭，以及在此基础上产生的全球气候变化、饥饿、疾病、贫困、社会动荡及战争等一系列连锁反应已经成为全球持续发展所面临的重要危机。就此而言，生态文明与可持续发展成为人类未来发展的不二选择，是未来世界和中国发展的主旋律。

一、世界生态文明与可持续发展教育的发展与实践

2014年的世界可持续发展教育大会总结过去，展望未来，在全世界教育领域引起巨大反响，成为各国制定教育政策、推进教育改革的重要参考。2015年5月19—21日，世界教育论坛在韩国仁川松岛国际会展中心举办。本届论坛以"通过教育改变人生"为主题，通过了为今后15年的全球教育确立新目标的《仁川宣言》，宣言坚决支持可持续发展教育全球大会发起的《全球可持续发展教育行动计划》，强调人权教育与培训的重要性，以达成2015年后的可持续发

展议程。2015 年 11 月 4 日,第 38 届联合国教科文组织全体大会通过了《教育 2030 行动框架》,针对《仁川宣言》提出的"确保全纳、公平的优质教育,促进全民终身学习"设定了清晰的目标和指标,同时联合国教科文组织还发布了成立 70 周年以来第三份重要的教育报告《反思教育:向"全球共同核心利益"的理念转变》,对可持续发展教育的理念进行了详细梳理,向未来提出了几个发人深省的问题:教育如何回应经济、社会和环境可持续发展的挑战? 如何在教育中体现个人利益、公众利益和共同利益的区别? 全球化为国家教育政策的制定和执行带来了怎样的机遇和挑战? 如何通过人性化教育整合多元化的世界观?

联合国教科文组织连续发布的以上报告前后呼应,确立了全球生态文明教育的基本框架和发展方向。在 2015 年第六十九届联合国大会中通过的《关于 2015 年后发展议程的联合国首脑会议成果文件》提出的可持续发展目标中,目标 4 为提供包容和公平的优质教育,让全民终身享有学习机会。其中的 4.7 条提出,到 2030 年时,所有进行学习的人都掌握必要的知识和技能来促进可持续发展,具体做法包括进行关于可持续发展、可持续生活方式、人权和性别平等、促进和平和非暴力文化和全球公民意识的教育,以及了解文化多样性和文化对可持续发展的贡献。随后出台的《教育 2030 行动框架》针对上述目标进行了分析和评价。

2016 年联合国发布《变革我们的世界:2030 年可持续发展议程》,从社会、经济和环境三大领域提出了实现可持续发展的 17 大目标和 169 项具体目标。我国也在《中国落实 2030 年可持续发展议程国别方案》中明确了创新、协调、绿色、开放、共享的五大发展理念,顺应了可持续发展的时代潮流,与《变革我们的世界:2030 年可持续发展议程》提出的人类、地球、繁荣、和平、伙伴的五大理念相融相通。①

生态文明与可持续发展同时也是中国社会经济发展的内在需求和未来目标。

---

① 外交部.中方发布《中国落实 2030 年可持续发展议程国别方案》[EB/OL].(2016-10-12) [2018-09-01]. http://www.fmprc.gov.cn/web/zyxw/t1405173.shtml.

中国古代优秀传统文化思想既是生态文明与可持续发展的世界观、人生观,同时也是实践生态文明与可持续发展的方法论。改革开放以来,面对与快速经济增长相伴随的环境污染、生态破坏,我国对生态文明建设的内在要求越来越迫切。生态危机不仅成为制约社会经济发展的瓶颈,同时也成为制约人民生活质量提高的重要因素。自中国共产党第十八次全国代表大会首次提出生态文明以来,生态文明建设的重要性和紧迫性不断加强,建设生态文明已经成为"关系人民福祉、关乎民族未来的大计,是实现中华民族伟大复兴中国梦的重要内容"。①

二、世界生态文明与可持续发展教育的基本特征

世界范围内生态文明与可持续发展教育的发展历程与实践样态,大体呈现出以下三点基本特征。

第一,将生态文明与可持续发展教育的理念融入各级各类教育体系。生态文明与可持续发展教育强调在正规教育和非正规教育体系的各个阶段和机构贯彻以终身教育为导向的素质教育,关注人们的学习内容和学习方式与当今全球面临的挑战的关系,培养具有责任意识且为未来做好准备的全球性公民。在基础和中等阶段,可持续发展教育的目标是提升公民的环境意识,致力于一种可持续的生活方式,公民必须能够察觉人类和环境所发生的恶劣变化,并能识别这种变化对区域和国际造成的后果,教育必须发展学生批判性和创造性的思维,并给予学生参与、经历和承担责任的机会。在高等教育方面,积极推动开发专业课程,加大对环境科学研究的资源投入,建设"绿色大学"。例如,澳大利亚在 2013 年 4 月颁布了《整体学校计划》,指导中小学开展生态文明教育(可持续发展教育)。在可持续学校的建设中,每个学校都围绕学校能源、水、垃圾、生物多样性等学校资源和学校环境,制订了学校环境管理计划。整体学校计划涉及学校生活的各个方面:学校是怎么管理和运作的;学校设计;对学校地面的开发和管理;节约学校资源,如水、能源、产品、材料等;加强学校、社区和其他教育机构的联系;保存和保护学校现有的遗产;为实现可持

---

① 习近平总书记系列重要讲话读本:绿水青山就是金山银山[N].人民日报,2014-07-11(12).

续性对学校课程、教与学的再定位等。

第二,加强国家和地区各类主体在生态文明与可持续发展教育方面的参与性。生态文明教育在宏观层面上,强调各国政策制定者率先提高可持续发展教育意识,在国家层面制定相关教育政策。同时更加强调国家间的教育合作,并在共同制定教育政策时考虑本国条件和文化,尊重当地习俗,尊重文化多样性。由发达国家和地区的高等教育组织牵头,针对非洲、拉丁美洲等地区开展教育援助,旨在帮助被援助国实施可持续发展教育计划。职业教育机构致力于培养有助于实现当地私营企业绿色且可持续目标的人才。社区教育引导学生参与社区建设和当地问题的解决,以小见大地培养学生的可持续意识。此外,民间机构、非政府组织等多方主体的参与是可持续发展教育在全世界推广和实施的有力保障。例如,日本继《环境基本法》后于 2014 年 8 月颁布了《环境基本计划》,规定日本企业也要全面开展环境教育,践行环保理念。其主要做法有:提倡"生态设计",从产品的设计开始就充分考虑环境因素,从源头削减和控制污染物的产生;生产中采用可循环利用的材料;积极开发、推广环保产品,引导公众尽量选择和使用环保产品;编制环保报告书,向社会及广大消费者报告自己的环境经营状况;在企业内部开展涉及经营理念、企业文化、职工生活的全方位的环境教育,改变原有的非绿色生活方式,等等。日本在注重学校与企业教育的同时,更加重视社会环境教育。具体的做法是以社区为载体,充分发挥社区的作用,设置环保中心、进行环保宣传、分发传单、张贴公告,等等。

第三,支持在实施层面推进有效和多样的生态文明与可持续发展教育。在具体实施方面,生态文明教育鼓励各国在教育实践中建立更加稳健的可持续发展教育评估体系,并积极开发新工具以评估学生的认知、情感和行为。改革课程和教法,在基础教育课程目标中加入可持续或环境主题,强调跨学科性,帮助学生在学习过程中培养可持续意识。制定相关教师培训政策并着重培养教师传授相关知识的能力,以改善教学过程。例如,瑞典于 2013 年 3 月颁布的《义务教育学校大纲》中规定的 16 门课程有 9 门涉及环境与可持续发展教育的要求,将生态文明教育渗透在各门学科的教学中,而不是作为一门独立的课程存在。在社会学中提出,学校应努力做到使学生具备一定的知识,能对地方和全球的可持续发展社会的重要问题采取行动;学生们应该具备社会经济、家庭财政和个人理财方面的知识,能够参与讨论实现本地及全球社会的可持续发展的可能方式,等等。

再如,北美环境教育协会于 2015 年 2 月制定了《环境教育指导大纲》,提出美国中小学开展环境教育可以有两种模式:(1)渗透式。这种模式指学校不单独设立课程,而是由教师们将环境教育的相关内容和活动糅进各科课程的教学中,如历史、科学、艺术、社会学等课程。(2)综合课程式。这种模式是将环境教育内容单列,作为一门课程进行教学。基于此,美国中小学生态文明教育呈现出三个"结合"的趋势,即在教育目标上,将环境教育与可持续发展教育相结合;在教学内容上,将人文社会学科与科学学科相结合;在教学模式上,将课堂教学与户外教学相结合。

还有,芬兰政府开发的环境在线是利用现代网络手段开展生态文明教育的成功案例。它既是一个全球虚拟学校,又是芬兰教育部在约恩苏城市建立的可持续发展门户,每年的运营费用大约 8 万欧元。环境在线自 2000 年运行以来,每周都要进行有关社会环境、自然环境、文化环境和可持续生活方式四个维度的研究。同时,环境在线拥有强大的学校网络,目前共有来自 90 多个国家的 300 多个学校参与其中,约 30000 名学生和 2000 名教师直接从中受益。环境在线的参与学校每学年就生态文明关涉的物质与社会环境、自然环境、文化环境、可持续性生活方式四个主题开展学习,其中每个主题的学习周期约为 10～12 周,每个主题的教学内容由师生共同设计,结构清晰,操作性强。学生每周通过各项活动收集当地环境信息,在每个主题学习结束之际特设有专门的活动周,供把学习和讨论结果上传公布至环境在线官方网站。此外,环境在线官方网站上的资料完全对公众公开。概言之,环境在线理念与实践呈现出"区域性行动、国际性思考"的显著特征,即在国际视野中关注当地环境发展。

第二节　面向未来的生态文明建设与可持续发展

生态文明建设与可持续发展相辅相成,内在统一。一方面,生态文明是与物质文明、政治文明、精神文明相并列的现实文明之一，着重强调爱护自然、尊重自然、按自然规律办事等人类与自然的协调相处，是可持续发展战略的思想基础。另一方面，可持续发展要处理好人与人之间、处理好人与自然之间的关系，实现人与人之间、人与自然之间内外两个向度的和谐、永续发展，这是生态文明的题中之义。概言之，生态文明的本质就是要实现可持续发展，可持续发展的目标与生态文明的理念具有一致性。

一、生态文明建设呼吁可持续发展

建设生态文明就是要推动绿色发展方式和生活方式的变革，是发展观的一场深刻变革，涉及社会生活的方方面面，如环境资源、科学技术、社会治理、经济发展文化繁荣以及教育学习等众多领域，生态文明建设是一项全社会、各领域的全员大行动，本质上是一场以可持续发展价值观为导向的价值观革新。

我国教育现代化进程迅猛发展，但实则是一种以现代个人主义和人类中心主义为价值核心的无根的"离土教育"，这种教育以征服自然的名义将我们与生活疏离化，不仅削弱了"对地区周边联系、文化模式和生态系统的敏感性"，同时还直接导致我们与过去的决裂、与过去生命感的决裂、与周围共同体的疏离、与大自然的隔绝，其结果就是对环境的虐待，从而导致生态危机的加速。[①] 反思我国现代化建设之路所伴随的经济建设急功近利、发展方式简单粗放、社会监督薄弱、政府调控不力等无视生态环境和自然资源的表现，其根源正是以人类中心主义为核心的生态价值观及其所导致的全社会生态保护意识的匮乏。这与我国相关教育的缺位密切相关。

创造生态文明和可持续发展的未来，需要通过教育培养学习者应对当下和未来各种挑战的可持续发展素养。从世界范围来看，教育对于促进可持续发展的关键作用不断得到重申，国际社会普遍认识到"教育能够也必须有助于成就一个新的可持续全球发展愿景"。因为教育能够使"个人成为可持续发展

---

① 王治河，樊美筠. 生态文明呼唤一种热土教育[J]. 深圳大学学报(人文社会科学版)，2014(4)：12-21.

的变革者"①。然而,并非所有的教育都有助于可持续发展。无视全体人类福祉的,仅能促进经济增长、体面就业的知识型教育、技能型教育不仅不会促进可持续发展,反而可能会成为导致不可持续生产和消费模式蔓延的人为因素。面对生态文明的建设要求和人类对建设可持续发展未来的憧憬,可持续发展教育显得尤为迫切。

二、可持续发展是生态文明建设的本质

可持续发展既满足当代人的需求又不损害后代人的需要,社会、经济和环境是实现可持续发展的三大支柱。可持续发展理论的核心包含两个方面:一是"外部响应",处理好"人与自然"之间的关系,这是可持续能力的"硬支撑";二是"内部响应",是要处理好"人与人"之间的关系。这是可持续能力的"软支撑"。② 也就是说保护生态环境、维护和增强生态环境的供给能力是人类社会存在与发展的根基,是实现可持续发展的外在条件、先决条件。但生态发展又不等同于可持续发展,可持续发展还有赖于社会秩序、经济发展高水平的协调统一。因此,可持续发展具备发展、协调和持续的根本特质,同时也体现了动力、质量、公平的有机统一,依赖于创建和谐、稳定、安全的社会环境,并通过速度、数量与质量并行的绿色发展体现出来。③

生态文明是人类对工业文明的深刻反思、对人与自然二元对立关系的再认识。我国自 20 世纪 80 年代正式提出"生态文明"概念以来,其至今已经演变成为具有中国特色的发展理念体系,并成为国家发展的核心战略之一。

党的十九大对生态文明建设做出了最新部署,将"坚持人与自然的和谐共生"作为新时代中国特色社会主义思想和基本方略,把生态文明建设提到了"中华民族永续发展的千年大计"的高度,要全社会"形成绿色发展方式和生活方式,坚定走生产发展、生活富裕、生态良好的文明发展道路,建设美丽中国,

---

① UNESCO. Education for Sustainable Development:Learning Objectives[2019-06-01]. http://unesdoc. unesco. org.

② UNESCO. Education for Sustainable Development:Learning Objectives[2019-06-01]. http://unesdoc. unesco. org.

③ 牛文元.可持续发展理论的内涵认知:纪念联合国里约环发大会 20 周年[J]. 中国人口·资源与环境,2012(5):9-14.

为人民创造良好生产生活环境,为全球生态安全做出贡献"。① 党的十九大的这一表述,是在"天人合一"这一关于可持续发展理念中国特色哲学观统领下,明确了实现生态文明的主要手段是要更新经济生产方式、社会治理方式、人民生活方式,将以资源、能源消耗和环境损害为代价换来的不可持续发展方式转变为绿色发展方式,并以此实现国家未来的可持续发展,同时也为人类的共同福祉做出中国贡献。可见,生态文明建设理念,既是要处理好"人与自然"的关系,为可持续发展提供生态环境及资源的外部保障,同时又要处理好"人与人"的关系,以良好的经济、社会及文化秩序作为促进可持续发展的内在动力,同时将发展的成果反哺于民。因此,生态文明深刻体现了党"全面、协调、绿色、开发、共享"的发展理念,是中国语境下的可持续发展。生态文明的本质就是要实现可持续发展。

第三节　培养生态公民是生态文明与可持续发展教育的必然选择

一、认清"人"在生态文明建设中的核心作用

我国的生态文明建设之路目前仍然处于初级的探索阶段,主要以针对性解决具体生态环境危机为目标,例如大气污染、水资源污染、垃圾治理等在技术革新、市场调节、产业升级、法治建设、社会治理等多渠道和多部门分别或共同来应对具体的生态问题,但却在很大程度上忽略了"人",包括当代人和子孙后代在解决生态危机、建设绿色中国过程中的核心作用。换言之,生态文明建设之路需要透过项目问题、技术问题、资金问题、政策问题的表象,看到一切个体及群体行为后的价值观问题。生态危机产生的根源在于人类不可持续的价值观及其行为方式,生态文明建设的目标是为了人,实现生态文明的途径也应

---

① 习近平在中国共产党第十九次全国代表大会上的报告[EB/OL].[2018-10-23].http://cpc.people.com.cn/n1/2017/1028/c64094-29613660.html.

该依靠人。具体讲,就是要认清教育在构建人的思想方面的重要作用,认清教育在生态文明建设过程中的先导性、全局性和基础性作用,通过各级各类正规及非正规教育的创新实践使学习者形成适应生态文明需要的核心价值观,并以此来催生可持续的个体社会生活及行为方式,才是从根本上实现生态文明、建设绿色中国、美丽中国的长效机制。

我国生态文明建设的核心和本质就是要实现社会、经济和生态环境的可持续发展。开展可持续发展教育、广泛培养具备可持续发展价值观、能力、践行绿色生活方式、推进绿色经济发展和文化繁荣、积极参与生态文明建设公共事务的可持续公民是我国全面建设生态文明的根本途径。可持续发展教育在学习观、知识观、课程观和人才观方面体现出来的时代性和创新性,一方面能够助推对具备可持续发展素养的拔尖创新人才的培养,另一方面也能够在更大范围内培养具备可持续发展价值观的普通大众,这既是教育改革的新的生长点,更是从根本上加强"人"作为生态文明建设这一关键要素的必由之路。

二、生态公民的理念

生态公民是生态文明的主体基础。生态兴则文明兴,生态衰则文明衰。[①]生态文明是工业文明之后人类文明发展的新形态,昭示着工业化时代人类野蛮征服自然,杀鸡取卵、涸泽而渔之发展方式即将终结,标志着人与自然、人与人、人与社会融洽发展,顺应自然、保护生态之绿色发展方式的到来。生态文明是人与自然、人与社会和谐共生,良性循环,永续发展繁荣的文化伦理形态[②],是人类历史发展的必然选择[③]。2007 年,党的十七大首次把生态文明写进报告;2012 年,党的十八大报告首次提出经济建设、政治建设、文化建设、社会建设、生态文明建设"五位一体"的总布局;2015 年《中共中央国务院关于加快推进生态文明建设的意见》要求,将生态文明纳入社会主义核心价值体系。[④]

---

① 习近平.共谋绿色生活,共建美丽家园——在二〇一九年中国北京世界园艺博览会开幕式上的讲话[N].人民日报,2019-04-29(2).

② 姬振海.生态文明论[M].北京:人民出版社,2007:2.

③ 周亚非.生态文明是人类历史发展的必然选择[J].国家林业局管理干部学院学报,2008(1):3-8.

④ 张婧.可持续发展教育区域推进策略与实施成效[J].中国德育,2015(17):24-28.

2018 年，十三届全国人大一次会议第三次全体会议通过了《中华人民共和国宪法修正案》，"生态文明"被写入宪法，将生态文明纳入整个文明体系之中，提出物质文明、政治文明、精神文明、社会文明、生态文明协调发展。在此背景下，作为生态文明的主体基础，生态公民理念应运而生，并逐渐受到理论与实践界的广泛关注。

　　生态公民是人类由工业文明走向生态文明的内在需求，是生态文明下公民身份的必然选择。"公民身份"研究是 20 世纪 90 年代西方学术界的热点话题，被用以分析诸如贫困、女性、族群认同等广泛的社会问题，其中包括工业文明进程中日益严峻的生态失衡问题。① 换言之，"生态公民"是"公民身份"问题在全球呼吁可持续发展、治理生态危机的时代背景下的理性诘问与有为担当。纵观 20 世纪 90 年代中期以来生态公民研究相关研究，可以发现，既有研究大体聚焦于理论层面的"何谓"生态公民和实践层面的"何为"生态公民。具体来讲，即一方面从生态公民是否为一种全新的公民身份视角，从理论层面界定与解读生态公民的概念内涵；另一方面，以生态公民培育为重心，从其着力点、实践路径等方面，探究实践层面的生态公民培育问题。鉴于此，下述研究亦围绕生态公民基本特征、生态公民培育两方面进行：第一，通过对生态公民概念内涵的梳理归纳分析，特别是代表性生态公民概念的解读阐述，勾勒呈现生态公民的显著特征。第二，基于本课题所开展的北京中小学生态文明与可持续发展教育理论考察与实践调研，并结合学界现有生态公民培育研究，尝试构建培养生态公民的可行路径。

三、生态公民的基本特征

　　生态公民不仅具有生态文明意识，同时积极致力于生态文明建设，系指在思维、认识和实践上均以生态文明为导向的现代公民。② 当前，人们对生态公民内涵、价值观、参与方式等诸多方面仍存在争议，但无不强调生态公民之于自然环境的权利与责任，突出人类同自然界、周边环境的和谐关系；同时，生态

---

① 斯廷博根.公民身份的条件[M].郭台辉，译.长春:吉林出版集团有限责任公司,2007:1.
② 黄德林，陈宏波，石宇.生态公民怎样培育? [N].中国环境报,2012-9-20(2).

公民体现出显著的反思性,显示出人类对粗放型、非持续性发展方式的深刻反省与变革。具体而言,作为 21 世纪公民身份的一种新维度,生态公民呈现出以下基本特征。

(一)显著的生态性

生态公民是"公民身份"和"生态环境"两种文化相结合的产物[①],其本身蕴涵的生态性特征不言而喻。生态公民的生态性特征主要体现在以下两方面。

第一,具有整全的生态价值观。生态价值观是处理生态与人之间的关系、人类关于生态环境价值问题的根本观点[②],是对自然环境之于人类及其社会发展所具有价值的认识与判断,包括如何处理自身与生态环境主客体关系的伦理判断,对生态环境在满足人类所需及其推动社会发展进程中的经济判断,作为独立于人类主体而存在的自然生态系统之功能价值判断等方面。[③] 生态公民是生成于生态知识基础上的现代公民[④],主张亲自然而不是反自然,认为人类与自然是休戚与共、唇齿相依的共同体关系:一方面,人类是自然界的一部分,但绝非自然界的绝对中心,不能以人类的需要和利益为唯一的标准来判断其他自然物的价值,不能单纯追求人类利益而罔顾自然承受力,不能以牺牲、破坏生态环境为代价来换得人类社会经济增长;另一方面,人类具有适当改造自然环境的主观能动性,并非一味、被动地顺应自然,人类能够在顺应自然、尊重自然的同时适当改造自然以满足人类更美好的需要,并促进生态环境更加和谐地发展。可见,生态公民所具有的生态价值观既是对人类中心主义生态价值观的直接纠正,又摒弃了自然中心主义生态观否定人类主观能动性的不足,呈现出整全性。

第二,具有生态价值观践行能力。生态价值观重在践行,需要将之不断细

---

①　斯廷博根.公民身份的条件[M].郭台辉,译.长春:吉林出版集团有限责任公司,2007:161-162.

②　任金秋,刘欣.生态价值观探析——兼谈科学的生态价值观的确立[J].内蒙古大学学报(人文社会科学版),2004(6):62-67.

③　杨立雄.生态学视角下的生态学校建设:以昆明市滇池度假区实验学校为例[J].北京教育学院学报(社会科学版),2016(2):8-12.

④　周国文.环境治理的绿色新形态:生态公民与全球维度[J].哈尔滨工业大学学报(社会科学版),2018(5):106-113.

化、可操作化,使纸上的"说法"切实化为生活中的"做法"。因此,作为生态文明的实践主体,生态公民不仅需要遵循人与自然和谐共生的生态价值观引导,还必须在日常生活中践行生态的实践方式。换言之,生态公民必须是生态价值观的践行者,遵循自然规律行事,立足于自然环境的承载力而追求人类所需,在日常生活、工作中主动采取各种措施保护自然环境。① 解决现实问题是实践的根本特征②,因此,实践能力即个体在生活与工作中解决实际问题所必需的生理、心理素质条件。③ 可见,生态价值观实践能力,以解决现实中的生态问题为旨归,重在学以致用——运用所具有的生态价值观指导日常实践,大到如何保持人类与自然永续共生地发展,如何解决或缓解全球气候变暖、雾霾、沙尘暴等世界性环境难题,小到用淘米水浇花等如何节约用水的窍门妙招,如何将家庭垃圾正确分类处理等个体化日常琐事。概言之,生态公民是生态哲学、生态价值观的躬行者,是创建更有活力与秩序的生态社会制度的主流群体,是维护人类与自然界可持续共生发展的积极力量。④

综上所述,生态公民是生成于生态知识基础上的人群⑤,遵循人与自然和谐共生的发展理念,能够理性处理人与自然之间的关系,客观看待自然环境之于人类发展的价值;同时,生态公民具备生态实践能力,能够自觉遵循生态系统规律,践行人与自然共生共存的绿色发展生活方式。如果将遵循生态价值观视为生态公民的内在约束,那么,践行生态实践方式就是生态公民的外在制约,内外两方面相辅相成,合力助推生态公民的养成。

(二)普遍的关系性

作为"生态"与"公民"两个概念的结合体,"生态公民"表达了一种以多重关系为核心的世界观,意在重新审视不同关系范畴之间的基本权利分配与义

---

① 沈莉.生态公民养成的重要性及对策研究[J].法制与社会,2009(28):239-240.
② 吴志华,傅维利.实践能力含义及辨析[J].上海教育科研,2006(9):23-25.
③ 刘磊,傅维利.实践能力:含义、结构及培养对策[J].教育科学,2005(2):1-5.
④ 周国文.环境治理的绿色新形态:生态公民与全球维度[J].哈尔滨工业大学学报(社会科学版),2018(5):106-113.
⑤ 周国文.环境治理的绿色新形态:生态公民与全球维度[J].哈尔滨工业大学学报(社会科学版),2018(5):106-113.

务承担。① 就此而言,生态公民蕴涵着显著的关系性特征。英国学者斯廷博根(Bart van Steenbergen)在思考生态公民意蕴时提出了如何理解生态公民的三种模式:第一种强调包容性,突破了将生态权利限于现存人类的格局,强调未出生的后代、动物都是生态权利的享有者。第二种突出责任,直指人类对自然环境的责任,认为公民不仅对社会负有责任,同时对自然负有责任。第三种突出生态公民身份的全球维度,突出生态公民不能仅仅与民族国家捆绑,应该突破政治、地域局限,指向全世界。

纵观上述三种模式,虽然各有差异,但却无不强调关系性,详述如下:第一,"包容性"模式指向人类与动物等其他生物之间的平等关系,否定了以人类为唯一中心,其他生物为依附,必须臣服于人类的片面认识,强调自然界其他生物和人类具有同等的生态权利,不能以牺牲、损毁他们的生态权利换取人类的利益追求;同时,"包容性"模式突出了现存人类与后代之间的代际关系,警醒当代人不能只考虑自身当前利益的满足,还必须保障下一代、下下代的生态权益,需要维护人类代际可持续发展。

第二,"责任"向度强调人类社会与自然界的统一性关系。人类社会是自然界发展的产物,属于自然界的子集,绝不能独存于自然之外,二者是共生的关系。因此,人类除了对所处社会负有不可推卸的责任外,对人类及其社会所依存的自然界亦肩负责任,需要主动承担维护自然界有序、健康、和谐发展的重任。

第三,"全球"维度彰显了公民的跨地域关系。众所周知,公民身份由城邦发展而来,往往与民族国家捆绑在一起,因此,公民身份具有明显的地域性,诸如美国公民、英国公民等不同国度公民的划分。但是,生态环境显然不限于某一国度、某一地域,全世界公民共存于同一个自然界、共享同一片蓝天、同一片沃土,温室效应、土地沙化等环境问题的危害性不只是地域性的,对整个自然环境都具有严重的破坏影响,所以,生态问题具有不言而喻的全球性,是全世界公民的共同责任,全世界公民需要携手共建绿色生态,共享生态文明。换言之,生态公民是全世界公民因生态问题而联合在一起的,因共同的生态权利与

① 曾妮,班建武.生态公民的内涵及其培育[J].教育学报,2015(3):12-18.

义务而形成的全球共同体。

第四,三种模式共同呈现了生态权利与义务的统一性关系。依照斯廷博根的观点,生态公民是 21 世纪公民身份的新维度,是对公民的、政治的、社会的三种已存公民身份的修正与增补,视为理解公民身份的第四种维度。① 所以说,生态公民的核心在于公民,而构成公民身份的两个核心要素是权利和义务②,就此而言,生态公民既蕴涵着公民所享有的生态权利,同时昭示了公民所负有的生态义务。简单来讲,权利是法律赋予权利主体具有这样行为或不这样行为的能力或资格,义务即义务人应该这样或不应该这样行为的限制与约束。没有无义务的权利,也没有无权利的义务,二者既对立又统一、相辅相成。上述理解生态公民的三种模式均涉及生态公民权利与义务范畴:"包容性"侧重生态公民权利主体的延伸,"责任性"突出责任即义务范畴的拓展,"全球性"同时强调生态权利与义务在地域范畴中的延展。就此而言,生态公民指向人与自然的和谐共生,是不同区域、不同代际的公民,因彼此所占有的"生态足迹"的不同而形成的超地域、超代际的权利与义务分配关系。③ 而具体到如何分配生态权利与义务,需要以对他者利益的实际影响程度为标准,也就是说,公民行为不能影响、牺牲他者的利益,一旦影响到他者的利益,必须遵循双方平等的原则共同享有权利和承担义务。④

(三)反思性

生态公民直面生态环境问题,对人类与生态环境的关系、如何缓解生态危机、保护生态、促进人类与自然永续发展等生态问题进行深度的思考和探究,蕴含着丰富的反思性。反思属于非直接认识,是对人之思维的再思考,既对以往进行承前思考,又为引导未来进行启后思考。⑤ 无论是哪种形式的思考,反思都是以问题的形式呈现,起源于问题,落脚于问题。既承前亦启后的问题式思考,是保障人类及其社会可持续发展的重要力量。概述来讲,生态公民的反

---

① 斯廷博根.公民身份的条件[M].郭台辉,译.长春:吉林出版集团有限责任公司,2007:160-168.
② 曾妮,班建武.生态公民的内涵及其培育[J].教育学报,2015(3):12-18.
③ 曾妮,班建武.生态公民的内涵及其培育[J].教育学报,2015(3):12-18.
④ 曾妮,班建武.生态公民的内涵及其培育[J].教育学报,2015(3):12-18.
⑤ 李良方,李福春.美国高校服务学习中反思的四重解读[J].山东高等教育,2015(4):41-47.

思性集中体现在两个方面：生态层面的反思和公民层面的反思。

第一，生态层面的反思。主要指对如何缓解日益严峻的生态环境危机、保护生态环境免遭人为破坏、生态环境之于人类发展的价值、如何保持生态环境可持续发展等问题的反思。生态环境（ecological environment）概指各种自然（包括人类干预下形成的第二自然）力量的总和，是攸关人类生存与发展的气候资源、土地资源、水资源、海洋资源、生物资源等自然资源数量与质量的总称。自然资源是我们现存人类、后世子孙共同拥有的，如何更科学、合理地利用它们，需要我们有更大的共识，"生态公民"的问世便是这种共识的一种表征。生态公民以人与自然和谐、共同可持续发展为目的，以遵循自然规律为准则，在获得自身追求时能够以环境承载力为基础，并积极主动采取各种措施保护生态环境，预防、治理生态危机。①

工业社会带来了先进的工业文明，人类的物质生活水平得到前所未有的丰富与提升，正像马克思所评价的那样："资产阶级在它不到一百年的阶级统治中所创造的生产力，比过去的一切世代创造的全部生产力还要多，还要大。"②但是，工业文明在取得巨大成就的同时，也带来了一系列严重的问题，例如气候变暖、资源短缺、土地沙化等生态危机，令人担忧。简单而言，生态危机系指生态失衡引发的恶性结果，是自然生态系统遭受人为破坏，而反过来威胁人类生存与发展的现象。自然界有自身的发展规律，自然生态系统中的各种生物之间、生物与环境之间需要保持某种结构、比例的平衡联系，俗称生态平衡。一旦这种生态平衡被人为地打破，即生态失衡，便会反噬人类，威胁人类生存与发展，如土源污染、雾霾、沙尘暴、全球大气变暖等生态恶化问题。

事实上，西方工业文明生产逻辑与自然生态运作逻辑存在明显的对抗性。西方工业文明立足于资本主义生产方式，这种现代生产方式以利润、财富的无限扩张为最高追求目标。这一资本逻辑必然将自然界附属于人类，单向度地将之视为用来满足自身无限膨胀、永远无法满足的欲望的材料源，毫无底线、永无止境地对自然界进行开采与攫取，因为一旦这种扩张停止，利润就会中

---

① 沈莉.生态公民养成的重要性及对策研究[J].法治与社会，2009：239-240.
② 中共中央马克思恩格斯列宁斯大林著作编译局.马克思恩格斯选集（第1卷）[M].北京：人民出版社，1972：252.

断,资本主义制度就会枯竭。而自然生态作为独立于人类社会的独立系统,有其内在的发展规律:构成自然生态的各生物群之间、自然与人类之间普遍的共生、依存联系,彼此之间保持着种类、数量、比例等某种形式或程度的平衡性。换言之,自然生态发展逻辑要求人类不能随心所欲、无限度地利用、改造自然,必须考虑自然界的承载力、永续发展力。因为自然资源本身不是无限的,其有限性决定了人类对自然界的利用、改造不可能是无限的。概言之,生态危机是西方工业文明之路吞噬自然的必然恶果,是西方工业文明的外在性使然①,是资本逻辑下的无限获利追逐与生态资源有限性的现实冲突,根源在于资本与自然之间的内在矛盾。②

第二,公民层面的反思。公民层面的反思是人类自身的反思。生态危机的根源是多维的,上述资本逻辑的外在牵制是造成生态危机的重要原因,但并非唯一因由。究其本质,生态危机亦是人类对人之为人本质属性的自我审视与反思。如果说,生态公民在生态层面的反思是一种外在性反思,那么,公民层面的反思则可视为人类对其自身的内在性反思。如是之故,生态公民是生态时代人性的自我反思,是人类在应对生态困境中产生的人之社会性自觉,是生态文明建设中人类对自身本质属性、生存样态、人与自然关系、生态环境的价值等基本问题的慎思与现实性规定。③

人是自然界的一部分,作为自然存在物的人,是被动的、受制约的和受限制的存在物。④ 综上可知,工业文明下无限度的资本扩张刺激了人的物质性存在,使人类崇尚消费主义,沉迷于物质消费,陷溺于欲望满足,消解了人作为精神性的存在。这造成了人在某种程度上的异化,使人类呈现出"自反性",即现实中人类本质的物化发展丧失了属人的性质和价值,遗失了人之为人的内在精神气度,违背了人的类本质的实现与发展。⑤ 限于这种发展困境,学者们开

---

① 张劲松.生态危机:西方工业文明外在性的理论审视与化解途径[J].国外社会科学,2013(3):4-11.

② 贾学军.现代工业文明与全球生态危机的根源[J].生态经济,2013(1):18-23.

③ 侯亚楠.高校思想政治理论课生态公民培育路径刍议,鞍山师范学院学报,2018(5):95-98.

④ 中共中央马克思恩格斯列宁斯大林著作编译局.马克思恩格斯文集(第1卷)[M].北京:人民出版社,2009:209.

⑤ 胡莹.生态危机根源的多维性与生态文化自觉[J].学术交流,2016(10):47-51.

始反思工业文明造就的现代性及其自我,质疑以征服自然为主导逻辑的传统工业化道路,认为这种经济增长模式带来的人类发展具有极限性,批判发达工业社会是以物质满足为中心的单向度社会,泯灭了人性的精神追求,压制了人的自由、全面发展,使其丧失了创造性、批判性、超越性。概言之,正是在对工业文明的批判性反思和人类新的生存方式的探索中,生态公民概念应运而生。① 因此,生态公民视域中的公民以人类的自由全面发展为旨归,不仅享有高度的物质文明,而且有着丰富、高尚的内在精神世界,拥有与自然环境和谐共生的绿色生活方式,自觉践行生态正义,将绿色环保理念贯彻于日常生活、工作、交往细节。

四、生态公民的培养路径

生态公民培养是一项战略任务。作为"生态"与"公民"的联结,生态公民是自然价值观和生态学知识在现代公民观中的直接反映,是对人与自然冲突危机的理性反思,是人类应对所遭遇自然反噬的有力回应,是人类追求人与自然可持续发展的庄严宣誓。生态公民是环境治理的起点和根基,生态文明建设归根结底是公民生态价值观的养成与践行,是新时代生态文明建设的主体,是生态价值观的实践主体。② 上述生态公民基本特征的梳理可知,生态公民不仅具有整全的生态价值观,同时具有科学的生态行为,能够在日常生活、工作中自觉践行生态观念;生态公民蕴含了人与自然、人与人、生态权利与生态义务、地域与地域之间普遍的关系性;生态公民是人类对自身与自然之间的关系、自然界的价值的一种重新思考,是对自身发展困境及其人性的自我反思。生态公民属性的多维规定性,决定了生态公民的养成不可能是一个自然、简单的过程,生态公民的养成受制于诸多方面因素,需要采取多项措施共同协作。就此而言,理应将生态公民的培养视为重要的战略任务③,需要举全力、尽可能地采取一切有用措施去开展。

生态公民是现代公民应对现实中生态危机的一种主动选择,是人类对自

---

① 侯亚楠.生态公民培育研究综述[J].云南民族大学学报(哲学社会科学版),2008(1):99-100.
② 崔文奎,张晓峰.佛教文化与新时代生态公民的价值养成[J].五台山研究,2018(4):62-66.
③ 杨通进.生态文明与公民道德[J].绿叶,2009(1):89-93.

身发展困境的一种自觉突围,即生态公民是基于现实的选择,是对现实的作答。因此,本研究认为,生态公民的培养应该立足于现实,依据现实中生态危机的焦点问题,特别是公民的生态素养现状及其困境,有重点、有针对性地实施生态公民培育整体工程。综合相关调查与研究,我国公民生态知识薄弱,生态实践力不高,生态学识转化为生态行为的转化能力薄弱,公民环保实践对政府与法律法规的依附性过强。① 基于我国公民生态素养现状与存在的问题,结合上述生态公民的属性规定,我们认为,生态公民的培育需要着力于三方面:(1)生态公民的生态学识,即生态价值观念培育,如科学的自然观、明确的生态权责意识等。(2)生态公民的生态行为,即生态实践力养成,如低碳的交通方式,绿色的饮食、服饰等消费方式。(3)生态学识向生态行为的转化力。具体可通过为以下路径来实现。

第一,建立社会、学校、家庭公民生态教育协同机制。生态公民教育机制旨在增加公民生态知识储备,对公民进行生态意识、生态信息、生态观念、生态行为等静态知识层面的培养,主要由社会教育、学校教育和家庭教育三大主体协同作用。

社会教育主要指通过大众媒体、专家现场讲座、生态实践标兵企业、模范代表、现今社区等形式对生态学识进行传播、引导。如由中央电视台、中国环境科学出版社等联合录制的全国首部大型环保类新闻纪录片《生态文明启示录》,通过对全国范围内典型的环保与生态文明建设案例的展示分析,向观众传达生态文明建设的实质内涵、践行生态文明的可行路径、传播环保经验、宣传生态文明建设的积极成果。中央电视台金牌栏目《焦点访谈》曾播出《生态治水湿地入城》节目。当期节目以海南省海口市的鸭尾溪、美舍河、凤翔湿地公园生态建设为例,真实报道了它们在生态修复、景观生态建设方面的成功经验。

再如,北京市生态环境局局长陈添做客北京广播电视台"市民对话一把手"系列直播访谈节目,以"蓝天保卫战"为主题,对 2018 年北京市大气污染防治、2019 年生态环境建设重点等工作进行回顾与讲解,增强了北京市民对北京

---

① 雷磊.培育生态公民建设生态城市[J].法制与社会,2017(23):158-159.

城生态环境建设进展、取得的成就、面临的突出问题等生态信息的了解，有助于全体市民齐心协力打好"蓝天保卫战"。同时，山东卫视曾推出全国首档生态节目《美丽中国》。该节目以民间鲜活的生态环保人物和故事为主题，运用朴实的话语对身边生态环保典型事迹与人物进行宣传与报道。如野生动物保护志愿者葛玉修用自身行动呼吁设立野生动物保护专区、加强野生动物保护；被誉为"江豚守护女侠"的"90 后"女孩蒋忆成立公益组织江豚保护队，在江西九江都昌、湖北咸宁、湖北嘉鱼等处不辞辛苦地开展江豚巡护，用自身力量捍卫江豚栖息地；中国科学院宁波材料研究所研究员朱锦利用科技的力量促进环境的生态发展，如用玉米淀粉研制塑料餐盒等，以减少污染、推进绿色发展。

家庭教育作为社会教育和学校教育的基础，概指意在增进家庭成员关系、家庭功能的各种教育活动，是教育人的起点和基点。我国历来重视家庭教育，正如国家主席习近平在 2015 年春节团拜会上强调的那样，家庭是社会的基本细胞，是人生的第一所学校。无论时代发生多大变化，不论生活格局发生多大变化，我们都要重视家庭建设，注重家庭、注重家教、注重家风。就其内容而言，家庭生态教育主要包括生态知识、生态现状、生态消费等方面的教育。① 生态知识教育以掌握基本的生态环境概念、生态发展规律、人与自然的应有关系、生态危机根源等普适性、基础性生态学识为目的；生态现状教育旨在使人们了解我国、全球自然资源的存储、被利用情况，所面临的资源危机、所造成的全球变暖、土地沙化等生态危机，警醒人类其之于自然界的影响；生态消费教育侧重日常生活中科学、绿色、低碳消费方式的引导教育，使人们了解生态消费方式的重要性，哪些属于生态消费，如何养成绿色消费方式等方面，如乘坐私家车与乘坐公共汽车所排放物之于大气不同的质量影响，使用一次性碗筷与可持续利用碗筷之于环境影响的显著差异。

需要指出的是，家庭教育是家庭成员之间的相互影响和教育。换言之，家庭教育并非单向的由祖辈、父辈有意识地通过言传身教向其子女实施的教育，也包括子女予以长辈的影响和教育。事实上，在生态教育方面，子女也许能够给予长辈们强有力的影响教育。再以湖北宜昌"生态小公民"课程为例。根据

---

① 杜昌建.绿色发展理念下的家庭生态文明教育[J].中共山西省委党校学报,2016(3):96-98.

"生态小公民"课程设计要求,学生们在学校每学一节环保课、学到一门小技能,便需要在生活中落实一项相应的生态举措,因此,这些"生态小公民"有效地将环保理念教育从课程带入了家庭生活中。正如他们所认为的那样,管好家里洗衣机的排水管,要求爸爸妈妈用无磷洗衣粉,减少磷的排放,就是保护长江,即"管好我们家的下水池,就管好了长江"①。"生态小公民"与家庭生态教育和实践共同成长的模式,将生态理念传播至每个家庭,将生态行为落实于每个家庭成员,焕发出强大的环保正能量。

学校教育主要是通过课程、校内外活动、实习实践对在校学生进行相对系统的生态环保教育。再以前面湖北宜昌"生态小公民"课程为例。该课程以增强青少年学生生态意识、养成低碳环保、生态消费的生活方式,成长为合格的生态公民为目标,设有根据学生年龄及心理发展水平而编制的生态文明教育内容,并融合课堂书本知识学习、社会实践、研究性学习、社会志愿服务等多种教育与学习形式,不仅有效促进了当地青少年学生生态观念与生态行为的养成,同时受到了国内外的广泛关注。② 再如,中新天津生态城社会局邀请生态研究专家对所辖学校、幼儿园进行生态教育专题培训,聚集多方力量研发编制"生态教育校(园)本课程",推出《"低碳大本营"之我的低碳足迹树》、《垃圾分类项目招标会》、《妙用海洋宝藏,巧当海洋小卫士》(天津外国语大学附属滨海外国语学校),英语戏剧课程《拔苗助长》(天津华夏未来中新生态城小学)等优质的生态教育校(园)本课程。③

同时,生态教育在高等教育领域中也日益受到重视。如东北林业大学通过改革与创新高校思想政治理论课程教育教学来实施生态教育。该校于2015年在全校本科生必修课毛泽东思想与中国特色社会主义理论体系概论中增加了生态文明的相关内容,截至2018年,东北林业大学已有2.4万名学生系统学习了生态文明的相关知识。④ 再例如,清华大学通过开设专门的生态文明课

---

① 李洪兴."生态小公民"有大力量[N].人民日报,2018-08-07(1).

② 我市生态文明教育读本《生态小公民》受到国内外关注[EB/OL].[2019-05-03].http://www.sohu.com/a/234706238_826910.

③ 用"绿色"丰富学校教育　生态城生态教育校本课程取得阶段成果[EB/OL].[2019-06-10].http://www.sohu.com/a/219651344_355360.

④ 赵洪波,张士英.东北林业大学:用思政课播撒生态文明的种子[N].光明日报,2018-11-18(5).

程,助力大学生成长为生态文明建设的担当者和引领者。该课程采取"大班授课＋小班研讨＋课外实践"的学习模式,在"大班授课"中采取多学科联合教学模式,邀请钱易、倪维斗、金涌、江亿院士,何建坤教授等 14 位来自工程、人文、艺术等不同领域的著名学者担纲,从不同视角、维度对生态文明问题域进行多学科、多维度、国际化的认识与论述,诸如能源现状、全球性生态危机为何出现,如何利用科技创新助力生态文明建设,生态文明时代应该树立怎样的自然观、科学观、人生观、价值观,等等。"小班研讨"和"课外实践"主要是鼓励学生学以致用,在实践中发现问题、解决问题,依托清华大学绿色校园建设工程,引导学生们以清华校园为研究对象,鼓励他们发现、研究并尝试解决校园中的生态环境问题。① 因此,为更好实现生态公民培育,我们应该加强中小学、大学不同阶段的生态公民教育之间的合作与交流,充分利用各阶段生态公民教育的不同优势,提升生态公民培育的功效。

第二,健全公民生态参与机制。生态公民培育不仅包括公民的生态意识层面,更包括公民的生态行为层面,而且后者才是最终的落脚点。② 这就要求构建并畅通生态信息公开、生态决策制定、生态诉求表达、生态质量评价等一系列生态参与机制,保障每个公民都能够切实参与生态文明建设。

公民生态参与既是责任也是义务,公民依法享有生态权利,并通过法律保障自身所享有的生态权利,同时需要依法履行法律所规定的自身生态责任与义务。生态问题是一个公共利益的问题③,生态保护攸关每一个人的切实利益,谁都不是环境问题的旁观者。只有公众共同参与生态保护与治理,美好的全球环境才能尽早到来。综合相关研究得知,我国公民生态参与机制有待健全,存在的问题突出表现在如下方面④:一是相关法律法规不健全,如公民的生态知情权、生态表达权、生态诉讼权、权益保障权等;二是公民生态参与程度不

---

① 清华大学绿色大学办公室."希望你们成长为生态文明建设的担当者和引领者"——记清华大学"生态文明十五讲"通识课程教育实践［EB/OL］.（2015-07-20）［2019-06-21］. https://www.tsinghua. edu. cn/publish/news/4204/2015/20150720102859215337569/20150720102859215337569 _.html.

② 黄德林,陈宏波,石宇.生态公民怎样培育?［N］.中国环境报,2012-09-20(2).

③ 付军,陈瑶.推动环保公众参与建设生态文明构建和谐社会[J].环境保护,2010(5):38-40.

④ 付军,陈瑶.推动环保公众参与建设生态文明构建和谐社会[J].环境保护,2010(5):38-40.

高,参与形式较为单一;三是非政府社会组织在生态保护与治理中的影响力或作用不足,过度依赖官方政府。

因此,本研究认为,健全公民生态参与机制需要从以下几个主要方面着力:

一是健全相关法律法规,明确公民生态权利。相关研究指出,公民生态参与体制以权利法定为基础,其核心在于健全以公众直接与政府或其他公共机构互动的方式决定环境事务的机制,强调决策者与受决策影响的利益相关人的双向沟通和协商对话。① 也就是说,法律上必须明确赋予公众相应的权利并对这些权利切实加以保障,集中在生态知情权、生态表达权、生态参与权、生态监督权四个方面。

生态知情权即加强生态信息公开,让民众及时了解、知道相关环境信息与事件,这是公民参与生态的前提。如通过加强新闻发言人制度建设,开设专业网站、微博、微信平台,拍摄宣传片,创办相关期刊、报纸、书籍,及时、准确地向公众传送生态讯息与知识。参与权指公民依法通过各种途径和形式,参与国家环境管理的权利②,是公民参与生态的关键所在。如完善《环境保护公众参与办法》《环境影响评价公众参与办法》等相关规定,对公民生态参与的内容、途径、形式等进行细化、完善。表达权是公民公开发表有关环境保护的思想、观点、主张和看法的权利,是公民参与生态的核心所在。如设立环保热线,创设电子化生态论坛等,鼓励公众对生态热点、难点、焦点等表达自身观点,并尽可能实现与他们的实时互动,以及时了解他们对某些生态问题的真实想法,尽可能解决他们所关切的生态问题。监督权是公民生态参与的保障,指公民对国家机关及其公职人员行使环境公权力进行监督的权利,主要包括对环境立法、决策的监督,对环境行政执法的监督,对公职人员滥用权力、不作为和腐败行为的监督三个方面。③ 如畅通公众对生态违法行为处置的听证会制度,拓展公众检举环境治理主管政府部门不作为现象等公众表达意愿的渠道。

二是建立多层次、多元化的生态参与激励机制。激励机制即通过特定的方法与管理体系,调动参与者的积极性、创造性,使他们做出最大的成绩、取得

---

① 环保公众参与的核心是什么?[J].环境经济,2015(Z7):32-32.
② 环保公众参与的核心是什么?[J].环境经济,2015(Z7):32-32.
③ 环保公众参与的核心是什么?[J].环境经济,2015(Z7):32-32.

最大的成效。生态参与激励机制旨在鼓励公众更加积极、主动、自觉地在日常生活和工作中践行生态理念，以主人翁的心态参与到生态文明建设中。生态参与激励机制可以通过设定生态专项基金、创设相关评选比赛活动，资助或奖励生态保护与治理的先进人物、组织，激励公众生态参与积极性和荣誉感。如我国财政部设立的重点生态保护修复治理专项资金。2018 年，河北、山西、内蒙古、黑龙江、浙江等 10 个省（区、市）地入选第三批山水林田湖草生态保护修复工程试点，分别受助 10 亿元，共计 100 亿元用于资助重点生态修复与治理。[①] 再如，我国财政部设立海岛和海域专项保护资金。2019 年对福建莆田、山东日照、辽宁丹东、海南海口、浙江台州、山东青岛、江苏连云港、山东威海、广西北海、浙江温州等 10 个城市，进行 2019 年度蓝色海湾整治，总投入共计 12 亿元。[②] 为深化生态文明教育，践行绿色低碳、简约适度的生活方式，2018 年我国生态环境部启动"美丽中国 我是行动者"主题实践活动，公开征集公众参与生态实践的案例，并评选出十佳公众参与案例和百名最美生态环保志愿者。[③]

综上可知，当前公民生态参与激励机制多由国家政府创设和资助，由地方、企业、民间组织或个人创设的项目或活动还不多见，我们需要鼓励、引导国内外更多的非官方组织、企业、个人多元化的力量参与进来，构建多层次、多样化的生态参与激励机制，以推进生态公民培育，助力生态文明建设。

第四节　全球展望：生态文明与可持续发展教育的新发展

2014 年 11 月，联合国教科文组织发布的《全球可持续发展教育行动计划》实施路线的整体思路是：从两个方面强化推进可持续发展教育，即将可持续发展融入教育、将教育融入可持续发展。这一进程又将指向两个目标：调整教育

---

① 财政部关于下达 2018 年重点生态保护修复治理专项资金预算的通知[EB/OL].（2018-11-23）[2019-06-30]. http://jjs. mof. gov. cn/zxzyzf/gyxdzgzzxzj/201812/t20181213_3092653. html.

② 财政部关于下达 2019 年度海岛及海域保护资金（第二批）预算的通知[EB/OL].（2019-04-14）[2019-06-30]. http://jjs. mof. gov. cn/zxzyzf/hdjhybhzj/201905/t20190505_3242509. html.

③ 生态环境部公布十佳公众参与案例和百名最美环保志愿者[EB/OL].（2019-06-02）[2019-06-30]. https://baijiahao. baidu. com/s? id=1635214436819004282&wfr=spider&for=pc.

和学习,让每个人都有机会获得相应的知识、能力、价值观和态度,以使其能对可持续发展做出贡献;在所有促进可持续发展的日程安排与行动中加强教育和学习。通过对联合国教科文组织一些经典文献的研读,结合生态文明与可持续发展教育实践考察,可以看出全球可持续发展教育的重要走势。

一、生态文明与可持续发展教育目标的最新定位

2005 年,《可持续发展教育十年(2005—2014)国际实施计划》发布时仅提及要加强同其他许多相关的、正在实施的国际倡议的联系与对话,这些倡议包括《〈千年发展目标〉(MDG)进程》、《全民教育(EFA)运动》及《联合国扫盲十年(UNLD)》等。2009 年《可持续发展教育十年(2005—2014)国际实施计划》中期,一份名为《可持续世界学习:可持续发展教育的背景及结构审查》的报告开始分析这些教育议程共同的目标与不同的功能定位,并指出:上述 3 个倡议都强调了基础教育质量和可方便获得基础教育的重要性。2014 年 5 月 12 日至 14 日,在阿曼(Oman)马斯喀特举行的全民教育全球会议上达成的《马斯喀特协定》,勾勒出了 2015 年后教育议程的一个总目标以及 7 大教育目标。其中"目标 5"要求:通过全球公民教育与可持续发展教育,到 2030 年,所有的学习者都要获得构建可持续社会所需要的知识、技能、价值观与态度。这意味着:可持续发展教育是优质教育的重要组成部分已然成为无可争辩的国际共识,强化全民教育与可持续发展教育的目标关联已然成为世界教育目标的重要导向。

二、生态文明与可持续发展教育的国际共识

《可持续发展教育十年(2005—2014)国际实施计划》颁布之初,联合国教科文组织对可持续发展教育理念只作了概括性的说明:可持续发展教育是让每个人都有机会从教育中受益,都能学习可持续未来与积极的社会转变所需要的价值观、行为及生活方式。经过多年的研究与实践,国际社会对于可持续发展教育概念的认识已渐趋一致。联合国教科文组织在《2014 年后可持续发展教育全球行动计划(草案)》中指出:全球有必要在把握可持续发展教育基本含义的基础上,寻求超越地区差异的可持续发展教育国际共识。这些共识的

要点包括：(1)教育功能。可持续发展教育是一种转换性教育，为了实现社会可持续发展，需要对教育系统和结构进行重新定位，其核心是对教与学进行革新。(2)教育目标。可持续发展教育的目标是力求使每一位公民都获得可持续发展所需要的价值观、知识和能力，并能对生态系统性、经济脆弱性与社会公平性等做出及时的决策和负责任的行动。(3)教育内容。在尊重地域文化相关性和文化适应性的基础上，从社会、经济、环境与文化等多个视角，观察和解决可持续发展事件。(4)教育方法。可持续发展教育倡导采取可持续未来所需要的教学方法与学习方法，关注提供高质量教育。(5)教育对象。可持续发展教育需要覆盖整个教育体系，包括幼儿教育、初等教育、中等教育、高等教育、职业教育以及非正规教育中的所有教育对象。可见，超越国家、民族与意识形态差异的全球理念与共识，是指导不同地区与国家开展可持续发展教育的基本准则。

三、文件号召到政策推动：教育实践方向的新高度

各国政府要以推动可持续发展教育为契机，调整教育方向、加强学习和培训，使每个人都能从可持续发展的视角来看待这个世界。2009年4月，在波恩召开的世界首届可持续发展教育世界大会将"可持续发展教育纳入未来公共教育政策"确定为可持续发展教育后半程的重要行动目标之一。进入21世纪以来，已有德国、瑞典、日本、澳大利亚、英国等国家出台了可持续发展教育国家政策，明确教育应为所在国家的社会、经济可持续发展服务。联合国教科文组织在《2014年后可持续发展教育全球行动计划（草案）》中，也将政策支持列入推进全球可持续发展教育的5个重要方面。可见，重新定位教育方向，在教育政策中明确教育面向可持续未来，已经成为今后衡量各国推进可持续发展教育的重要指标。

中国自2007年党的十七大首次提出"生态文明"概念至今，形成了经济、政治、文化、社会、生态文明建设"五位一体"的战略格局。"生态文明"的提出，标志着人类社会的文明程度进入了发展的新时代与新阶段。习近平主席在联合国可持续发展峰会上代表中国政府对参与国际社会《变革我们的世界：2030年可持续发展议程》中作出我国将"主动参与2030年可持续发展议程"的承

诺。党的十八大报告明确提出"必须树立尊重自然、顺应自然、保护自然的生态文明理念","加强生态文明宣传教育,增强全民节约意识……营造爱护生态环境的良好风气"。党的十九大报告指出:"加快生态文明体制改革,建设美丽中国……建设人与人、人与社会、人与自然和谐的生态文明社会,进入生产发展、生活富裕、生态良好的生态文明时代。"2019 年《中国教育现代化 2035》提出了推进教育现代化的总体目标、八大理念,部署了十大战略任务与实施路径,号召全社会、全方位支持和参与,协同推进教育现代化。加强生态文明与可持续发展教育,推进生态文明建设,是城市、乡村环境自身发展和实现经济、社会、生态协调发展的需要,是推进生态文明建设的主要途径,也是落实科学发展观、推进教育现代化,全面实现"五位一体"布局的必经之路。

四、教育主体层面的新定位与再调整

国际社会在推进可持续发展教育的进程中,逐渐认识到可持续发展教育应当被视为一种变革教育与学习的机制,而非仅仅在原有课程中增加一门学习课程。《塑造明天的教育——联合国可持续发展教育十年计划 2012 年报告》重点对全球可持续学习和学习方式变化进行了评估,其主要结论是:促进可持续发展的教学与学习方式不断出现,其中参与合作式学习、基于问题的学习、跨学科学习、基于批判思维的学习、基于系统思考的学习、发现式学习、社会学习表现尤为突出。在这些新的学习方式中,留给学生参与和主动决策的空间是决定可持续发展教育质量的主要因素。联合国教科文组织在《2014 年后可持续发展教育全球行动计划(草案)》中再一次指出,未来 5 年可持续发展教育将主要关注 4 个方面的工作:第一,学习内容方面,要注重将气候变化、生物多样性、减少灾害风险、可持续消费和生产等可持续发展教育专题整合进课程。第二,教学方式和学习方式方面,要按照以学习者为中心的原则设计教学和学习,引导学习者采用自主探究、实践探索等学习方式,注重实践和在线学习,以激发学习者为推进可持续发展而有所作为。第三,学习效果方面,要激励学生形成核心学习能力,如批判性和系统性思维、合作决策能力等,培养学生对当代人和后代人的责任担当意识。第四,促进社会转变方面,要使任何年龄的学习者都能促进所生活的社会向更加绿色的社会转变,激励人们采取可

持续的生活方式,使其最终成为积极的奉献者,进而创建一个更加公正、和平、包容、安全和可持续发展的世界。从关注教育到关注学习,为学习者提供面向全球化社会和可持续未来的视角,强调积极参与和转换性学习。因此,引领以学习者为本的教与学创新,将成为未来推进可持续发展教育的核心。

五、全机构实施生态文明与可持续发展教育的新策略

《可持续发展教育十年(2005—2014)国际实施计划》在针对各国推进策略与方式的建议中,强调将可持续发展教育蕴含于整体教育之中。通过对各国经验的筛选与审视,《塑造明天的教育——联合国可持续发展教育十年计划2012 年报告》认为:目前,各国可持续发展教育大多采用的是"纳入法"(即纳入当前系统)和"全系统法"(即建立全新的系统),而后者正在成为越来越多国家的首选策略。部分国家的案例证明,将"全系统法"引入可持续发展教育,有利于促进众多行为主体参与全系统可持续发展教育,同时也可通过这种方式更好地实现可持续发展教育目标。这种策略对领导力、社会网络、研究形式以及参与程度都有较高要求。在总结部分国家前期实践经验的基础上,联合国教科文组织在《2014 年后可持续发展教育全球行动计划(草案)》中,明确建议将"全系统法"作为今后可持续发展教育五大优势行动策略之一。总而言之,全系统参与和转型将促进可持续发展教育的全方位推进。在 2015 年 9 月习近平主席出席的世界可持续发展峰会上,联合国出台了《变革我们的世界:2030年可持续发展议程》,在 17 个可持续发展目标的教育目标中,明确了推进可持续发展教育的路线图。2015 年底,联合国教科文组织出版研究报告《反思教育:向"全球共同利益"的理念转变》。报告共有四部分内容,其中第一部分即为"可持续发展:核心关切"。在国际可持续发展教育持续升温的形势下,我国教育系统十分有必要在"重视可持续发展教育"战略目标的指导下,积极行动起来,将可持续发展教育研究与实践提高到新的水平,培养一批又一批善于为了可持续未来而学习的新型公民,进而促进全社会的可持续发展。

总体来看,生态文明教育将受到世界各国的持续关注和重视。目前,各国正积极建立环境教育委员会、可持续发展教育委员会等相关机构,制定法律和

政策保证其实施,联合国教科文组织的指导和发布的报告在这一方面对各国政策制定者具有指导作用。在为生态文明教育设立专门条例的同时,一些先进国家还将其融入国家的发展规划之中,从顶层设计上开展生态文明教育,进一步突出"教育是人类的核心利益"和"教育促进可持续发展"的重要理念。在具体实施层面,生态文明教育将进一步融入各级各类教育之中,综合课程、活动课程和"全校整合"的模式将成为国际上普遍采用的重要方法。此外,多主体参与也是国际上开展生态文明教育的普遍做法和发展趋势,除了学校中进行的正式教育,同时强调社区、自然保护区、政府、企业、家庭等多方力量的共同努力,营造全民参与的生态文明教育氛围,并在参与过程中明确和强化不同主体的生态文明建设责任。

值得关注的是,《反思教育:向全球共同利益的理念转变》指出,只有50%的联合成员已将可持续发展理念融入教育政策,国家(地区)间生态文明教育的发展很不平衡。首先,教育难以融进国家发展政策和计划,应更多地采取跨部委合作以保障教育能够支持可持续发展目标,且可持续发展政策制定者能够为教育提供支撑。其次,尽管大部分成员已经确认本国可持续发展教育取得坚实进展,但极少数国家给出了可持续发展教育在教育系统、政策和规划方面的实施报告,各国亟待将可持续发展教育制度化、体系化,应加大人员和资金投入,努力吸纳社会资源以应对可能发生的政治变化和领导人更迭,提高政策制定者、教育领导者和实践者的决策能力。最后,至今为止各国极少运用质量检测手段评估可持续发展教育项目的质量、实施程度和学习者成果,提高监测和评估水平能够保证持续扩大的教育投入,为可持续发展教育自身的合法性存在提供证明。这些挑战同时也构成了国际生态文明教育未来可能的发展方向。

从2020年到2035年,再到2050年,是中国全面提升国家物质文明、政治文明、精神文明、社会文明和生态文明的过程。未来这一过程是中国完成由工业文明向生态文明社会形态历史性转变,即全面实现社会、经济和环境可持续发展的关键过程。2017年1月《国家教育事业发展"十三五"教育规划》提出:"加强生态文明教育……广泛开展可持续发展教育,深化节水、节电、节粮教育,引导学生厉行节约、反对浪费,树立尊重自然、顺应自然和保护自然的生态文明意识。形成可持续发展理念、知识和能力,践行勤俭节约、绿色低碳、文明健康的生活方式,引领社会绿色风尚。"以可持续发展教育促进教育改革和创新,立体培育未来可持续公民,提升全民生态文明与可持续发展素养,共同构建生态文明社会已经成为一种社会共识。未来,应当把学校视为生态文明与可持续发展教育的重要场所,把可持续发展理念的培育放在人才培养的重要位置,在可持续发展教育的已有实践基础上进一步探索生态文明与可持续发展教育的有效实施途径,激发以可持续发展教育促进我国生态文明建设的内生动力。

参考文献

著作

[1] 斯廷博根.公民身份的条件[M].郭台辉,译.长春:吉林出版集团有限责任公司,2007.

[2] 陈丽鸿,孙大勇.中国生态文明教育理论与实践[M].北京:中央编译出版社,2009.

[3] 杜昌建,杨彩菊.中国生态文明教育研究[M].北京:中国社会科学文献出版社,2018.

[4] 姬振海.生态文明论[M].北京:人民出版社,2007:2.

[5] 罗洁.可持续发展教育区域推进策略[M].北京:北京科学技术出版社,2013.

[6] 钱益.环境保护与可持续发展[M].北京:高等教育出版社,2010.

[7] 史根东.中国可持续发展教育实验工作手册[M].北京:外文出版社,2013.

[8] 史根东,王桂英.可持续发展教育基础教程[M].北京:教育科学出版社,2009.

[9] 王承绪.西方资产阶级教育流派论著选[M].北京:人民教育出版社,1980.

[10] 谢春风,谢嘉欣译.学习可持续的方法——教育促进人类可持续发展的道与德[M].北京:北京科学技术出版社,2012.

[10] 张力.中国教育与可持续发展教育[M].北京:科学出版社,2007.

[11] 中共中央马克思恩格斯列宁斯大林著作编译局.马克思恩格斯文集(第1卷)[M].北京:人民出版社,2009.

[12] 张婧,马强.区域可持续发展教育研究与实践——基于北京市石景山区

的实践研究[M]. 北京:九州出版社,2019.

期刊论文

[1] 阿尔杨·瓦尔斯.塑造明天的教育:可持续发展教育十年回顾与总结[J].
世界教育信息,2015(5):26-28.

[2] 查尔斯·霍普金斯.可持续发展教育的来源、演变及全球行动计划[J].世
界教育信息,2015(5):29-31.

[3] 崔文奎,张晓峰.佛教文化与新时代生态公民的价值养成[J].五台山研究,
2018(4):62-66.

[4] 杜昌建.绿色发展理念下的家庭生态文明教育[J].中共山西省委党校学
报,2016(3):96-98.

[5] 杜海清."可持续发展教育"及其在日本的实践[J].外国中小学教育,2012
(2):17-20.

[6] 樊美筠.对生态文明的全方位探索——克莱蒙第八届生态文明国际论坛
综述[J].经济社会体制比较,2014(4):243-247.

[7] 方精云,朱江玲,吉成均,等.从生态学观点看生态文明建设[J].中国科学
院院刊,2013(2):182-188.

[8] 方中雄.可持续发展教育:走向明天的教育——中国可持续发展教育十五
年回顾和未来展望[J].世界教育信息,2015(5):18-21.

[9] 冯瑛.我国青少年生态文明观教育的路径与模式探析[J].科教导刊(中旬
刊),2014(6):184-186.

[10] 付军,陈瑶.推动环保公众参与建设生态文明构建和谐社会[J].环境保
护,2010(5):38-40.

[11] 傅晓华.论可持续发展系统的演化——从原始文明到生态文明的系统学
思考[J].系统科学学报,2005(3):96-99.

[12] 侯亚楠.高校思想政治理论课生态公民培育路径刍议[J].鞍山师范学院
学报,2018(5):95-98.

[13] 侯亚楠.生态公民培育研究综述[J].云南民族大学学报(哲学社会科学
版),2008(1):99-100.

[14] 郝欣,秦书生.复合生态系统的复杂性与可持续发展[J].系统辩证学学报,2003(4):23-26.

[15] 胡国胜.论抗日战争时期陕甘宁边区政府的社会环境治理[J].延安大学学报(社会科学版),2012(2):68-72.

[16] 胡莹.生态危机根源的多维性与生态文化自觉[J].学术交流,2016(10):47-51.

[17] 贾学军.现代工业文明与全球生态危机的根源[J].生态经济,2013(1):18-23.

[18] 姜春云.人与自然关系六问——关于实现发展与环境双赢问题的探讨[J].求是,2010(6):53-55.

[19] 雷磊.培育生态公民 建设生态城市[J].法制与社会,2017(23):158-159.

[20] 李定庆.系统论视角下的大学生生态文明教育研究[J].思想理论教育导刊,2014(11):105-108.

[21] 李建红.生态道德教育——生态文明新形势下青少年德育的新课题[J].课程·教材·教法,2011(7):64-69.

[22] 李良方,李福春.美国高校服务学习中反思的四重解读[J].山东高等教育,2015(4):41-47.

[23] 李明玲.日本中小学可持续发展教育的特点及启示[J].现代中小学教育,2015(5):102-107.

[24] 李霞.生态文明教育的功能价值与目标研究[J].安徽工业大学学报(社会科学版),2013(3):148-149.

[25] 廖志平.以"养成教育"为切入口的高校生态文明教育[J].教育与职业,2016(18):57-59.

[26] 林媛红.教育在生态文明建设中的基础作用[J].改革与开放,2015(16):94-95.

[27] 刘贵华,岳伟.论教育在生态文明建设中的基础作用[J].教育研究,2013(12):10-17.

[28] 刘健,黄宇.可持续发展教育校本课程开发的案例与启示[J].课程·教材·教法,2013(3):98-102.

［29］刘经纬,张丹丹.大中小学生态文明课程内容一体化构建研究［J］.重庆第
　　　二师范学院学报,2017(3):114-117.

［30］刘经纬,赵晓丹.对学生进行生态文明教育的模式与途径研究［J］.教育探
　　　索,2006(12):97-98.

［31］刘磊,傅维利.实践能力:含义、结构及培养对策［J］.教育科学,2005(2):
　　　1-5.

［32］刘卫星.生态文明建设的伦理解读——基于可持续发展的视角［J］.贵州
　　　师范大学学报(社会科学版),2009(6):27-32.

［33］罗洁.可持续发展教育区域推进的理论基础与实践构想［J］.教育科学研
　　　究,2008(5):17-20.

［34］罗贤宇,俞白桦.绿色教育:高校生态文明建设的路径选择［J］.云南民族
　　　大学学报(哲学社会科学版),2017(2):151-155.

［35］马世骏.生态规律在环境管理中的作用——略论现代环境管理的发展趋
　　　势［J］.环境科学学报,1981(1):95-100.

［36］牛文元.可持续发展理论的内涵认知——纪念联合国里约环发大会20周
　　　年［J］.中国人口·资源与环境,2012(5):9-14.

［37］欧祝平,傅晓华.生态文明发展路径的哲学考量［J］.中南林业科技大学学
　　　报(社会科学版),2009(5):1-4.

［38］潘岳.生态文明是社会文明体系的基础［J］.中国国情国力,2006(10):1.

［39］钱丽霞.联合国可持续发展教育十年的推进战略与实施建议［J］.全球教
　　　育展望,2005(11):11-16.

［40］钱丽霞,李政.可持续发展教育区域推进的政策与策略分析［J］.教育科学
　　　研究,2008(5):21-24.

［41］任金秋,刘欣.生态价值观探析——兼谈科学的生态价值观的确立［J］.内
　　　蒙古大学学报(人文社会科学版),2004(6):62-67.

［42］沈莉.生态公民养成的重要性及对策研究［J］.法制与社会,2009(28):
　　　239-240.

［43］邵明峰.《波恩宣言》及其意义探析［J］.全球教育展望,2009(9):72-76.

［44］史根东.可持续发展教育的理论研究与实践探索［J］.教育研究,2003

(12):44-50.

[45] 史根东.中国可持续发展教育的创新特色——纪念中国可持续发展教育项目10周年[J].教育研究,2008(12):80-83.

[46] 史根东.可持续发展教育对新时期学校教育的启示[J].教育研究,2010(5):96-99.

[47] 史根东.可持续发展教育面临的挑战和主要任务[J].世界教育信息,2015(5):22-25.

[48] 史根东,张婧,王鹏.塑造面向可持续发展的教育——联合国教科文组织世界可持续发展教育大会综述[J].世界教育信息,2015(6):17-21.

[49] 时龙.为了可持续发展的中国教育变革[J].教育科学研究,2010(1):5-9.

[50] 田道勇.可持续发展教育价值探析[J].教育研究,2013(8):25-29.

[51] 王虎学,万资姿.论教育与人的全面发展——从马克思的一个科学论断谈起[J].甘肃理论学刊,2011(2):39-42.

[52] 汪明杰.在地化教学:教育生态化转型的支点[J].世界教育信息,2018(12):13-16,24.

[53] 王珅,房文红."联合国可持续发展教育十年"在日本的实施:政府表现与学校实践[J].教学学报,2014(2):34-40.

[54] 王巧玲.可持续发展教育的有效推进——中国可持续发展教育项目特色评述[J].北京师范大学学报(社会科学版),2007(6):126-129.

[55] 王巧玲.可持续发展教育的全球走势与中国特色[J].世界教育信息,2015(5):50-53.

[56] 王巧玲,李元平.中国可持续发展教育的理论特征与实践意义[J].教育理论与实践,2011(10):16-19.

[57] 王习明,何化利.中国特色社会主义生态文明建设道路探索——"生态文明与中国道路学术研讨会"综述[J].教学与研究,2017(3):108-110.

[58] 王咸娟.国际可持续发展教育涵义与内容述评[J].世界教育信息,2015(5):54-57.

[59] 王治河,樊美筠.生态文明呼唤一种热土教育[J].深圳大学学报(人文社会科学版),2014(4):12-21.

［60］吴志华,傅维利.实践能力含义及辨析[J].上海教育科研,2006(9):23-25.

［61］韦薇,毛言,赵兵.关于我国可持续发展学科前景的思考——基于文献综述分析[J].中国林业教育,2017(4):13-18.

［62］夏梦颖,陈代波,张智强.大中小学德育教师队伍衔接问题研究[J].思想理论教育,2014(5):63-66.

［63］许冬梅.党的生态文明理念和国家可持续发展战略探索——访中共中央政治局原委员、九届全国人大常委会副委员长姜春云[J].中共中央党校学报,2010(4):5-12.

［64］徐洁.生态文明教育的内涵、特征与实施[J].现代教育科学,2017(8):8-12.

［65］徐岩.生态文明建设与生态文明教育[J].重庆广播电视大学学报,2016(1):59-63.

［66］尹伟伦.生态文明与可持续发展[J].科技导报,2009(7):3.

［67］亚历山大·莱希特,王咸娟.联合国可持续发展教育十年(2005—2014)国际实施计划:迈向 2014 年及以后[J].教育科学研究,2013(6):25-29.

［68］杨成.开展青少年生态文明教育的方法研究[J].青年探索,2009(3):31-33.

［69］杨立雄.生态学视角下的生态学校建设:以昆明市滇池度假区实验学校为例[J].北京教育学院学报(社会科学版),2016(2):8-12.

［70］杨通进.生态文明与公民道德[J].绿叶,2009(1):89-93.

［71］张高丽.大力推进生态文明 努力建设美丽中国[J].求是,2013(24):3-11.

［72］张金俊.十八大以来习近平对生态文明思想的发展[J].科学社会主义,2017(3):108-113.

［73］张劲松.生态危机:西方工业文明外在性的理论审视与化解途径[J].国外社会科学,2013(3):4-11.

［74］张婧.可持续发展教育区域推进策略与实施成效[J].中国德育,2015(17):24-28.

[75] 张婧.可持续发展教育理念下的中学课堂教学 CDA 探究学习模式探究[J].教育视界,2015(23):60-63.

[76] 张婧.可持续发展教育理念下的 CDA 探究学习模式[J].今日教育,2016(2):46-48.

[77] 张婧.可持续发展教育:中国成效与全球展望[J].教师教育学报,2016(3):7-16.

[78] 张婧.可持续发展教育:架设通向优质教育的桥梁——瑞典 2016 国际可持续发展教育会议综述[J].世界教育信息,2016(22):17-20.

[79] 张婧.日本可持续发展教育实践:特点与启示——基于案例的研究[J].教育科学,2018(3):82-87.

[80] 张婧,杨颖.可持续发展教育与社会可持续发展——对可持续发展教育的社会思考[J].学校教育研究,2015(17):33.

[81] 张雪梅.略论推进我国生态文明教育制度化[J].理论导刊,2015(9):54-57.

[82] 曾妮,班建武.生态公民的内涵及其培育[J].教育学报,2015(3):12-18.

[83] 赵卢雷.从文化建设视野下对生态文明建设的路径探析[J].理论观察,2017(5):121-125.

[84] 环保公众参与的核心是什么?[J].环境经济,2015(Z7):32-32.

[85] 周国文.环境治理的绿色新形态:生态公民与全球维度[J].哈尔滨工业大学学报(社会科学版),2018(5):106-113.

[86] 周亚非.生态文明是人类历史发展的必然选择[J].国家林业局管理干部学院学报,2008(1):3-8.

[87] 祝怀新,王习.苏格兰基础教育阶段可持续发展教育探析[J].外国教育研究,2016(3):3-15.

[88] UNESCO 发布《可持续发展教育学习目标》[J].职业技术教育,2017(13):6.

[89] 周宏春.在生态文明建设中政府调控与市场机制不可或缺[J].中国发展观察,2013(12):7-8.

[90] 周宏春.试论生态文明建设理论与实践[J].生态经济,2017(4):175-181.

学位论文

［1］陈发明.中学生态德育的理论与实践研究［D］.长春:东北师范大学,2008.

［2］何秀霞.新时期中学生生态文明教育研究［D］.新乡:河南师范大学,2011.

［3］赖定益.学校教育生态环境问题的研究［D］.武汉:华中师范大学,2006.

［4］林敏.中小学生生态文明教育研究［D］.湘潭:湘潭大学,2015.

［5］王甲旬.生态文明教育的新媒体途径研究［D］.武汉:中国地质大学,2016.

［6］徐洁.生态文明教育的理念及实践探索［D］.武汉:华中师范大学,2016.

［7］张晓明.高中物理教育中进行环境教育的研究［D］.大连:辽宁师范大学,2007.

报刊

［1］龚克.生态文明教育亟须重视［N］.人民日报(海外版),2017-03-11(8).

［2］黄德林,陈宏波,石宇.生态公民怎样培育?［N］.中国环境报,2012-9-20(2).

［3］李洪兴."生态小公民"有大力量［N］.人民日报,2018-08-07(1).

［4］史根东.可持续发展促教育应时而变［N］.中国教育报,2012-05-07(2).

［5］张婧.生态文明与可持续发展教育的学校路径［N］.中国教育报,2018-11-22(6).

［6］张婧,史根东,王鹏.可持续发展的教育才有未来［N］.中国教育报,2015-01-02(7).

［7］赵洪波,张士英.东北林业大学:用思政课播撒生态文明的种子［N］.光明日报,2018-11-18(5).

［8］王玉庆.传统文化与生态文明建设的思考［N］.中国环境报,2012-11-26(2).

［9］习近平总书记系列重要讲话读本:绿水青山就是金山银山［N］.人民日报,2014-07-11(12).

［10］习近平.共谋绿色生活,共建美丽家园——在二〇一九年中国北京世界园艺博览会开幕式上的讲话［N］.人民日报,2019-04-29(2).

［11］张力,史根东.重视可持续发展教育［N］.中国教育报,2010-08-30(1).

电子文献

[1] 财政部关于下达 2018 年重点生态保护修复治理专项资金预算的通知 [EB/OL]. (2018-11-23)［2019-06-30］. http://jjs. mof. gov. cn/zxzyzf/ gyxdzgzzxzj/201812/t20181213_3092653. html.

[2] 财政部关于下达 2019 年度海岛及海域保护资金(第二批)预算的通知 [EB/OL].（2019-04-14)［2019-06-30］. http://jjs. mof. gov. cn/zxzyzf/ hdjhybhzj/201905/t20190505_3242509. html.

[3] 清华大学绿色大学办公室."希望你们成长为生态文明建设的担当者和引 领者"——记清华大学"生态文明十五讲"通识课程教育实践［EB/OL］.（2015-07-20）［2019-06-21］. https://www. tsinghua. edu. cn/publish/ news/4204/2015/20150720102859215337569/20150720102859215337569_. html.

[4] 邱建生. 在地化知识与生态文明［EB/OL］.（2018-07-14）［2019-07-10］. http://www. sohu. com/a/241188383_653202.

[5] 史根东. 落实战略主题,推进可持续发展教育——中国可持续发展教育 (ESD)项目第十次国家讲习班工作报告［EB/OL］.（2019-05-03）［2019-06- 15］. https://wenku. baidu. com/view/136bbaecc950ad02de80d4d8d15a- be23492f0321. html.

[6] 外交部. 中方发布《中国落实 2030 年可持续发展议程国别方案》［EB/ OL］.（2016-10-12）［2018-09-01］. http://www. fmprc. gov. cn/web/ zyxw/t1405173. shtml.

[7] 王桂英. 2010 年的中国可持续发展教育实验学校［EB/OL］.（2019-04-18） ［2019-06-07］. https://www. docin. com/p-2193582420. html.

[8] 生态环境［EB/OL］.［2019-6-21］. https://baike. so. com/doc/3127948- 3296799. html.

[9] 生态环境部公布十佳公众参与案例和百名最美环保志愿者［EB/OL］.（2019-06-02）［2019-06-30］. https://baijiahao. baidu. com/s? id = 1635214436819004282&wfr＝spider&for＝pc.

［10］我市生态文明教育读本《生态小公民》受到国内外关注［EB/OL］.［2019-05-03］. http://www. sohu. com/a/234706238_826910.

［11］习近平在中国共产党第十九次全国代表大会上的报告［EB/OL］.［2018-10-23］. http://cpc. people. com. cn/n1/2017/1028/c64094-29613660. html.

［12］用"绿色"丰富学校教育　生态城生态教育校本课程取得阶段成果［EB/OL］.［2019-06-10］. http://www. sohu. com/a/219651344_355360.

［13］中国可持续发展教育路线图［EB/OL］.（2019-06-07）［2019-07-10］. http://blog. sina. com. cn/s/blog_5955b2830100udm5. html.

［14］Education for Sustainable Development：Learning Objectives［EB/OL］.［2019-06-01］. http://unesdoc. unesco. org.

［15］Incheon Declaration：Education 2030：Towards Inclusive and Equitable Quality Education and Lifelong Learning for All［EB/OL］.［2016-10-16］. http://www. uis. unesco. org/Education/Documents/Incheon-framework-for-action-en. pdf.

［16］Rethinking Education：Towards a Global Common Good？［EB/OL］.［2016-10-16］. http://unesdoc. unesco. org/images/0023/002325/23255-5e. pdf.

［17］Transforming our World：The 2030 Agenda for Sustainable Development，Resolution adopted by the General Assembly on 25 September 2015［EB/OL］.［2016-10-16］. http://www. un. org/ga/search/view_doc.

［18］UNESCO Roadmap for Implementing the Global Action Programme on Education for Sustainable Development［EB/OL］.［2018-06-14］. http://www. unesdoc. unesco. org/images/0023/002305/230514e. pdf.

英文论著

John Chi-Kin Lee. Education for Sustainable Development in China［J］. Chinese Education & Society，2010(2)：63-81.

后　记

　　《中小学生态文明教育路径研究》一书,源自于我主持的北京市教育科学"十三五"规划 2017 年度优先关注课题成果(项目号:CEJA17071)。自 2017 年立项至今,已经快三载了。在本书即将付梓之际,感慨良多。

　　三年中经历了艰辛的科研历程,每每去各区下校听课、调研,总能被学校校长、师生们的生态文明理念与热情所打动,这个过程,有太多的感动与感慨,更有太多的感谢在我的心头萦绕。

　　感谢中国可持续发展教育的引路人——联合国教科文组织中国可持续发展教育全国工作委员会执行主任史根东博士。史老年逾七旬,依然是老骥伏枥,笔耕不辍、孜孜求索,经常为我们青年一代生态文明与可持续发展教育研究者引领方向,令我们收获甚多。

　　感谢北京教育科学研究院方中雄院长、桑锦龙副院长、刘占军副院长对生态文明教育研究的关注与引领,感谢北京教科院终身学习与可持续发展教育研究所史枫所长、王巧玲博士、苑大勇博士、沈欣忆博士、徐新容老师、马莉老师、王鹏老师、王咸娟老师在研究期间的支持与合作,感谢张翠珠老师、赵志磊老师、桂敏博士、林世员博士、邢贞良博士给我的研究灵感,与他们在终身学习领域的深入研讨,为课题研究增添了新的生机与活力。

　　感谢我的课题组成员,石景山可持续发展教育专家工作室马强老师,北京教科院课程中心韩宝江博士,石景山分院杨红兵老师、周燕老师、龙娟娟老师,首师大附属苹果园中学张文彬老师与可持续发展教育研究室的各位同仁,大家在研究过程中分工合作、严谨敬业的精神时时激励着我。

　　感谢教育部教育发展研究中心熊建辉博士,北京教科院德育中心谢春风主任,科管处张婷婷处长、绳世亚老师,规划办姜丽萍主任、王彬老师、校长工作室何英茹校长、刘庆山校长、邢东燕校长、路彦芬校长、肖印军校长、朴红利校长、冯岩校长、白晔副校长、周晓芳校长、李晓军校长、张泽生书记,北京可持续发展教育协会刘丽萍副会长、崔静平副会长、王铁英秘书长、富涛副秘书长、郝冀霞老师、王文新老师等在研究期间给予课题组的各种支持与帮助,在此一并深表感谢。

感谢浙江大学出版社的编辑吴伟伟老师对我的大力支持与帮助,吴老师认真负责、敬业勤勉的态度给了我更多前进的动力。

最后要感谢我的家人、亲友的关怀与鼓励。我的先生邹治平博士与女儿邹宜芳经常和我一起探讨生态文明建设与教育,激发了我的研究灵感。我的学生李良方博士为本书的出版校对做了大量的细致工作,在此一并感谢。

课题研究期间,我深爱的九旬祖母去世,她老人家善良勤勉、积德行善一生,用自己柔弱的身体撑起整个家庭,教养子孙们成功成材。感谢祖母对我几十年的养育与鼓励,如此深恩,我无以为报,唯愿祖母天国快乐安康。

本书付梓之际,谨对所有热爱与关注生态文明与可持续发展教育事业的同仁致以最深切的敬意,对参与本课题研究的各区实验教师致以最真心的感谢。由于本人水平有限,书中有不当之处,恳请大家批评指正。

张 婧

2019 年 12 月

图书在版编目(CIP)数据

中小学生态文明教育路径研究 / 张婧著. —杭州：
浙江大学出版社,2020.3
ISBN 978-7-308-19768-7

Ⅰ.①中… Ⅱ.①张… Ⅲ.①生态教育－环境教育－
教学研究－小学 Ⅳ.①G623.62

中国版本图书馆 CIP 数据核字(2019)第 271678 号

中小学生态文明教育路径研究
张　婧　著

责任编辑	吴伟伟 weiweiwu@zju.edu.cn
责任校对	陈逸行
封面设计	雷建军
出版发行	浙江大学出版社
	(杭州市天目山路 148 号　邮政编码 310007)
	(网址:http://www.zjupress.com)
排　　版	浙江时代出版服务有限公司
印　　刷	浙江新华新码印务有限公司
开　　本	710mm×1000mm　1/16
印　　张	14.25
字　　数	218 千
版 印 次	2020 年 3 月第 1 版　2020 年 3 月第 1 次印刷
书　　号	ISBN 978-7-308-19768-7
定　　价	68.00 元